Michael Wellhausen

Armenien

Vulkane, Schluchten und Seen

50 Touren

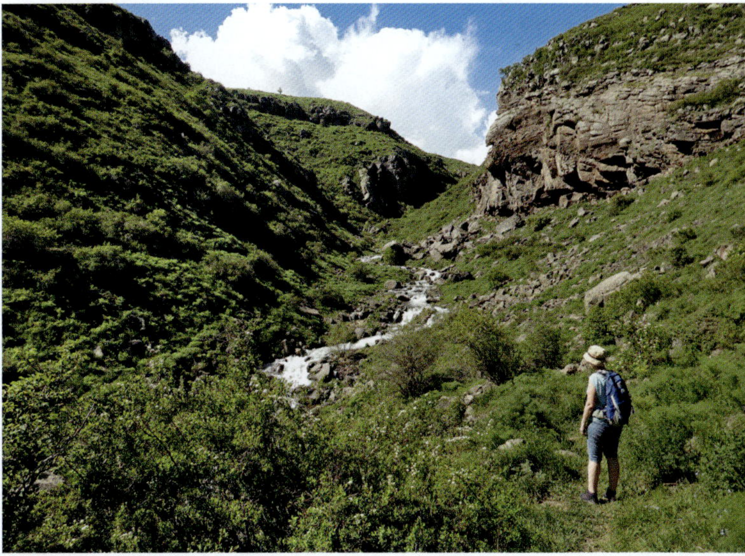

ROTHER
BERGVERLAG

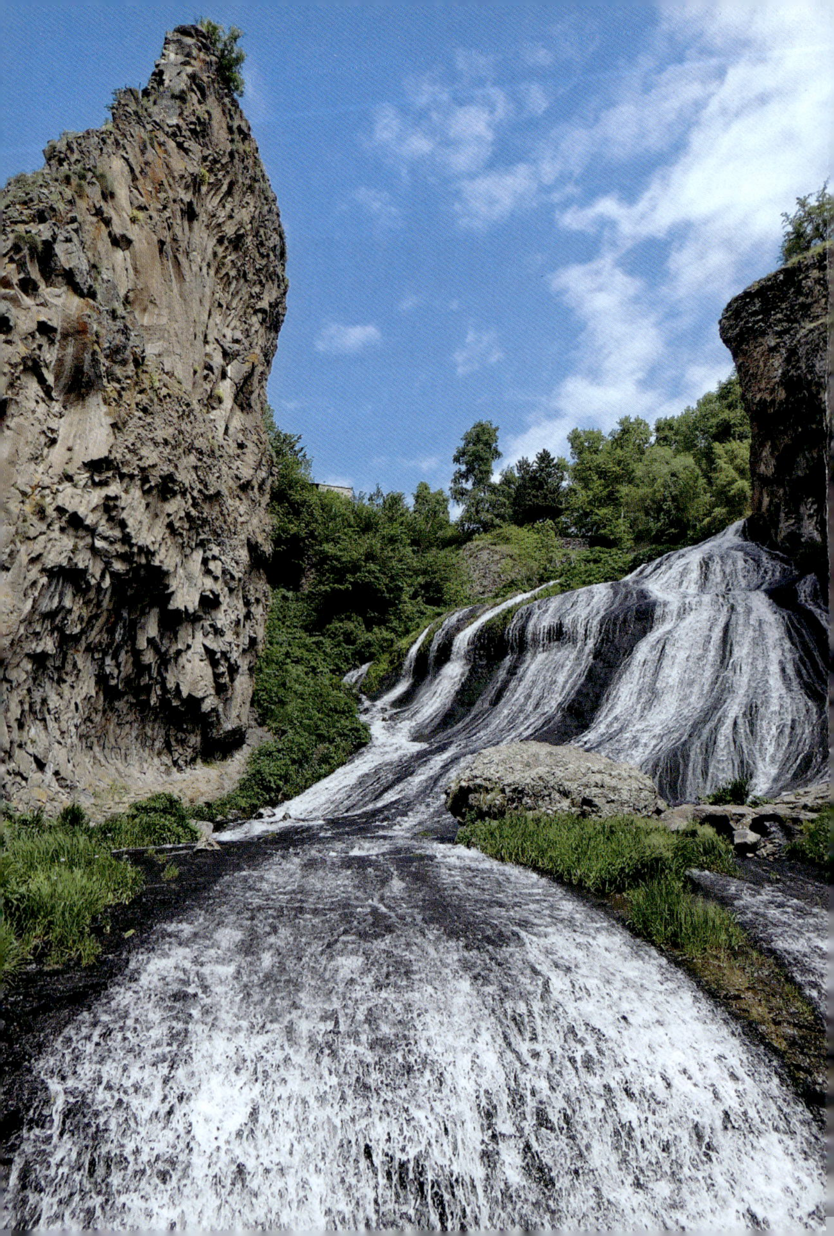

VORWORT

Zwischen dem Schwarzen und dem Kaspischen Meer, an der Schnittstelle Europas zu Asien, haben Naturgewalten eine einzigartige Gebirgswelt geformt: den Kaukasus. Während im Norden zwischen Georgien und Russland die vergletscherten Fünftausender in den Himmel ragen, dominieren weiter südlich im Kleinen Kaukasus erloschene Vulkane, tiefe Schluchten und der Sewansee die Landschaftsarchitektur.
Armenien liegt im Herzen des Kleinen Kaukasus, das Land besteht fast ausschließlich aus Gebirge. In der einzigen ausgeprägten Ebene befindet sich die Hauptstadt Jerewan, im Hintergrund dominiert der biblische Berg Ararat (5165 m) das Panorama. Dazwischen verläuft zum Leidwesen der Armenier die Grenze zur Türkei. Am Nordrand Jerewans erhebt sich der Vulkan Aragats (4090 m), der höchste Berg Armeniens. Auf dem Kraterrand haben sich vier ausgeprägte Gipfel gebildet, auf alle führen Wege oder zumindest Spuren. Wer mit Wanderausrüstung im Gepäck am Flughafen ankommt, kann also ohne lange Anfahrt gleich die ersten Bergtouren unternehmen. Auf mehr als 100 weitere Gipfel im ganzen Land gibt es ebenfalls Bergpfade in allen Schwierigkeitsgraden.
Eine Besonderheit des ältesten christlichen Staats der Welt sind die mittelalterlichen Klosteranlagen, die sich harmonisch in ihre Umgebung einfügen. Selbst in völlig abgelegenen Tälern und auf Steilhängen haben Menschen Gebetsräume und Kirchen errichtet, viele wurden in den vergangenen Jahren aufwendig restauriert. Rund ein Drittel der 50 Touren in diesem Band führt an solchen historischen Bauwerken vorbei. Mit etwas Glück kann man dort geistliche Musik hören, der armenische Choral hat nicht nur auf Gläubige eine ergreifende Wirkung.
Das Netz aus Wanderwegen entspricht nicht immer dem aus den Alpen gewohnten Standard. Einem ambitionierten Projekt aus den USA, dem »Transcaucasian Trail«, ist es aber zu verdanken, dass es mittlerweile im ganzen Land auch Wanderrouten mit Wegweisern und Farbmarkierungen gibt. So ist es möglich, in etwa 45 Tagesetappen vom Nationalpark Arpisee im Nordosten bis zum Nationalpark Arevik im Süden zu wandern. Die Touren in diesem Band verlaufen teilweise über diese bezeichneten Wege, die meisten Routen sind allerdings nicht markiert. Genutzt werden beispielsweise die Pfade der Hirten, die im Sommer mit ihren Herden auf Weideflächen in bis zu 3000 m Höhe gehen. Etwas Orientierungsvermögen oder GPS-Unterstützung – z.B. mit der Rother App – ist auf jeden Fall hilfreich.
Seien Sie gespannt auf einen unvergesslichen Bergurlaub in den faszinierenden Landschaften des südlichen Kaukasus mit seinen herzlichen Menschen!

Frankfurt, Herbst 2023 Michael Wellhausen

Eines der schönsten Naturschauspiele Armeniens ist der Wasserfall von Jermuk (Tour 36).

INHALTSVERZEICHNIS

Vorwort 3
Übersichtskarte 6
Top-Touren 8
Allgemeine Hinweise 10
Symbole 10
Schwierigkeitskategorien 11
GPS-Tracks und Koordinaten der Ausgangspunkte 13
Praktische Hinweise 20
Wichtige Telefonnummern und Adressen 22
Wörterbuch 28
Land und Leute 30
Die Tourengebiete 44

Der Norden: Schirak, Lori und Tawusch

1 4.00 h **Lchasar, 1760 m** 52
2 4.30 h **Great Maymekh, 2635 m** 55
3 4.00 h **Kaghnut, 2240 m** 58
4 3.15 h **Kloster Haghpat** 60
TOP 5 2.30 h **Kloster Kobayr** 64
6 6.30 h **Nationalpark Arpisee** 68
7 6.00 h **Khentasar, 3050 m** 72
8 3.00 h **Trchkan-Wasserfall** 74

Das Aragats-Vulkanmassiv

9 3.00 h **Makaravank** 76
10 3.45 h **Zohatsar, 3063 m** 78
11 3.00 h **Amberd, 3235 m, und Göl Zarad, 3260 m** 80
12 4.30 h **Aragats-Südgipfel, 3880 m** 84
TOP 13 5.15 h **Aragats-Westgipfel, 4001 m** 86
14 2.45 h **Festung Amberd** 90
15 4.00 h **Gegarot-Wasserfälle** 92

Das Zentrum: zwischen Jerewan und dem Sewansee

TOP 16 4.00 h **Ara, 2606 m** 94
17 3.45 h **Hovhanavank und Kasakh-Schlucht** 98
18 2.30 h **Aghavno, 2309 m** 102
19 3.00 h **Gutanasar, 2300 m** 104
20 2.45 h **Hatis, 2528 m** 106
21 2.45 h **Mayravank** 108
22 3.00 h **Menaksar, 2399 m** 110
23 2.45 h **Arjanots, 2381 m** 112
24 1.15 h **Sevanavank** 114
TOP 25 1.30 h **Garni: Tempel und Schlucht** 116

	26	3.15 h	**Tap und Urts**	119
	27	3.45 h	**Tasanord, 2530 m**	122
TOP	28	3.00 h	**Armaghan, 2828 m**	124
	29	2.30 h	**Gandzaqar, 2650 m**	126
	30	4.00 h	**Sevqar, 3063 m**	128

Wajoz Dsor: Schlucht der Sorgen

TOP	31	5.15 h	**Partam, 2660 m**	130
	32	3.15 h	**Smbataberd und Tsaghatskar**	133
TOP	33	3.30 h	**Spitakavor**	136
	34	6.00 h	**Theqsar, 2898 m**	140
	35	4.00 h	**Vayots Sar, 2586 m**	143
	36	1.45 h	**Thermalquelle von Jermuk**	146
	37	3.00 h	**Parakatar, 2529 m**	148
	38	3.30 h	**Felsbogen von Kapuyt**	150
	39	3.00 h	**Chimoi-See**	154

Sjunik: zwischen Sangesur-Kamm und Bergkarabach

TOP	40	4.00 h	**Shaki-Wasserfall**	156
	41	0.45 h	**Zorats Karer**	160
	42	2.15 h	**Petroskhach, 2026 m**	162
	43	5.45 h	**Von Halidzor nach Tatev**	164
	44	1.30 h	**Latikhut, 1525 m**	168
	45	1.45 h	**Höhlendorf Khndzoresk**	170
TOP	46	3.15 h	**Vahanavank**	172
	47	3.00 h	**Bekh Anapat**	176
TOP	48	2 Tage	**Khustup, 3200 m**	178
	49	1.45 h	**Shabatasar, 2692 m**	182
	50	3.30 h	**Payazat, 2821 m**	184

Stichwortverzeichnis 186

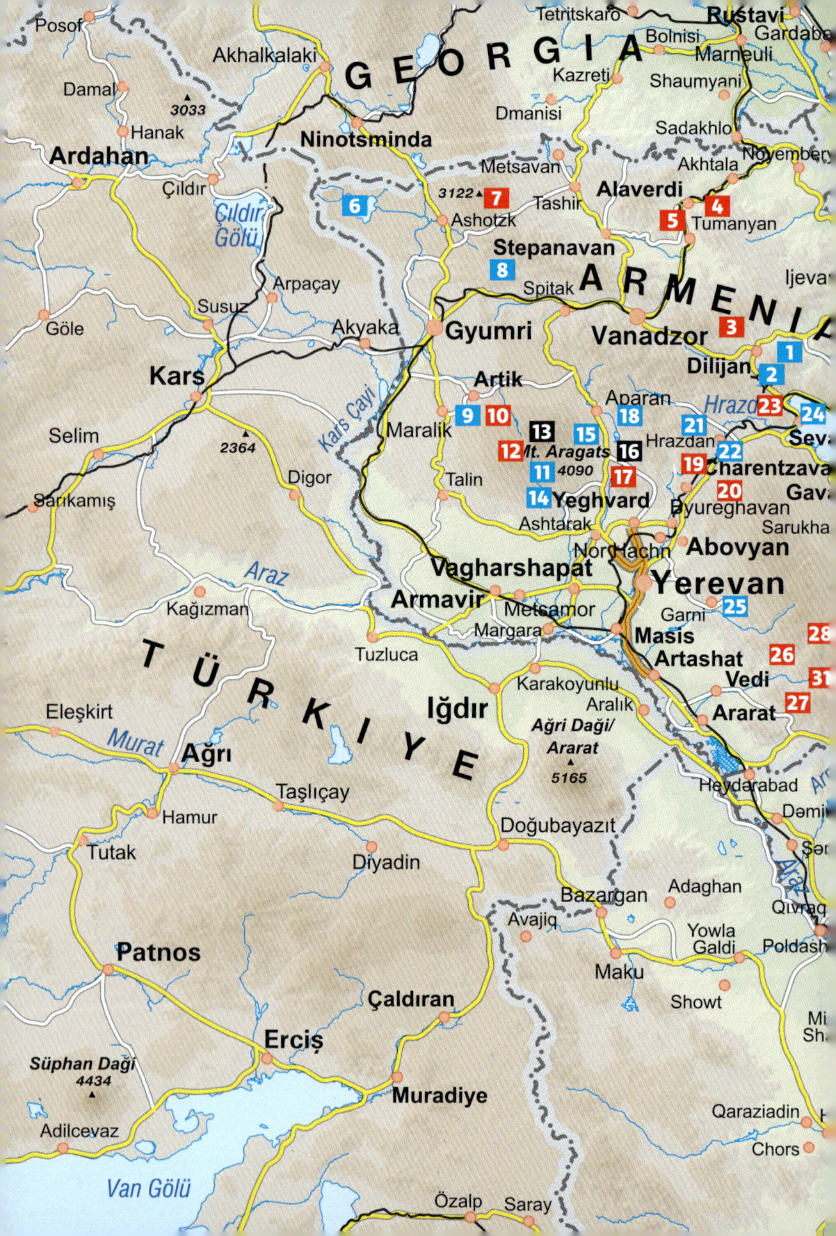

GEORGIA
ARMENIA
TÜRKIYE
Posof
Akhalkalaki
Tetritskaro
Rustavi
Bolnisi
Marneuli
Kazreti
Shaumyani
Damal
3033
Hanak
Ardahan
Çıldır
Çıldır Gölü
Ninotsminda
Dmanisi
Sadakhlo
Noyember
Metsavan
Akhtala
3122
Tashir
Alaverdi
Ashotzk
Tumanyan
Stepanavan
Spitak
Ijevan
Arpaçay
Susuz
Göle
Akyaka
Gyumri
Vanadzor
Dilijan
Kars
Artik
Aparan
Hrazdan
Kars Çayi
Maralik
Mt. Aragats
4090
Charentzavan
Selim
2364
Talin
Gavar
Digor
Yeghvard
Byureghavan
Sarıkamış
Ashtarak
Sarukhan
Nor Hachn
Abovyan
Vagharshapat
Yerevan
Araz
Armavir
Metsamor
Garni
Kağızman
Margara
Masis
Tuzluca
Artashat
Vedi
Karakoyunlu
Iğdır
Aralık
Ararat
Eleşkirt
Ağrı Daği/ Ararat
5165
Murat
Ağrı
Heydarabad
Taşlıçay
Hamur
Doğubayazıt
Tutak
Diyadin
Bazargan
Adaghan
Avajiq
Qivraq
Yowla Galdi
Poldasht
Patnos
Maku
Showt
Çaldıran
Erciş
Süphan Daği
4434
Muradiye
Adilcevaz
Qaraziadin
Chors
Van Gölü
Özalp
Saray
1 2 3 4 5 6 7 8 9 10 11 12 13 14 15 16 17 18 19 20 21 22 23 24 25 26 27

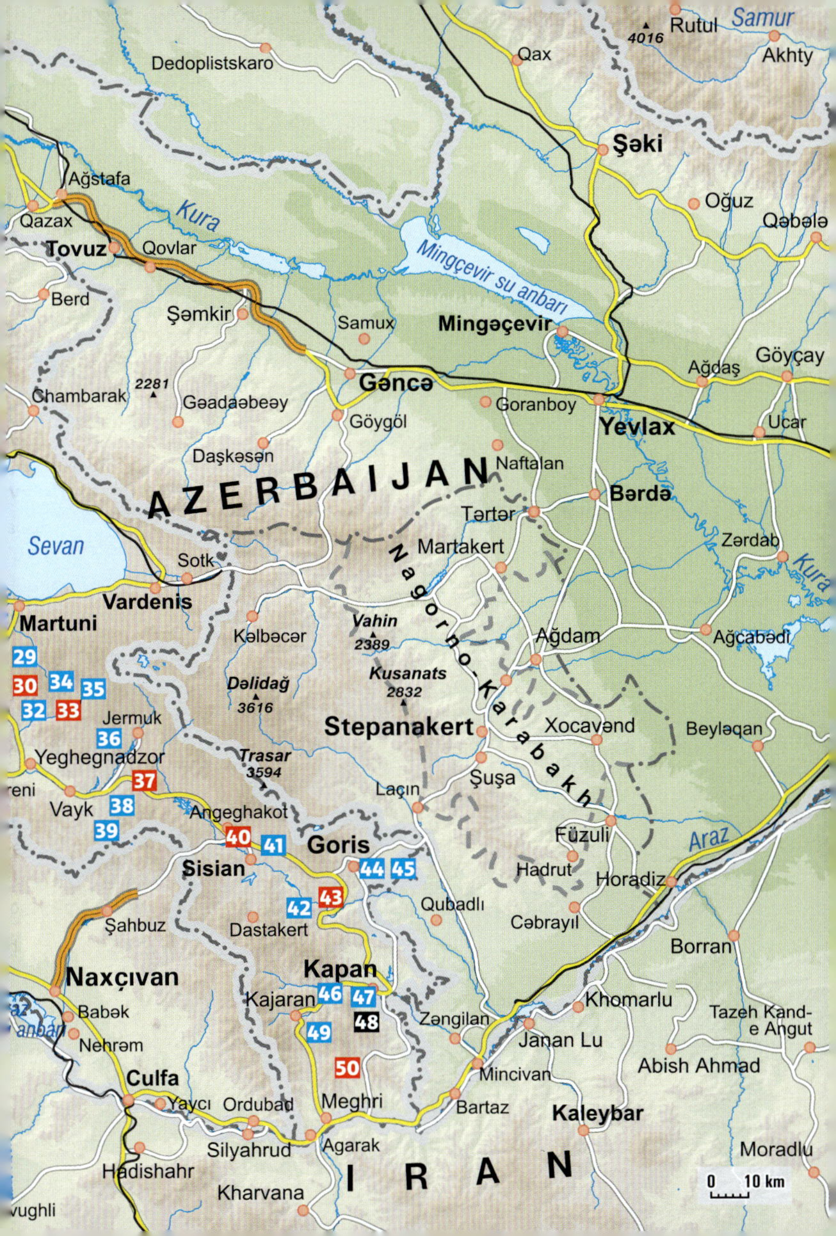
Rutul
Samur
4016
Akhty
Dedoplistskaro
Qax
Şəki
Oğuz
Qəbələ
Ağstafa
Qazax
Kura
Tovuz
Qovlar
Mingçevir su anbarı
Berd
Şəmkir
Samux
Mingəçevir
Göyçay
Ağdaş
2281
Gəncə
Chambarak
Gədəbəy
Goranboy
Yevlax
Ucar
Göygöl
Naftalan
Daşkəsən
AZERBAIJAN
Bərdə
Tərtər
Sevan
Martakert
Zərdab
Sotk
Kura
Vardenis
Nagorno-Karabakh
Martuni
Kəlbəcər
Vahin
2389
Ağdam
Ağcabədi
29
30
34
35
Dəlidağ
3616
Kusanats
2832
32
33
Jermuk
Stepanakert
Xocavənd
Beyləqan
36
Yeghegnadzor
Trasar
3594
37
Şuşa
reni
Vayk
38
Laçın
Angeghakot
39
40
41
Goris
Füzuli
Araz
Sisian
44
45
Hadrut
Horadiz
43
42
Qubadlı
Şahbuz
Dastakert
Cəbrayıl
Borran
Kapan
Naxçıvan
Kajaran
46
47
Khomarlu
Babək
48
Zəngilan
Tazeh Kand-e Angut
Nehrəm
49
Janan Lu
50
Abish Ahmad
Culfa
Mincivan
Yaycı
Ordubad
Meghri
Bartaz
Kaleybar
Silyahrud
Agarak
Moradlu
Hadishahr
IRAN
0
10 km
Kharvana
vughli

TOP-TOUREN

Kloster Kobayr
Über einen schmalen Pfad in den Steilhängen der Debed-Schlucht gelangt man zu drei herausragenden Klosteranlagen aus dem Mittelalter *(Tour 5, 2.30 Std.)*.

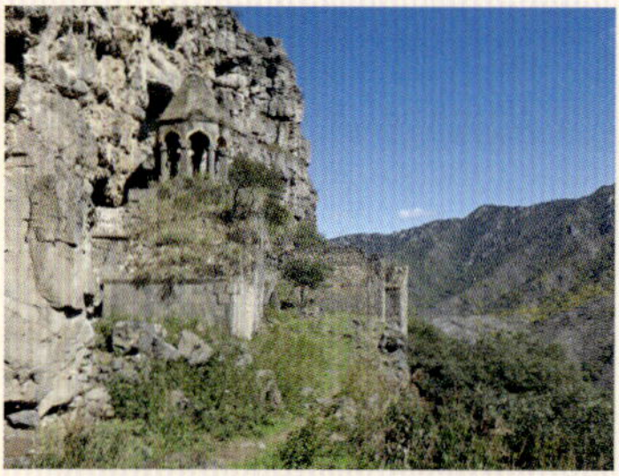

Aragats-Westgipfel
Schöne Tagestour bis auf 4000 m Höhe vom Hochgebirgssee Kari Lich auf den felsigen Westgipfel des Aragats mit atemberaubenden Blicken in den tiefen Krater *(Tour 13, 5.15 Std.)*.

Ara
Relativ anspruchsvolle Bergtour auf den Gipfel eines markanten Vulkanmassivs. Der Ara bietet den vielleicht schönsten Aussichtspunkt auf den Aragats mit seiner vierzackigen Felskrone *(Tour 16, 4.00 Std.)*.

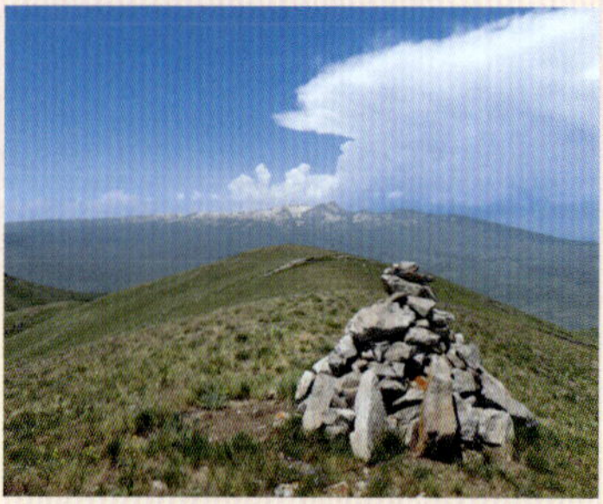

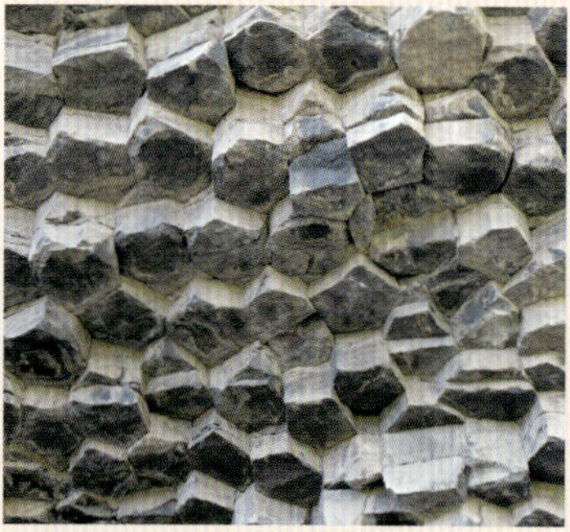

Garni: Tempel und Schlucht
Kurze, aber wärmstens zu empfehlende Tour. Auf die Besichtigung des eindrucksvollen Tempels von Garni folgt der Abstieg in eine Schlucht mit riesigen Basaltsäulen *(Tour 25, 1.30 Std.)*.

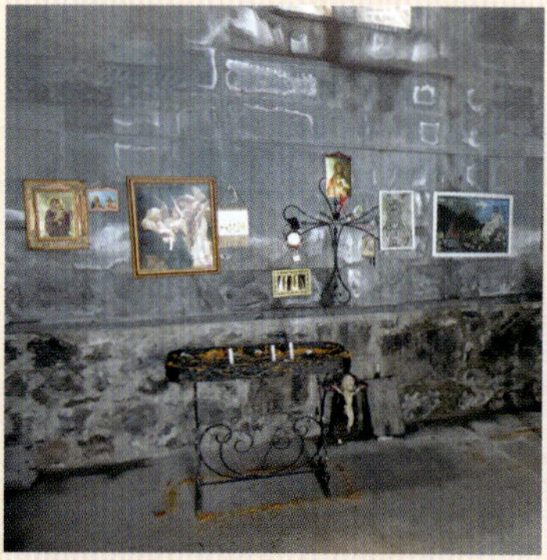

Armaghan
Südlich des Sewansees erhebt sich ein kegelförmiger Vulkan, dessen Besteigung auf dem Kraterrand doppelt belohnt wird: In dem Kessel bildet sich im Sommer ein See und nahe dem Gipfel steht eine Kapelle *(Tour 28, 3.00 Std.)*.

Partam
Eine besonders schöne Bergwanderung, die zunächst an einem großen Karsee vorbeiführt und anschließend über einen langen Rücken zum aussichtsreichen Gipfel *(Tour 31, 5.15 Std.)*.

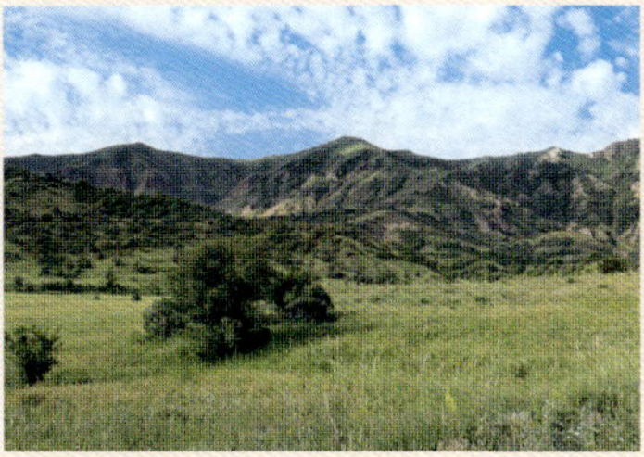

Spitakavor
Schon der Zustieg durch eine Schlucht begeistert, und erst recht der Anblick der wunderschönen Klosteranlage Spitakavor *(Tour 33, 3.30 Std.)*.

Shaki-Wasserfall
Zwei landschaftliche Höhepunkte verknüpft diese Wanderung: die Worotan-Schlucht mit ihren felsigen Steilhängen und einen der schönsten Wasserfälle Armeniens *(Tour 40, 4.00 Std.)*.

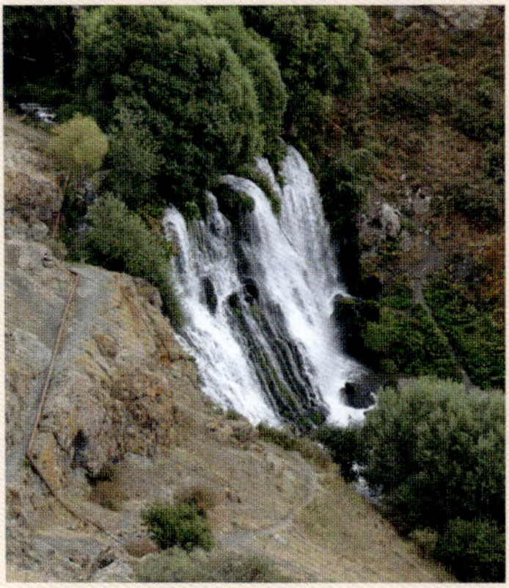

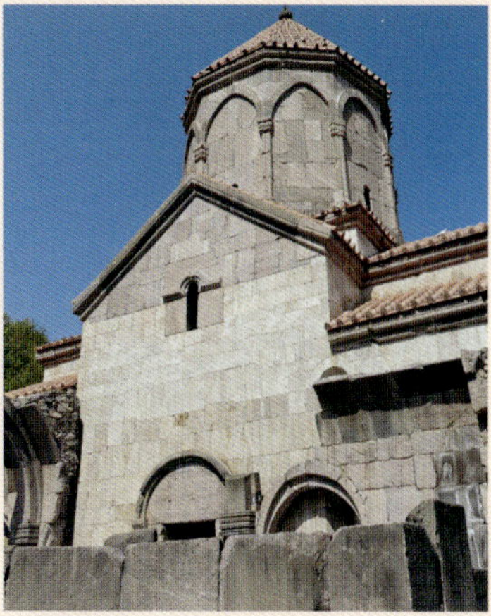

Vahanavank
Ein markierter Bergpfad verbindet die Festung Halidzor aus dem 17. Jahrhundert mit der Klosteranlage Vahanavank, deren Kirche eine der prachtvollsten im südlichen Kaukasus ist *(Tour 46, 3.15 Std.)*.

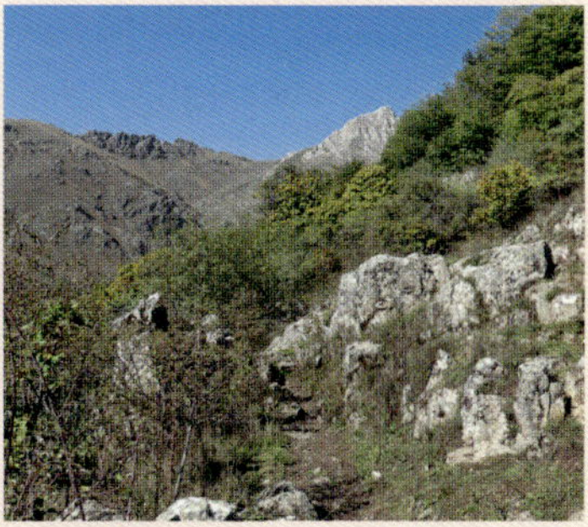

Khustup
Ein langer Aufstieg führt über bewaldete Hänge und freie Almflächen ins Felsgelände mit dem wohl beeindruckendsten Doppelgipfel des Landes *(Tour 48, 2 Tage)*.

ALLGEMEINE HINWEISE

Anforderungen

Das Spektrum reicht von leichten Wanderungen auf breiten Wegen über mäßig schwere Bergtouren bis zu anspruchsvollen Unternehmungen in hochalpinem Gelände. Das Maß an benötigter Kondition lässt sich an der Gesamtgehzeit und dem Höhenunterschied schnell ablesen. Unter dem Stichpunkt »Anforderungen« werden die technischen Schwierigkeiten genauer erläutert. Bei ungünstigen Wetterbedingungen können sich diese allerdings erheblich erhöhen! Zur besseren Übersicht wurden die Tournummern mit Farben gekennzeichnet, die für den Gesamteindruck der Anforderungen stehen (siehe Tafel rechts).

Gehzeiten und Höhenunterschied

Die angegebenen **Gehzeiten** beinhalten keine Pausen und verstehen sich lediglich als Vergleichswerte. Die tatsächlich benötigte Zeit kann deutlich von den Angaben abweichen. Das individuelle Tempo spielt für die Dauer der Tour eine große Rolle, größere Gruppen müssen mehr Zeit einplanen als z.B. ein eingespieltes Zweierteam. Außerdem hängt der Zeitaufwand nicht zuletzt vom Zustand der Wege und den Wetterbedingungen ab.
Zu der **Höhendifferenz** zwischen dem niedrigsten und dem höchsten Punkt der Route wurden auch die Gegenanstiege hinzugerechnet. Manchmal ist die Angabe des Höhenunterschieds ein Annäherungswert, wenn es viele kleine An- und Abstiege gibt.

Wanderwege in Armenien

Das seit Jahrtausenden besiedelte armenische Hochland ist von einem Netz aus mehr oder weniger deutlichen Wegen überzogen. Je nach Hö-

SYMBOLE

Symbole im Tourenkopf
- mit Bahn/Bus erreichbar
- Einkehrmöglichkeit
- für Kinder geeignet

Symbole im Höhenprofil
- Ort mit Einkehrmöglichkeit
- Restaurant, Café, Imbiss
- Zeltplatz
- Bushaltestelle
- Parkplatz
- Gipfel
- Pass, Sattel
- Brücke
- Kloster, Kirche, Kapelle, Friedhof
- Festung, Burg
- Kreuzstein, Denkmal
- archäologische Stätte
- Aussichtsplatz
- Quelle
- Wasserfall

SCHWIERIGKEITSKATEGORIEN

■ = Leicht

Leichte Wanderungen, deren Routen über allenfalls mäßig steile Wege verlaufen, die auch ohne Bergerfahrung gut zu begehen sind.

■ = Mittel

Mittelschwere Touren, die überwiegend über schmale Bergpfade oder durch wegloses Gelände führen. Etwas Trittsicherheit ist erforderlich, einzelne Stellen können leicht ausgesetzt sein. Ausdauer und Orientierungsvermögen sind von Vorteil.

■ = Schwierig

Anspruchsvolle Touren, die Trittsicherheit, Ausdauer, Orientierungsvermögen und Schwindelfreiheit sowie etwas alpine Erfahrung voraussetzen. Mitunter müssen an leichten Kletterstellen die Hände zu Hilfe genommen werden.

henlage trifft man auf breite Almwege, Trittspuren auf Grashängen oder steinige Wege in hochalpinem Gelände. Oft führen Hirtenpfade zu Weideflächen, die durchaus auf mehr als 3000 m Höhe liegen können. Brücken über Gebirgsbäche gibt es nur selten. Besonders nach Regenfällen sind deswegen wasserfeste Trekkingsandalen zum Durchqueren der Gewässer von großem Vorteil.

Auf mehreren der in diesem Band vorgeschlagenen Routen trifft man auf Wegweiser und rot-weiße Markierungen auf Steinen oder an Baumstämmen. Dies sind meistens Zeichen des **Transcaucasian Trail**, eines ehrgeizigen Projekts, das 2015 in den USA ins Leben gerufen wurde. Aus der Idee, einen Fernwanderweg vom Großen Kaukasus in Georgien über den Kleinen Kaukasus in den Süden Armeniens zu erschaffen, sind innerhalb weniger Jahre allein in Armenien rund 900 km markierte Wanderwege entstanden. Davon entfallen knapp 750 km auf die reine Nord-Süd-Durchquerung, die restlichen Wanderkilometer sind Seitenrouten zu interessanten Orten.

Mithilfe mehrerer Sponsoren und zahlreicher freiwilliger Helferinnen und Helfer sind in den schneefreien Monaten Wege markiert und mit Schildern versehen worden, einige Pfade wurden sogar völlig neu angelegt. Entlang des gesamten Trails gibt es mittlerweile viele Unterkünfte, sodass man innerhalb von sechs Wochen das ganze Land durchwandern könnte und nachts immer ein Dach über dem Kopf hat.

Die Nord-Süd-Durchquerung Armeniens beginnt am Arpisee (Tour 6) im Nordwesten des Landes und zieht sich in großen Schleifen bis in den Süden von Sjunik. Dabei werden die Provinzen Lori und Tawusch durchquert, wo im Dilijan-Nationalpark (Tour 1) die ersten Arbeiten an dem armenischen Wegenetz abgeschlossen wurden. Anschließend führen die Wege westlich

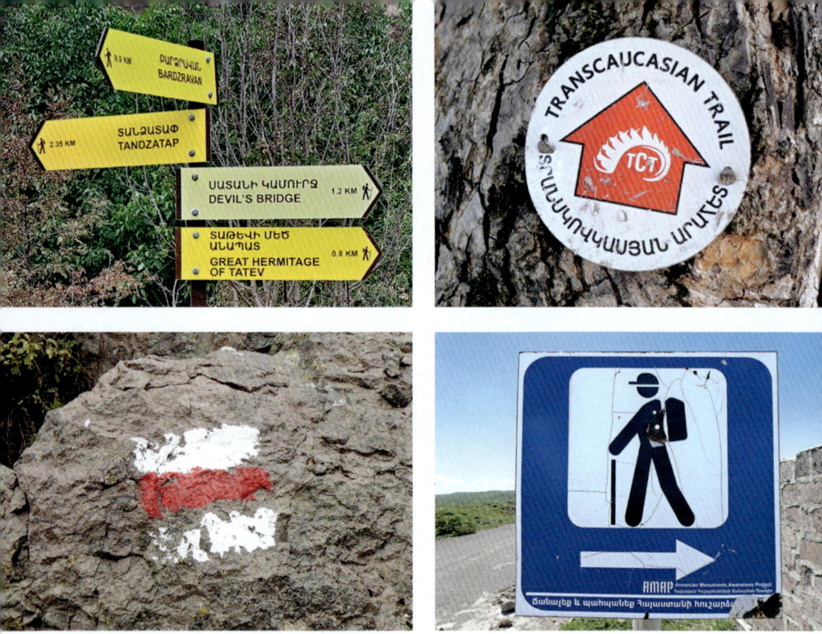

Schilder und Markierungen auf dem Transcaucasian Trail.

des Sewansees über die Geghama-Bergkette und in einem großen Bogen durch Wajoz Dsor bis in die Südprovinz Sjunik. Dort wird das Bergmassiv des Khustup (Tour 48) überschritten; ganz im Süden des Landes, im Arewik-Nationalpark, endet schließlich der Fernwanderweg.

Die Wanderwege des Transcaucasian Trail führen meistens durch Täler oder über Bergzüge und sind fast immer relativ leicht begehbar. Wer Gipfelambitionen hat oder eintägige Wanderungen unternehmen möchte, wird einzelne Abschnitte der markierten Routen nutzen. Die Touren in diesem Band haben in erster Linie aussichtsreiche Gipfel, Schluchten, Wasserfälle und Seen als Ziel, und natürlich gibt es dabei immer wieder Überschneidungen mit dem Transcaucasian Trail.

Das Projekt war auch in Georgien aktiv, Aserbaidschan spielt eher eine Nebenrolle. Umfassende Infos sowie GPS-Dateien gibt es online auf der Seite transcaucasiantrail.org

Tipp: Mit der kostenlosen App HIKEArmenia kann man Dutzende Etappen einzeln aufrufen, außerdem bietet sie noch weitere Tourenvorschläge. Zu den beschriebenen Wanderungen gibt es außerdem Vorschläge für Unterkünfte, manchmal auch für geführte Touren. Die Macher der empfehlenswerten App sind Armenier und Partner des TCT-Projekts.

Die Orientierungshilfen: Karten, Kompass und GPS

Zwei klassische Straßenkarten ermöglichen eine gute Gesamtübersicht: »Kaukasus« im Maßstab 1:700.000 von freytag & berndt bildet den gesamten Raum zwischen dem Schwarzen und dem Kaspischen Meer ab; eine etwas detailliertere Karte mit dem Titel »Armenien« gibt es im Maßstab 1:250.000 vom Reise Know-How Verlag. Farbige Höhenschichten erleichtern auf dieser Karte das Erkennen der verschiedenen Gebirgszüge.
Das Angebot an aktuellen Wanderkarten für Armenien ist hingegen äußerst dürftig. Die Generalstabskarten (1:100.000) aus UdSSR-Zeiten sind nicht nur schwer erhältlich, sondern auch völlig veraltet. Die Tourenbeschreibungen und Kartenausschnitte in diesem Wanderführer ermöglichen die Wegfindung meistens auch ohne weiteres Kartenmaterial. Ein Kompass sowie ein Höhenmesser schaffen Klarheit bei der Orientierung.
Sehr hilfreich ist das Nutzen der GPS-Daten, die für alle Touren online verfügbar sind (siehe Kasten). Die kostenlose Rother App eignet sich auch für Neulinge sehr gut, um mit dem Smartphone jederzeit den aktuellen Standort und den Routenverlauf anzuzeigen. Außerdem kann man die Wanderung aufzeichnen und erhält so einen guten Überblick über Daten wie die zurückgelegte Strecke und die absolvierten Höhenmeter.

Einkehr und Unterkunft

Hotels, Gästehäuser und Restaurants gibt es in allen Städten. Auch in der Nähe von touristisch interessanten Orten, ob bei Klöstern oder in einigen Naturreservaten, entstehen immer mehr Unterkünfte in allen Kategorien. Auf den bekannten Hotelportalen im Internet gibt es eine gute Übersicht. Das Preisniveau für Übernachtungen liegt – bei vergleichbarem Standard – unter dem in Europa. Ausstattungsmerkmale wie WLAN oder Klimaanlage sind eher die Regel als die Ausnahme.

GPS-TRACKS UND KOORDINATEN DER AUSGANGSPUNKTE

Auf **gps.rother.de** stehen zu diesem Wanderführer GPS-Tracks und die Koordinaten der Ausgangspunkte zum kostenlosen Download bereit. Dieser QR-Code führt direkt zum Download.
1. Auflage, Passwort: **456801uDe**
Die GPS-Tracks können in die **Rother App** importiert werden. In der App kann man unterwegs stets sehen, wo man gerade ist und wo es langgeht. **Anleitungen dazu: rother.de/gps**
Trotz sorgfältiger Prüfung können wir Fehler und zwischenzeitliche Veränderungen nicht ausschließen. Verlassen Sie sich für die Orientierung niemals einzig und allein auf die GPS-Daten, sondern beurteilen Sie die Verhältnisse vor Ort.

Der Umwelt zuliebe …

Auch beim Wandern hinterlassen wir einen ökologischen Fußabdruck, aber im Einklang mit der Natur unterwegs zu sein, ist gar nicht so schwer!

VORBEREITUNG UND ANFAHRT

- Sich vorab informieren, worauf in Bezug auf Natur und Umwelt in der jeweiligen Wanderregion besonders zu achten ist.
- Soweit möglich mit Bahn und Bus anreisen, Wander- und Rufbusse nutzen.
- Ist eine Anfahrt mit dem Auto nötig, Fahrgemeinschaften bilden.
- Bei weiten Anfahrten Mehrtagestouren planen oder von einem Quartier vor Ort aus mehrere Touren absolvieren.
- Flugreisen möglichst reduzieren und durch Beiträge zu Klimaschutzprojekten kompensieren.

KLEIDUNG UND AUSRÜSTUNG

- Beim Kauf von Outdoor-Kleidung auf umweltfreundliche und faire Herstellung achten und Kleidungsstücke möglichst viele Jahre nutzen.
- Ausrüstung kann man eventuell auch gebraucht kaufen oder ausleihen.
- Reparieren statt neu kaufen.

VERPFLEGUNG

- Beim Einkauf Bio-Ware, regionale und saisonale Erzeugnisse bevorzugen.
- Hütten und Gasthäuser auswählen, die regionale Produkte verwenden.
- Auf Einwegflaschen und Plastikverpackungen verzichten, stattdessen wiederverwendbare Trinkflaschen und Brotzeitboxen benutzen.

ÜBERNACHTUNG

- Bei lokalen Anbietern buchen, damit Menschen vor Ort profitieren.
- Auf Hütten und in anderen Unterkünften Strom und Wasser sparen.

UNTERWEGS

- Wege benutzen und Abkürzer vermeiden.
- Sperrungen von Wegen und Schutzgebieten respektieren.
- Keine Blumen pflücken und keine Pflanzen entnehmen.
- Waldbrandgefahr beachten.
- Müll wieder mit nach Hause nehmen und dort entsorgen.
- Toilettengänge in freier Natur möglichst vermeiden.
- Lärm vermeiden.
- Hunde an die Leine nehmen.

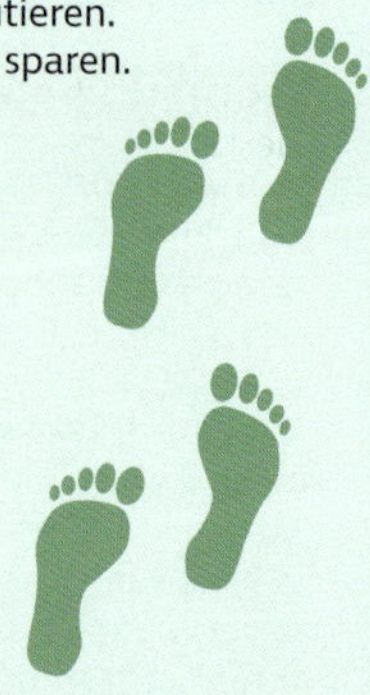

ROTHER
BERGVERLAG

Um in der Nähe von Wanderrouten Unterkünfte zu finden, hat sich die App »HIKEArmenia« als sehr hilfreich erwiesen. Dort sind auch zahlreiche Kontakte von Einheimischen angegeben, die gerne per E-Mail auf Fragen antworten.
Berghütten, wie man sie aus den Alpen kennt, gibt es in Armenien nicht. Das mag auch daran liegen, dass fast alle Gipfel als Tagestour machbar sind. Bei Mehrtagestouren muss also ein Zelt samt Ausrüstung mitgenommen werden. Das Campen in freier Natur ist erlaubt.

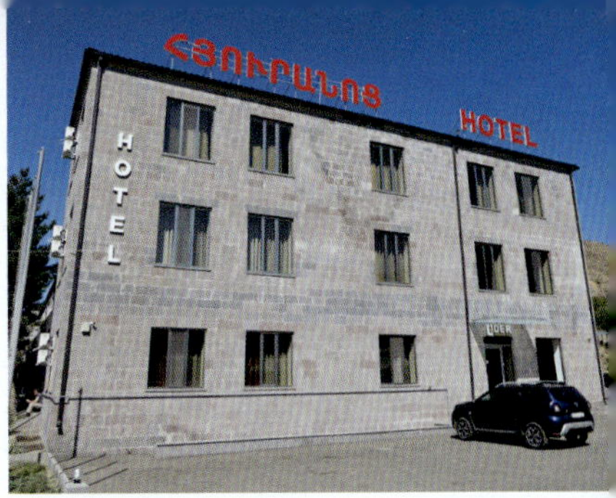

Bewirtschaftete Berghütten gibt es in Armenien keine. Nächtigen kann man z.B. in einem Hotel in landestypischer Bauweise mit Quadern aus Tuffstein.

Beste Jahreszeit

Zwei Faktoren sind für das Klima in Armenien entscheidend: Die geografische Lage um den 40. Grad nördlicher Breite und die Höhe auf durchschnittlich 1800 m über dem Meeresspiegel. Somit verlaufen die vier Jahreszeiten analog zu denen in Südeuropa mit einem kalten, schneereichen Winter und einem heißen, und im Süden auch trockenen Sommer.
Für Wanderungen kommen grundsätzlich die Monate April bis Oktober infrage. Im Frühling muss mit mehr Niederschlag als im Sommer oder Herbst gerechnet werden. Besonders in den nördlichen Regionen macht einem der Regen beim Wandern manchmal einen Strich durch die Rechnung.
Auf den Dreitausendern liegt bis in den Sommer Schnee, der über 4000 m hohe Aragats ist nur wenige Wochen im Jahr völlig aper.

Bedrohte Umwelt und Klimawandel

Die Liste bedrohter Tierarten im Südkaukasus ist lang. Die Ursachen hierfür sind vielfältig: schwindender Lebensraum durch Baumaßnahmen, unkontrollierter Abschuss durch Wilderer, Abholzung der Wälder und landwirtschaftliche Nutzung sensibler Ökosysteme. Ein weiterer Grund für den Rückgang des Artenreichtums ist der globale Klimawandel, der auch das Gleichgewicht der Natur in Armenien gefährdet. In den vergangenen 100 Jahren ist die Jahresdurchschnittstemperatur um etwa 1° C angestiegen, wobei sich der Trend zusehends beschleunigt. Gleichzeitig gehen die jährlichen Niederschläge zurück. Allerdings gibt es starke lokale Unterschiede. So ist es im Ararat-Tal deutlich trockener geworden, rund um den Sewansee sind die Niederschläge hingegen angestiegen.
Wie wird sich das Klima in Zukunft verändern? Das armenische Naturschutzministerium geht von einem möglichen Anstieg der Durchschnittstemperatur in diesem Jahrhundert von bis zu 4,7° C aus.

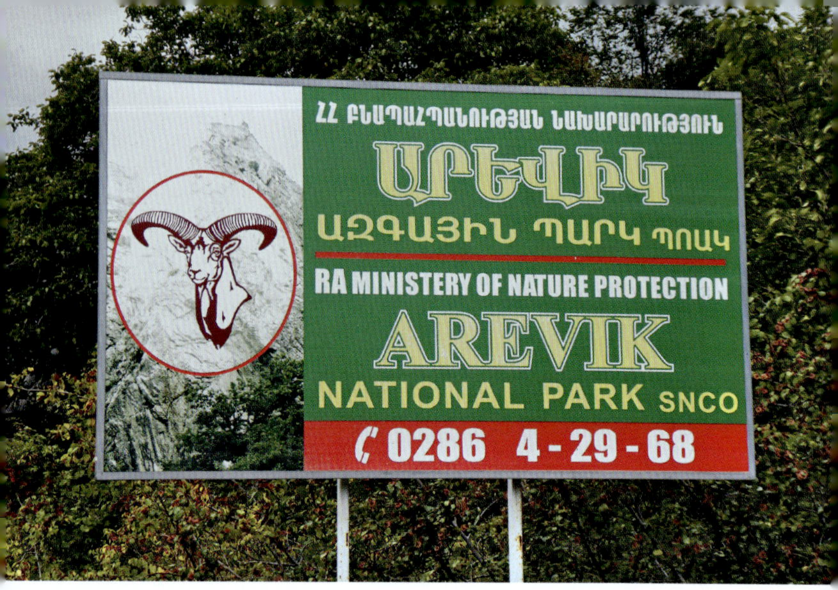

Der südlichste der vier armenischen Nationalparks reicht fast bis an die iranische Grenze (Tour 50).

Zum Schutz der Lebensräume bedrohter Tierarten sind mit der Unterstützung von Verbänden wie z.B. dem WWF oder dem NABU zahlreiche Projekte ins Leben gerufen worden: ein Leoparden-Schutzprogramm in der südarmenischen Provinz Sjunik, ein umfassendes Naturschutz-Programm im Nationalpark Dilijan, eine Wiederansiedlung des im Kaukasus ausgerotteten Wisent und das »Armenia Tree Project«, eine armenisch-amerikanische NGO zur Ansiedlung von Bäumen.
Welchen Beitrag kann jeder von uns leisten? Die Verhaltensregeln, wie z.B. in der Natur keinen Müll hinterlassen, auf die Tierwelt Rücksicht nehmen, keine Pflanzen pflücken usw. haben die meisten Menschen längst verinnerlicht. Wer mehr tun möchte, unterstützt eine der vielen aktiven Organisationen mit einer Spende.

Gefahren

Gebirge: Ähnlich wie in den Alpen lauern auch im Armenischen Hochland Gefahren wie Steinschlag, Erdrutsche, exponierte Stellen und im Frühjahr Nassschneelawinen (vor allem nachmittags). Erschwerend kommt hinzu, dass im Falle einer Verletzung oder einer Erkrankung nicht immer mit schneller Hilfe durch die Bergrettung (Notruf: 911) gerechnet werden kann. Sicherheitshalber sollten bei längeren Touren ausreichend Medikamente

EINIGE TIPPS ZUR HÖHENANPASSUNG

- Die Schlafhöhe schrittweise steigern und tagsüber zu höher gelegenen Punkten auf- und wieder absteigen (»climb high – sleep low«).
- Akklimatisationstouren unternehmen.
- Mehr Flüssigkeit trinken, als man Durst hat – aber keinen Alkohol.
- Bei Kopfschmerzen auf das blutverdünnende Aspirin verzichten, Ibuprofen ist besser geeignet.
- Bei akuten Problemen hilft nur der Abstieg auf eine niedrigere Höhe.
- Der Ruhepuls ist ein guter Indikator für den Grad der Anpassung.
- Vor-Akklimatisation in den Alpen (die aber nur etwa zwei Wochen anhält).
- Besondere Vorsicht, falls Vorerkrankungen den Körper belasten!

und Verbandsmaterial mitgenommen werden. Überlegenswert ist auch ein Auffrischen der Erste-Hilfe-Kenntnisse vor der Abreise.
Die relativ leicht zugänglichen hohen Berge verleiten dazu, sich nicht ausreichend mit dem Thema Höhenakklimatisation zu beschäftigen. Dabei hängen die Chancen auf einen Gipfelerfolg ganz wesentlich davon ab, wie der Körper auf die dünne Höhenluft reagiert. Bereits ab einer Höhe von 2500 m können sich erste Symptome wie Kopfschmerzen, Übelkeit oder Leistungsabfall bemerkbar machen. Mit zunehmender Höhe steigt das Risiko, dass sogar schwere Formen der Höhenkrankheit auftreten, bis zu einem Hirn- oder Lungenödem.
Unwetter: In den letzten Jahren kam es vermehrt zu Extremwetterereignissen mit Starkregen und Gewitter. Das »Ministry of Emergency Situations of

Viehherde im Osthang des Aragats.

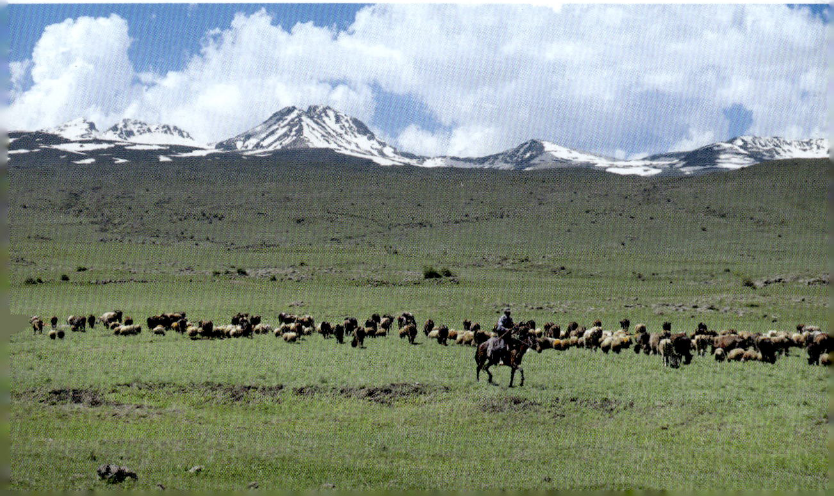

the Republic of Armenia« veröffentlicht online aktuelle Warnungen auf der Internetseite mes.am/en.

Bären: Der in Armenien vorkommende Syrische Braunbär ist relativ klein. Er lebt in Wäldern und auch in der Steppe. Menschen sind für die Tiere eine ungleich größere Gefahr als umgekehrt. Geräusche vertreiben die Tiere, Gerüche locken sie an. Bei Übernachtungen im Freien sollte man Lebensmittel in luftdichten Behältern lagern oder mit einem Seil an einen hohen Ast hängen. Die Wahrscheinlichkeit, einem Bären zu begegnen, ist relativ gering. Aber es kommt dennoch gelegentlich zu Angriffen der Tiere: Im September 2019 hat ein Braunbär im Aragats-Massiv ein polnisches Paar attackiert – nur die Frau überlebte.

Schlangen: Unter den zahlreichen Schlangenarten in Armenien gibt es auch giftige Vipern. Man erkennt sie meistens an schlitzförmigen, senkrecht stehenden Pupillen. Die Tiere sind nicht aggressiv, sondern beißen nur, um sich zu verteidigen. Lange Hosen und halbhohe Schuhe sind eine Möglichkeit, sich zu schützen. Nach einem Biss schwillt das betroffene Körperteil enorm an; das Gift wirkt hämotoxisch (das Blut angreifend), was einen Kreislaufkollaps zur Folge haben kann. Sobald möglich, muss ein Arzt aufgesucht werden. Fachleute raten davon ab, die Bissstelle zu desinfizieren oder abzubinden.

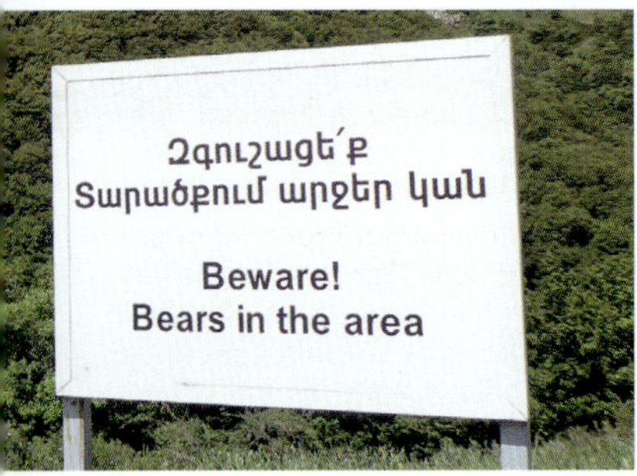

Skorpione: Der Fettschwanz-Skorpion ist einer der gefährlichsten Vertreter seiner Art, ein Stich kann tödliche Folgen haben. Die Tiere sind sehr dunkel, fast schwarz und können bis zu 10 cm groß werden.

Schlangen – wie dieser Armenischen Wiesenotter – begegnet man in Armenien häufig.

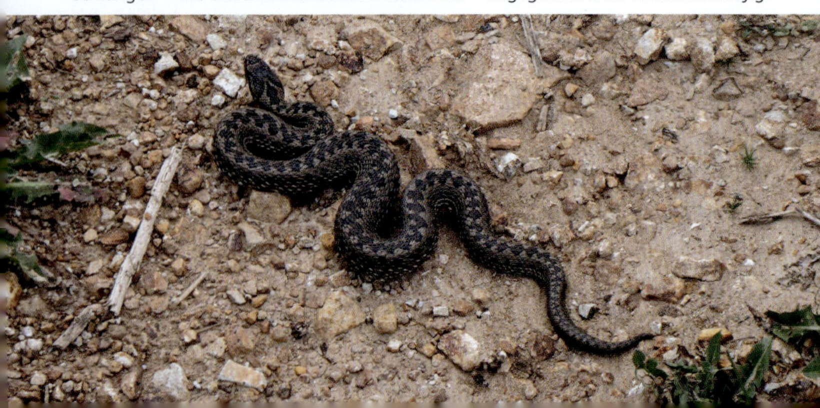

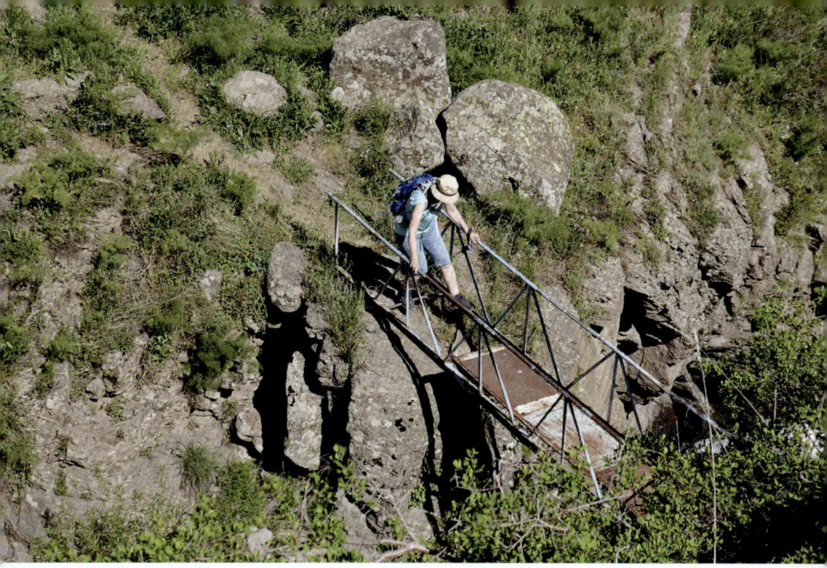

Brücke in der Schlucht unter der Festung Amberd (Tour 14).

Hunde: Eine etwas lästige Begleiterscheinung bei einigen Touren sind große Hunde, die Viehherden oder Höfe bewachen. Die Tiere sind darauf abgerichtet, bei Sichtung von vermeintlichen Eindringlingen in ihr Revier in anhaltendes Bellen zu verfallen und Fremde zu vertreiben, ohne sie anzugreifen. Vorbeugend sollte man um Schaf- oder Ziegenherden einen Bogen machen.

Ausrüstung

Die Grundausstattung für Wanderungen in Armenien unterscheidet sich prinzipiell nicht von der Ausrüstung, die man in den Alpen verwenden würde. Wichtig ist natürlich gutes Schuhwerk: Halbhohe Trekkingschuhe sind für die meisten Touren ideal, im Hochgebirge sind Bergschuhe zu bevorzugen. Wasserfeste Trekkingsandalen eignen sich gut für das Durchqueren von Gebirgsbächen. Strapazierfähige Kleidung, Regenschutz, Teleskopstöcke, Kopfbedeckung, Sonnenschutzmittel, Medizin, Proviant und eventuell ein GPS-Gerät (bzw. GPS-fähiges Handy) samt Reserve-Akku oder Powerbank sollten auf der Packliste vor der Abreise stehen. Außerdem sind bruchfeste Trinkgefäße und eventuell Tabletten zur Wasseraufbereitung (z.B. Micropur) nützlich.
Auf keinen Fall darf man Insektenschutz für die Haut sowie Balsam für die Behandlung von Stichen vergessen! Leider gibt es im Armenischen Hochland zahlreiche tagaktive Stechinsekten.

PRAKTISCHE HINWEISE

Anreise und Einreise

Für die Anreise mit dem Flugzeug bestehen mehrere Optionen, die Suchfunktion im Internet ermöglicht einen Überblick über das aktuelle Angebot. Der Direktflug von Berlin (SXF) nach Jerewan (EVN) dauert vier Stunden.

Deutlich mehr Zeit muss einplanen, wer mit dem Pkw auf dem Landweg nach Armenien reisen möchte. Die Route führt von D/A/CH über den Balkan, die Türkei und Georgien nach Jerewan. Die Grenzübergänge zwischen der Türkei und Armenien sind seit 1993 geschlossen. Für die rund 4000 km lange Fahrt von Deutschland in den südlichen Kaukasus muss außer dem Reisepass, dem nationalen Führerschein und dem Fahrzeugschein auch eine grüne Versicherungskarte mitgeführt werden. In Georgien und Armenien ist diese allerdings nicht mehr gültig, an den Grenzübergängen kann eine befristete Police erworben werden. Immerhin: Der Kraftstoff kostet im Kaukasus nur etwas mehr als die Hälfte im Vergleich zu den Benzinpreisen in Deutschland.

Die Einreise nach Armenien ist für EU-Staatsangehörige visumfrei. Erforderlich ist ein Reisepass, der noch mindestens fünf Monate über die Reise hinaus gültig ist. Ab dem Einreisetag ist ein Aufenthalt von bis zu 180 Tagen möglich. Kinder benötigen ebenfalls ein eigenes Reisedokument. Falls das minderjährige Kind von nur einem Elternteil begleitet wird, wird unter

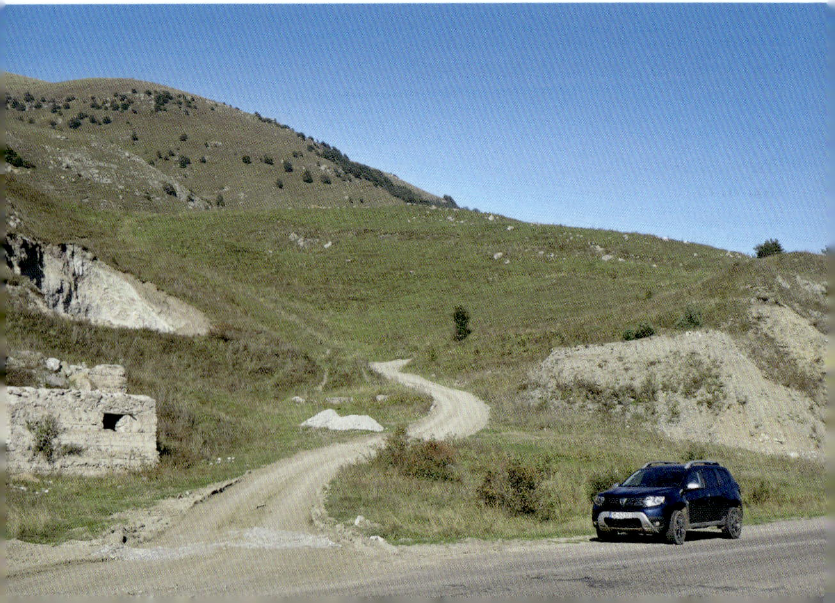

Umständen eine notariell beglaubigte Vollmacht des anderen Elternteils bei Ein- bzw. Ausreise verlangt.

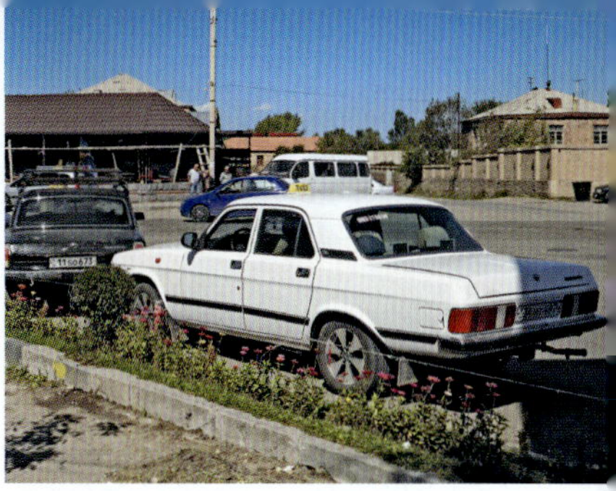

Am Taxistand in Martuni stehen zwei russische Straßenkreuzer der Marke Wolga.

Transportmittel in Armenien

Mit einem Pkw lassen sich fast alle Ausgangspunkte der beschriebenen Touren gut erreichen. Falls jedoch ein Geländewagen für die Anfahrt erforderlich ist, wird darauf explizit hingewiesen. In Jerewan kann man für einen moderaten Tagessatz Autos mit Allradantrieb mieten. Üblicherweise wird das ein Lada 4x4 sein, eventuell ein UAZ. In der Box »Wichtige Telefonnummern« sind die Kontaktdaten von zwei Autovermietern aufgelistet.
Wer mit seinem eigenen Auto unterwegs ist, sollte sich darüber im Klaren sein, dass die gesetzliche Versicherung nur eine geringe Deckungssumme garantiert. Das Netz an Tankstellen ist relativ dicht, die Benzinpreise sind deutlich niedriger als in Europa. Das sogenannte »Premium« entspricht unserem Super (95 Oktan). Die Straßen sind leider in keinem guten Zustand, mit Reifenpannen muss unbedingt gerechnet werden! Also auf jeden Fall ein intaktes Reserverad samt nötigem Werkzeug mitführen.
Bei der Navigation ist »Google Maps« eine große Hilfe; ein Smartphone mit Internetkontakt ist dafür natürlich Voraussetzung.
Bei Anreise mit dem Flugzeug empfiehlt es sich, einen Mietwagen zu organisieren. Das kann vorab online geschehen oder bei Ankunft am Flughafen. Ein spezieller internationaler Führerschein ist nicht erforderlich, der nationale wird akzeptiert.
Ebenfalls komfortabel und nicht einmal besonders teuer ist es, mit dem Taxi zu reisen. Ein Kilometer kostet umgerechnet etwa 0,25 € bis 0,50 €. Bei abgelegenen Ausgangspunkten ist es Verhandlungssache, ob der Fahrer wartet oder zu einer vereinbarten Uhrzeit wiederkommt.
Einige Städte lassen sich von Jerewan aus mit der Bahn erreichen. Die Zugverbindungen sind allerdings in der Regel ungünstig und zeitintensiv.
Die preisgünstigste Art, durchs Land zu reisen, ist die Fahrt in einer Marschrutka. Tausende dieser Kleinbusse verkehren in den Städten und auf den Fernstraßen. Innerhalb von Jerewan kostet eine Fahrt – egal wohin – umgerechnet 0,35 €. Überlandfahrten sind ebenfalls nicht teuer. Allerdings ist es nicht immer leicht, die Abfahrtszeit in Erfahrung zu bringen, Fahrpläne gibt es nämlich keine. Da hilft nur, an den Busbahnhöfen oder am Straßenrand um Hilfe zu bitten.

Einsame Landstraße im Norden des Landes.

WICHTIGE TELEFONNUMMERN UND ADRESSEN

Notruf
- Allgemeine Notrufnummer: 911
- Unfallrettung: 103
- Polizei: 102

Deutschsprachige Ärztin in Jerewan
- Dr. Anahit Petrosyan
  14 Hr. Nersisyan Str., AM-0050 Jerewan, Tel. +374 10 200260

Aktuelle Informationen zur Sicherheitslage in Armenien
- Österreichisches Außenministerium: bmeia.gv.at
- Bürgertelefon: +43 5011503775
- Auswärtiges Amt Berlin: auswaertiges-amt.de
- EDA Schweiz: eda.admin.ch

Warnhinweise des hydrometeorologischen Wetterdienstes
- mes.am/en

Eintrag in die »Krisenvorsorgeliste« für deutsche Staatsbürger
- elefand.diplo.de

Botschaften und Konsulate in Armenien
- Botschaft der Bundesrepublik Deutschland: 29 Charents Str., AM-0025 Jerewan, Tel. +374 10 523279, info@eriw.diplo.de
- Österreichisches Konsulat: 29 Sayat Nova, AM-0001 Jerewan, Tel. +374 10 547547, hon.consul@austrian-consulate.am
- Schweizerische Botschaft: 2/1 Melik Adamyan St, AM-0010 Jerewan, Tel. +374 10 529860, yerevan@eda.admin.ch

Infos über die Fernwanderwege
- Transcaucasian Trail: transcaucasiantrail.org
- ARKArmenia in Sjunik: arkarmenia.com

Naturschutzprojekte
- WWF-Leopardenschutzprogramm: leopard.am
- Armenia Tree Project: armeniatree.org

Geländewagen-Vermietung
- Naniko car rental: 24 Parpetsi Str., AM-0010 Jerewan, Tel. +374 43 484488, Tel. +374 60401100, naniko.am, contact@naniko.am
- Hyur Service: 96 Nalbandyan Str., AM-0010 Jerewan, Tel. +374 10 546040, +374 98 405089 (WhatsApp), hyurservice.com, contact@hyurservice.com

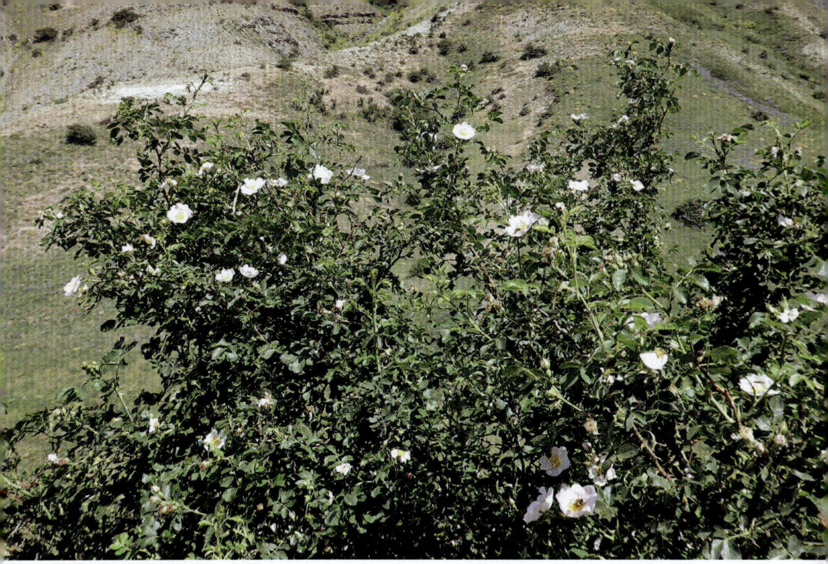

Zistrosen wachsen zu großen Büschen und blühen im Frühsommer.

Sicherheit

Armenien genießt den Ruf eines Landes mit wenig Gewaltkriminalität. Touristen können sich frei bewegen, allerdings mit einer Einschränkung: Wegen der angespannten Situation mit dem Nachbarland Aserbaidschan sollte man auf Wanderungen in Grenznähe verzichten. Das betrifft auch den Sangesur-Kamm, über dessen Hauptkamm die Grenze zur Autonomen Republik Nachitschewan verläuft. Der Grund für das schwierige Verhältnis zwischen Armenien und Aserbaidschan ist der Streit um die Region Bergkarabach. Die Wurzeln dieses Konflikts reichen bis in das frühe 20. Jahrhundert zurück. Alle Bemühungen um eine Einigung – unter Vermittlung der sogenannten Minsker Gruppe – verliefen bisher erfolglos.
Das Auswärtige Amt informiert online über die aktuelle Sicherheitslage. Deutsche Staatsangehörige können sich auf der Krisenvorsorgeliste eintragen, damit im Ernstfall die Behörden schneller helfen können.

Telefon, Internet und Zeitzone

Das armenische Mobilfunknetz deckt auch entlegene Orte ab, was durch eine große Anzahl Funkmasten ermöglicht wird. Einerseits wird dadurch stellenweise das Landschaftsbild etwas beeinträchtigt, andererseits darf der Nutzen bei Wanderungen nicht unterschätzt werden. So kann im Notfall Hilfe angefordert werden, vorausgesetzt, man notiert sich vor der Tour die Telefonnummer einer Kontaktperson (z.B. im Hotel).

Auch das mobile Internet funktioniert in der Regel erstaunlich gut, sodass mit dem Smartphone z.B. jederzeit die aktuelle Wetterprognose abgerufen werden kann. Die Verwendung einer europäischen SIM-Karte verursacht unverhältnismäßig hohe Kosten. Deswegen ist es ratsam, eine armenische SIM-Karte zu erwerben, was bei mehreren Anbietern am Flughafen (24 h), in allen Städten und in vielen Dörfern möglich ist. Die Abrechnung erfolgt nach dem Prepaid-Verfahren. Die Kosten für Telefonate (auch in das Ausland) und die Internetnutzung sind moderat. Der Anbieter Vivacell ermöglicht auch in den Bergen eine gute Netzabdeckung. Aber auch andere, wie z.B. Ucom, arbeiten nach internationalem Standard.
Bei Ankunft in Armenien müssen die Uhren in den Sommermonaten um zwei Stunden vorgestellt werden, im Winter um drei Stunden. In Armenien gibt es keine Umstellung von Winter- auf Sommerzeit.

Medizinische Hilfe

In Jerewan gibt es größere Kliniken, die fast alle Fachbereiche abdecken. Die Krankenhäuser und Polikliniken der übrigen urbanen Zentren entsprechen oft nicht dem mitteleuropäischen Standard. Im ländlichen Raum erfolgt die medizinische Versorgung meistens in einem der rund 250 Ambulatorien.
Bei ernsthaften gesundheitlichen Problemen empfiehlt es sich, die Kooperationsärztin der deutschen Botschaft, Dr. Anahit Petrosyan, zu kontaktieren (Anschrift und Telefon im Kapitel »Wichtige Telefonnummern«).

Geländegängiger Krankenwagen vor dem Medical Center Alaverdi.

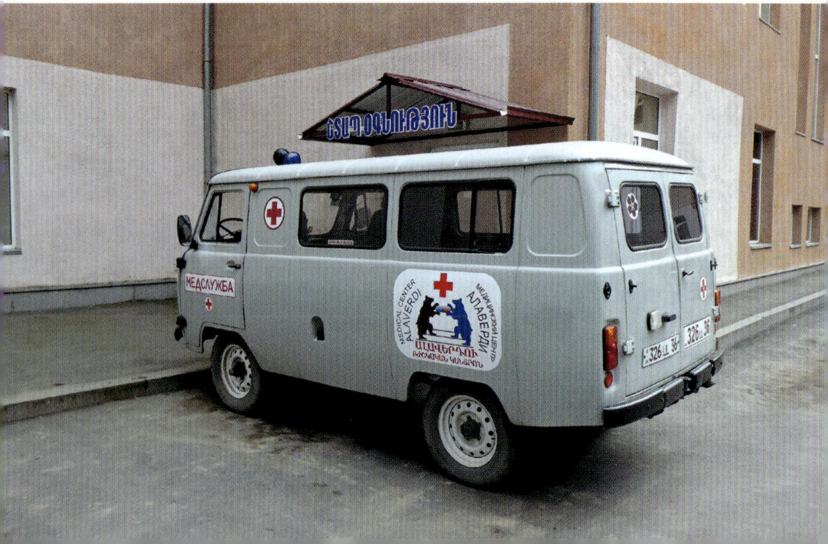

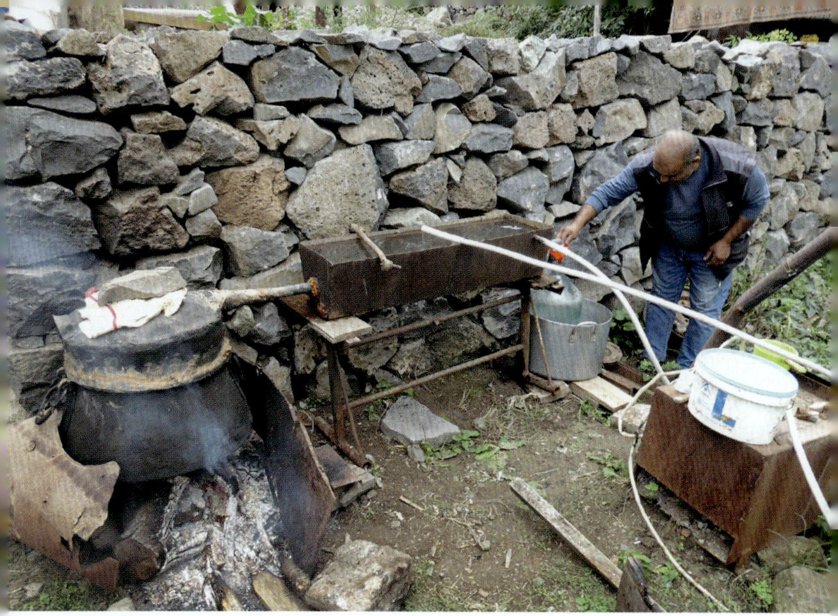

Die Menschen in Haghpat versorgen sich weitgehend selbst – auch mit Alkohol, mithilfe privater Schnapsbrennereien (Tour 4).

Auf der Internetseite des deutschen Auswärtigen Amts (auswaertigesamt.de) sind unter »Reise- und Sicherheitshinweise« für Armenien wichtige medizinische Hinweise aufgelistet. Die ärztliche Behandlung muss bar bezahlt werden und wird später normalerweiser von der eigenen Krankenkasse oder einer Auslandskrankenversicherung zurückerstattet.

Geld

Die Landeswährung ist der Armenische Dram, abgekürzt AMD. Der Wechselkurs ist für begeisterte Kopfrechner ein Vergnügen: Anfang 2023 entsprachen im Mittel 420 AMD einem Euro. Bei Ankunft am Flughafen kann rund um die Uhr Geld getauscht werden, in allen größeren Städten gibt es Banken und Geldautomaten. Sicherheitshalber sollte man sich vor der Reise bei seiner Hausbank informieren, ob die Kredit- oder Bankkarten für Abhebungen in Armenien zugelassen sind. Dort ist eine Kartenzahlung, vor allem auf dem Land, allerdings nicht in allen Hotels und Geschäften möglich. Euro oder US-Dollar werden als Zahlungsmittel normalerweise nicht akzeptiert.
Das Preisniveau für die meisten Waren und Dienstleistungen liegt etwas unter dem in Westeuropa.

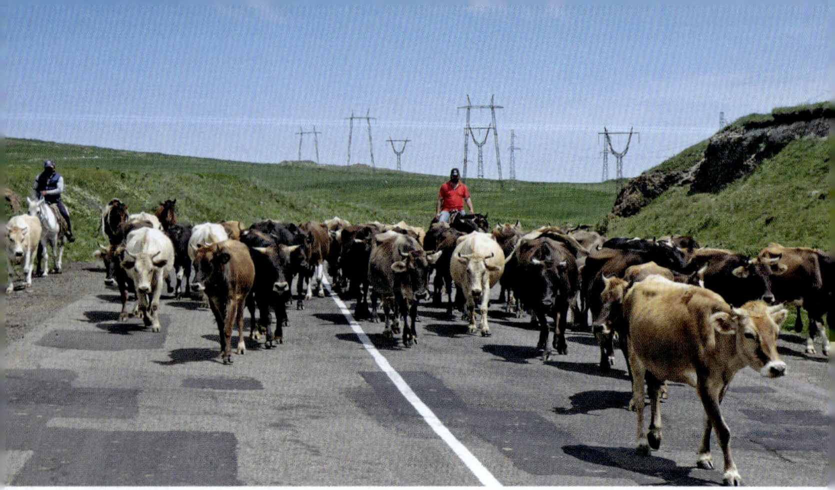

Das Nadelöhr der Nord-Süd-Achse Armeniens ist der 2344 m hohe Worotan-Pass. Auch Viehherden nutzen die Straße.

Sprache und Verständigung

Armenisch ist nicht nur Amts- und Landessprache, sondern auch Muttersprache für mehr als 90 % der Bevölkerung. Streng genommen handelt es sich um Ostarmenisch, während das sehr ähnliche Westarmenisch mehrheitlich in der Diaspora gesprochen wird.

Russisch ist für viele Armenier die erste Fremdsprache. Das hat einerseits historische Gründe, andererseits ist Russland auch heute noch ein wichtiger Handelspartner.

Vor allem für die junge und urbane Generation spielt Englisch eine wichtige Rolle, um im digitalen Zeitalter Aufstiegschancen zu erlangen.

Es gibt drei Gründe, sich vor einer Reise mit der armenischen Sprache zu beschäftigen: 1. Die vorgestellten Wanderungen finden in Gegenden statt, wo Englisch nicht immer weiterhilft. 2. Auf einigen Schildern, Karten oder Schautafeln sind Hinweise nur in armenischer Schrift verfasst. 3. Aus Respekt vor den Menschen, die es zu würdigen wissen, wenn sich ein Ausländer mit ihrer Sprache beschäftigt. Zudem ist es faszinierend, eine der ältesten lebenden Sprachen der Welt näher kennenzulernen.

Das handliche Buch »Kauderwelsch Armenisch Wort für Wort« ermöglicht es, sich in relativ kurzer Zeit die Sprache anzulernen. Die Vokabeln und Redewendungen auf den folgenden Seiten stammen überwiegend aus diesem Titel – mit freundlicher Genehmigung des Reise Know-How Verlags, Bielefeld.

Bei den meisten Namen von gegrafischen Begriffen wird in diesem Buch die international übliche englische Transkription verwendet, so wie man sie auch auf Schildern oder Karten in Armenien sehen kann. Man liest die Wörter, als wären es englische Begriffe. Einige Beispiele: Janapar: »Dschanapar«; Chimoi: »Tschimoi«; Lich: »Litsch«; Mayravank: »Meirawank«; Spitakavor: »S-pitakawor«; Khustup: »Chustup«. Bei Namen, für die sich bereits die deutsche Schreibweise etabliert hat, wird diese natürlich auch verwendet. Beispiele: Jerewan (anstatt Yerevan); Gjumri (anstatt Gyumri) und Sewan (anstatt Sevan). Auch für die Namen der Regionen wird die deutsche Schreibweise verwendet. Beispiele: Sjunik, Wajots Dsor, Schirak, Tawusch.

Die Betonung armenischer Wörter liegt – fast immer – auf der letzten Silbe. Die Aussprache der auf der nächsten Seite aufgeführten Wörter erfolgt intuitiv: *sh* wie in Garage; *z* wie in Zahn; das Auslassungszeichen ′ symbolisiert eine nur kaum hörbare Lücke.

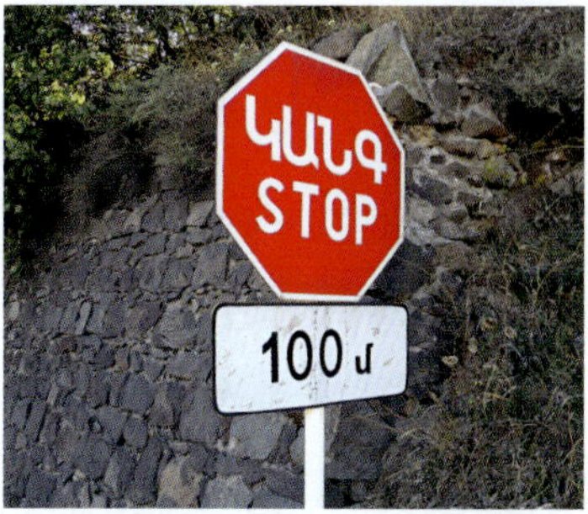

»Kang« steht in armenischer Schrift auf dem Schild. Die Bedeutung ist klar.

Das armenische Alphabet

	A	B	G	D	(J)E	S	È	E	Th	Sch
groß	Ա	Բ	Գ	Դ	Ե	Զ	Է	Ը	Թ	Ժ
klein	ա	բ	գ	դ	ե	զ	է	ը	թ	ժ

	I	L	Ch	Z	K	H	Ds	R	Dsch	M
groß	Ի	Լ	Խ	Ծ	Կ	Հ	Ձ	Ղ	Ճ	Մ
klein	ի	լ	խ	ծ	կ	հ	ձ	ղ	ճ	մ

	J	N	Sch	w/o	Tsch	P	Dj	Rr	Ss	W
groß	Յ	Ն	Շ	Ո	Չ	Պ	Ջ	Ռ	Ս	Վ
klein	յ	ն	շ	ո	չ	պ	ջ	ռ	ս	վ

	T	R	Z	w, u	P	K	O	F
groß	Տ	Ր	Ց	Ւ	Փ	Ք	Օ	Ֆ
klein	տ	ր	ց	ւ	փ	ք	օ	ֆ

WÖRTERBUCH

Begrüßung und Abschied

Bari luis!	Guten Morgen!
Bari or!	Guten Tag!
Bari jereko!	Guten Abend!
Im anun e ...	Ich heiße ...
Intsch'pes ek?	Wie geht es Ihnen?
Intsch'pes es?	Wie geht es dir?
Law em, schnorhakalut'jun.	Sehr gut, danke.
Ztesut'jun.	Auf Wiedersehen!
Hadschorut'jun!	Alles Gute!

Zeitangaben und Wochentage

jerekojan	am Abend
gischerè	nachts
arrawotjan	am Morgen
zerekè	tagsüber
hima	jetzt
heto	später
jerkuschabt'i	Montag
jerekschabt'i	Dienstag
tschorek'schabt'i	Mittwoch
hingschabt'i	Donnerstag
ur'pat	Freitag
schabat	Samstag
kiraki	Sonntag

Fragen

Wort'er è ...?	Wo ist ...
... unek?	Haben Sie ...?
Kareli è?	Darf ich?
Sa intsch'arshe?	Wie viel kostet das?
Ajd intsch'è?	Was ist das?
Jer?	Wann?
Intsch'u?	Warum?
Intsch'k'an?	Wie viel(e)?

Nützliche Wörter und Redewendungen

ajo	ja
wotsch	nein
Intsch'pes?	Wie bitte?
Wotsch, tsch'em hazkanum.	Nein, ich verstehe nicht.
Worteriz ek?	Woher kommen Sie?
Jes germaniaiz' em.	Ich komme aus Deutschland.
Jes awstriajz'em.	Ich komme aus Österreich.
Jes schwejzariaiz' em.	Ich komme aus der Schweiz.
Tschischt 'è.	Das stimmt.
Schat bari!	Sehr gut!
Jes tsch'em usum ...	Ich möchte nicht ...
Jes tsche gitem.	Ich habe keine Ahnung.
ansnagirne	(Reise)pass
hiranots	Hotel
Senjak asat unek?	Haben Sie ein freies Zimmer?
tang	teuer
eschan	billig
jes gsankanai ...	Ich möchte ...
... surtsch	... einen Kaffee
... kartoff	... mit Milch
... te'i	... einen Tee
... dschur	... Wasser
... hjud	... einen Saft
... hads	... Brot

Im Gebirge

sar / lerr	Berg
hrabuch	Vulkan
charnaran	Krater
lich	See
dsor	Schlucht
howit	Tal
lernantsk	Bergpass
kamursh	Brücke
dschanapar	(Wander)weg
p'wochots	Straße
wask'uchi	Piste
wank	Kloster
jekechets'i	Kirche
chatschkar	Kreuzstein
gjuch	Dorf
arev	Sonne
jerkingh	Himmel
ampajin	bewölkt
dsjun	Schnee
antarr	Wald
margagetin	Wiese
hosk	Fluss
kar	Stein

dschair	Fels	10	tas
landsh	Hang	11	tasnmek
gagath	Gipfel	12	tasnerku
lernaschgta	Grat	13	tasnerek
sariwair	steil	14	tasntsch'ors
bartsranal	aufsteigen	15	tasnhing
idschnel	absteigen	16	tasnwez
rugsag	Rucksack	17	tasnjott
sportain koschikner	Wanderschuhe	18	tasn'ut
		19	tasn'inè
gid	Bergführer	20	k'san
kov	Kuh	21	k'sanmek
woch'charner	Schaf	30	jeresun
aits	Ziege	40	kharrasun
schun	Hund	50	hisun
		60	wat'sun
Zahlen		70	jot'anasun
1	mek	80	ut'sun
2	jerku	90	innsun
3	jerek	100	harjur
4	tsch'ors	150	harjur isun
5	hing	200	jerku harjur
6	wez	1000	hasar
7	jott	1999	hasar inè harjur innsun inèkarawi
8	ut		
9	inè		

Viele Hinweisschilder sind zweisprachig.

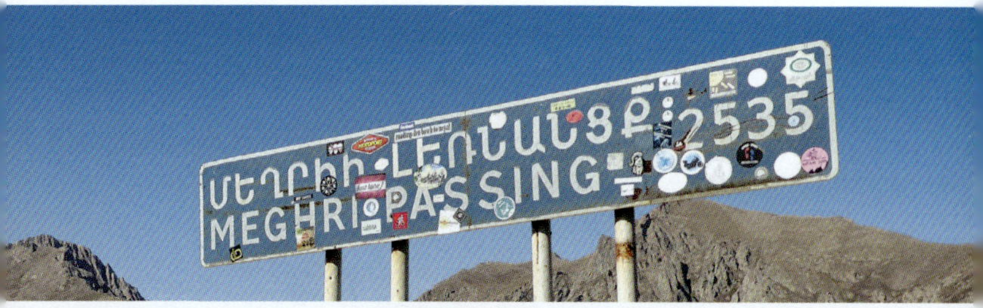

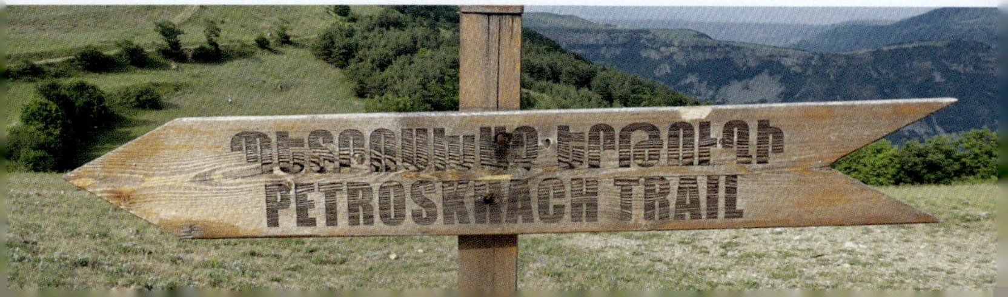

LAND UND LEUTE

Von der Antike bis zum digitalen Zeitalter

Der Schlüssel zum Verständnis Armeniens liegt in der bewegten Geschichte des Volkes. Rund 4000 Jahre reichen die tiefsten Wurzeln zurück, darüber sind aber nur wenige Details bekannt.

Als gesichert gilt, dass Armenier vor rund 2600 Jahren aus der Gegend der heutigen Türkei bis in den Südkaukasus vorgedrungen sind. Damals waren die Perser Herrscher über ein riesiges Gebiet von Kleinasien bis Indien. Alexander der Große brachte im 4. Jahrhundert v. Chr. die Machtverhältnisse in Griechenland und im Orient gründlich durcheinander, auch im Kaukasus war dies spürbar. Der Tempel von Garni (Tour 25) ist ein Zeugnis aus dieser Epoche.

Noch in vorchristlicher Zeit gelang den Armeniern die größte Ausdehnung ihres Territoriums. König Tigran der Große kontrollierte ein Reich vom Mittelmeer bis zum Kaspischen Meer. Das führte zwangsläufig zu Reaktionen aus Rom, dessen Einfluss immer größer wurde. In der Folge war in den ersten Jahrzehnten unserer Zeitrechnung der armenische König de facto nur noch ein römischer Vasall.

Anfang des 4. Jahrhunderts n. Chr. rief König Trdat III. das Christentum in Armenien zur Staatsreligion aus. Einen großen Anteil daran hatte Gre-

Überall in Armenien stößt man auf Kreuzsteine (Chatschkare), wie hier am Kloster Hayravank. Viele stammen noch aus dem Mittelalter.

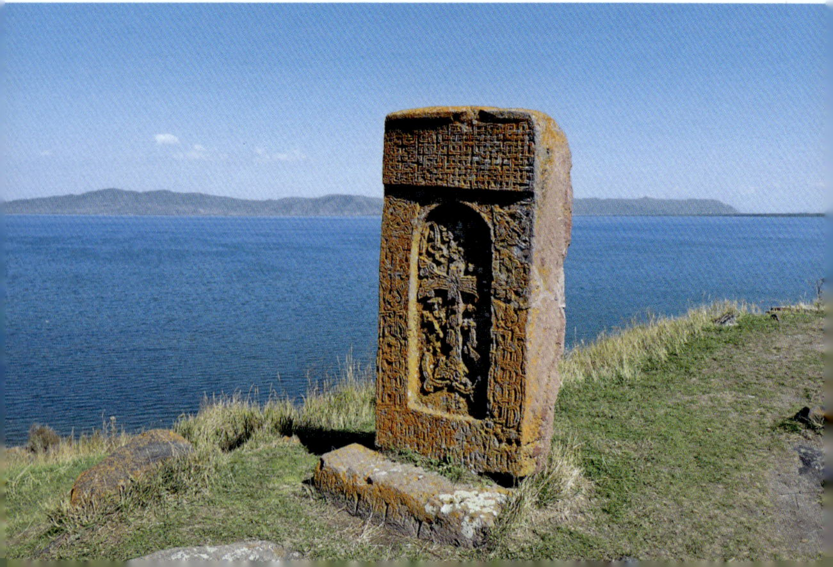

gor der Erleuchter, dessen Name heute jedes armenische Schulkind kennt. Auch die Legenden und Mythen, die zu dieser Zeit entstanden, sind fest im Selbstverständnis der Nation verankert.
Zu einem weiteren epochalen Ereignis kam es im Jahr 406, als Mesrop Maschtoz das armenische Alphabet entwickelte. Die Buchstaben sind bis heute nahezu unverändert geblieben.
Mit dem Zerfall des römischen Reiches gelang es den Persern, wieder einen großen Einfluss auf die Armenier zu gewinnen. Gleichzeitig versuchten die Byzantiner, von Westen aus die Region unter ihre Kontrolle zu bringen.
Auch in den folgenden Jahrhunderten blieb den Armeniern oft nur die Rolle eines Spielballs der Großreiche vorbehalten. Dazu zählten im 11. Jh. die Seldschuken, eine türkische Fürstendynastie, und im 13. Jh. die Mongolen.
Mit der Gründung des Osmanischen Reiches im Jahr 1299 entstand eine Macht, die mehr als ein halbes Jahrtausend Einfluss auf die Armenier nahm. Die Gegenspieler waren im Norden Russland und im Süden Persien.
Der Russisch-Persische Krieg (1826 bis 1828) sollte für die Ostarmenier weitreichende Folgen haben: Von nun an war die Region im Südkaukasus an das Russische Zarenreich angeschlossen. Die in Anatolien lebenden Westarmenier mussten sich mit Türken und Kurden arrangieren. Unter Sultan Abdülhamid II. eskalierte dort die Lage, und es kam 1894 bis 1896 zu Massakern an den Armeniern mit vielen Toten.
Während des Ersten Weltkriegs folgten eine systematische Vertreibung und zahllose Morde an der armenischen Bevölkerung in Anatolien. Die von vielen Staaten als Völkermord eingestuften Grausamkeiten belasten selbst heute noch das Verhältnis zwischen Armenien und der Türkei.
Nach dem Ende des Ersten Weltkriegs wurde die Demokratische Republik Armenien ausgerufen. Die Freude über die Unabhängigkeit war allerdings nur von kurzer Dauer, denn schon zwei Jahre später marschierte die Rote Armee ein.
Von 1920 bis 1991 war Armenien eine Sowjetrepublik. Nicht nur im Stadtbild von Jerewan sind selbst heute noch die Prägungen aus dieser Zeit deutlich zu erkennen, im ganzen Land begegnet man monumentalen Denkmälern aus der Zeit des Kommunismus.
Das Ende der UdSSR bescherte Armenien erneut die Unabhängigkeit. Heute ist das Land eine Republik auf Basis einer parlamentarischen Demokratie. Eines der aktuellen Hauptprobleme ist der Streit mit Aserbaidschan um die Region Bergkarabach. Von 1992 bis 1994 kam es zu einem Krieg zwischen Armenien und Aserbaidschan, der viele Tote und Hunderttausende Vertriebene auf beiden Seiten zur Folge hatte. Die nun praktisch ausschließlich von Armeniern bewohnte Gegend im Kern von Bergkarabach – die international nicht anerkannte »Republik Arzach« – bleibt weiterhin eine offene Flanke in der Sicherheitsarchitektur im südlichen Kaukasus.
2018 kam es zu landesweiten Protesten, die ein Ende der Korruption und Vetternwirtschaft der regierenden Republikanischen Partei zum Ziel hat-

ten. Die friedlichen Proteste – auch »Samtene Revolution« genannt – waren erfolgreich: Der kritisierte Premierminister Sersch Sargsjan trat zurück und der Oppositionsführer Nikol Paschinjan wurde nach einer Neuwahl in der Nationalversammlung sein Nachfolger.
Ende des »Corona-Jahrs« 2020 kam es zu einer Großoffensive des aserbaidschanischen Militärs gegen die von Armeniern kontrollierten Gebiete in und um Bergkarabach. Mit türkischer Hilfe wurden innerhalb weniger Wochen die Armenier geschlagen. Nur noch Stepanakert und das südliche Hinterland blieben weiterhin von Armeniern kontrolliert. Einen Friedensvertrag gibt es immer noch nicht.

Geografie und Geologie

Armenien liegt im Südkaukasus zwischen dem Schwarzen und dem Kaspischen Meer, grenzt aber an keines der beiden Gewässer. Das kleine Land umfasst eine Fläche von nicht einmal 30.000 m^2. Zum Vergleich: Deutschlands Fläche beträgt rund 357.000 km^2 und ist somit rund 12-mal größer.
Die **Grenzen** sind für Armenier ein heikles Thema. Nur Georgien im Norden und der Iran im Süden gelten als freundliche Nachbarn, mit denen es keine nennenswerten Probleme gibt. Die Grenzübergänge zu den beiden Ländern sind offen. Schwieriger ist das Verhältnis zur Türkei im Westen, wo sich historische Siedlungsgebiete der Armenier befinden. Die Grenzen sind seit dem Bergkarabach-Konflikt 1993 geschlossen, eine Annäherung ist auch wegen der türkischen Leugnung der Massaker von 1915 bis 1917 schwierig.
Weiter südlich grenzt grenzt an Armenien die Autonome Republik Nachitschewan, die eng mit Aserbaidschan verbunden ist. Eine Einreise in die De-facto-Republik ist – wenn überhaupt – nur mit einem Umweg über den Iran möglich.
Im Osten verläuft die Grenze zu Aserbaidschan, dem schwierigsten Nachbar Armeniens. Das Verhältnis zwischen den beiden Ländern ist wegen des Streits um die Region Bergkarabach sehr angespannt. Alle armenisch-aserbaidschanischen Grenzübergänge sind geschlossen.
Im Südosten führt eine Straße, der sogenannte Latschin-Korridor, durch aserbaidschanisches Gebiet in die fast ausschließlich von Armeniern bewohnte Region Bergkarabach mit der Hauptstadt Stepanakert. Die ausgerufene De-facto-Republik Arzach wird international nicht anerkannt und sorgt seit 100 Jahren für ernste Spannungen zwischen Armenien und Aserbaidschan.

Ein Blick auf die Reliefkarte genügt, um festzustellen, dass Armenien praktisch vollständig von **Gebirgen** überzogen ist. Sie sind Teil des Armenischen Hochlands, das sich wiederum von Ostanatolien über den Südkaukasus bis in den Iran erstreckt und aus zahlreichen einzelnen Gebirgsgruppen besteht. Auch der Kleine Kaukasus zählt dazu. Er zweigt vom Kaukasus-Hauptkamm Richtung Südosten ab und bedeckt den größten Teil Armeniens.

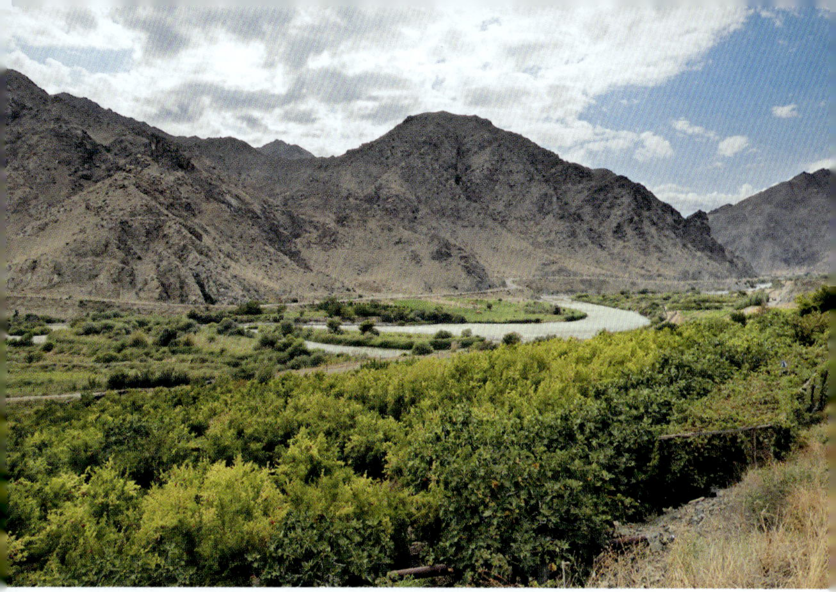

Der Aras bildet ganz im Süden des Landes die Grenze zum Iran.

Der höchste Gipfel des Kleinen Kaukasus, der 3724 m hohe Murovdağ, liegt aber bereits in Aserbaidschan. Der Aragats (4090 m) – Armeniens höchster Berg – ist ein völlig isoliert stehender Schichtvulkan, der streng genommen nicht zum Kleinen Kaukasus zählt. Die tiefsten Punkte des Landes liegen auf knapp 400 m im Grenzgebiet zu Georgien bzw. zum Iran. Die mittlere Höhe beträgt beachtliche 1800 m.
Die Vielzahl an Bergketten sowie Teil- und Untergruppen von Gebirgen ist auf den ersten Blick verwirrend. Im Kapitel »Die Gebirgsgruppen« finden Sie eine Übersicht, die hoffentlich für etwas Klarheit sorgt.
Zwei Urkräfte haben die Topografie Armeniens geformt:

- Das Aufeinandertreffen der arabischen Platte mit der eurasischen Platte, was die Auffaltung zum Kaukasus-Gebirge zur Folge hatte und
- vulkanische Aktivitäten, die in den letzten fünf Millionen Jahren sowohl freistehende Berggestalten als auch Ketten mit einer Vielzahl an Kratern gebildet haben. Heute gibt es keine aktiven Vulkane mehr. Besonders interessant sind die langen Bergzüge, auf deren breiten Kämmen sich zahlreiche kreisrunde Vulkankrater befinden. Die Geghama-Kette östlich von Jerewan ist dafür ein besonders eindrucksvolles Beispiel.

In der Kategorie **Gewässer** steht der Sewansee ganz oben. Sein Becken ist knapp 80 km lang und bis zu 56 km breit. Mit seinen Wassermassen

könnte man 38 Billionen (38.000.000.000.000) Ein-Liter-Flaschen füllen. Alle anderen natürlichen Seen sind erheblich kleiner. Erwähnenswert ist noch der Arpisee im gleichnamigen Nationalpark, im äußersten Nordwesten des Landes. Noch kleiner, aber landschaftlich herausragend sind die vielen Kraterseen, die sich nach der Schneeschmelze im Sommer bilden. Die Stauseen, wie vor der Achurjan-Talsperre an der türkischen Grenze oder der Worotan-Komplex in Sjunik, rufen eher ambivalente Gefühle hervor: Einerseits haben Menschen die Natur irreversibel verändert, andererseits sind daraus schöne Landschaften entstanden.
Unter den Fließgewässern ist der Aras das bedeutendste. Der rund 1070 km lange Fluss entspringt in Ostanatolien, fließt durch mehrere Länder im Südkaukasus und mündet schließlich in die Kura, etwa 100 km vor deren Mündung ins Kaspische Meer. Für Armenien ist der Aras stets ein Grenzfluss: Im Westen zur Türkei, im Süden zum Iran. Es gibt eine These, die den Aras mit dem biblischen Fluss Gibon gleichsetzt – und der war einer von vier Flüssen, die aus dem Garten Eden strömten.
Ein weiterer bedeutsamer Fluss ist der Worotan, der auf rund 130 km Länge durch Südarmenien in der Provinz Sjunik fließt, bevor er nach Aserbaidschan strömt und dort in den Hakari mündet. In Armenien wurde der Worotan mehrfach gestaut, auch um durch lange Tunnel Wasser in den Sewansee zu leiten, dessen Pegelstand im Laufe der letzten Jahrzehnte empfindlich gesunken ist. Der Hrazdan fließt aus dem Sewansee, durchquert die Hauptstadt Jerewan und mündet schließlich in den Aras. Erwähnenswert sind noch die Flüsse Debed in der nördlichen Provinz Lori sowie die Arpa in der Provinz Wajots Dsor.

Ausgeprägte **Ebenen** gibt es in Armenien nur eine: die Ararat-Ebene. Sie erstreckt sich nahe der türkischen Grenze und endet bei der Millionenmetropole Jerewan. Am Rand dieser Ebene stehen mit dem Ararat (Türkei) und dem Aragats (Armenien) die jeweils höchsten Erhebungen der beiden Länder.

Flora und Fauna

Die zahlreichen Klimazonen in dem gebirgigen Land haben Lebensräume für die unterschiedlichsten Tier- und Pflanzenarten ermöglicht. Allerdings führen Besiedelung, Industrie, Bergbau, Landwirtschaft und Weideflächen zu einer Gefährdung der sensiblen Ökosysteme. Die freien Flächen in den Tälern und Ebenen werden intensiv landwirtschaftlich genutzt, oft auch zur reinen Selbstversorgung (Subsistenzwirtschaft). Auf vielen Berghängen – im Sommer bis in hohe Lagen – gibt es Weideflächen für Rinder, Ziegen und Schafe. Einige Tierarten haben sich inzwischen auch in den Städten ihren Platz gesucht, beispielsweise Schlangen. Nur in den drei streng geschützten Naturreservaten (Khosrov-, Shikahogh- und Erebunireservat) ist die Natur vor Baumaßnahmen und anderen Eingriffen sicher. Aber die Auswirkungen des Klimawandels betreffen natürlich auch die Schutzgebiete.

Flora

Nur rund 11 % des Landes sind bewaldet (zum Vergleich: in Deutschland sind es 32 %). Sommergrüne Laubbäume wie Ahorn, Buche und Bergeichen bestimmen das Bild der montanen Wälder, aber auch Nadelhölzer (Kiefern) sind in Armenien heimisch. Der Dilijan-Nationalpark im Norden des Landes ist von einem großen Mischwald geprägt.

Im Frühsommer verwandeln sich die Bergwiesen in ein farbenfrohes Blumenmeer. Unter den unzähligen Pflanzengattungen kommen in den Gebirgen einige sehr häufig vor: Die gut einen Meter hohe Königskerze mit ihren gelben Blüten besiedelt großflächig Berghänge; der Armenische Mohn – nicht zu verwechseln mit Schlafmohn! – mit roten Blüten und dicken Samenkapseln wächst bis auf 2500 m Höhe und blüht im Spätsommer.

Auch steppenartige Landschaften sind in Armenien keine Seltenheit, vor allem im Süden des Landes. Dort wachsen kleinblättrige Sträucher, aber auch wildes Getreide. Dieses ist der Ursprung der kultivierten Getreidearten unserer Zeit.

Unter den Kulturpflanzen haben Granatapfelbäume und Aprikosenbäume eine lange Tradition. Natürlich spielt auch der Anbau von Trauben eine große Rolle. Vor allem in Russland wird armenischer Weinbrand sehr geschätzt. In der Ararat-Ebene, in der Nähe des Klosters Chor Virap, bieten Winzer gerne Weinproben an.

Blühende Königskerzen in der Region Sjunik.

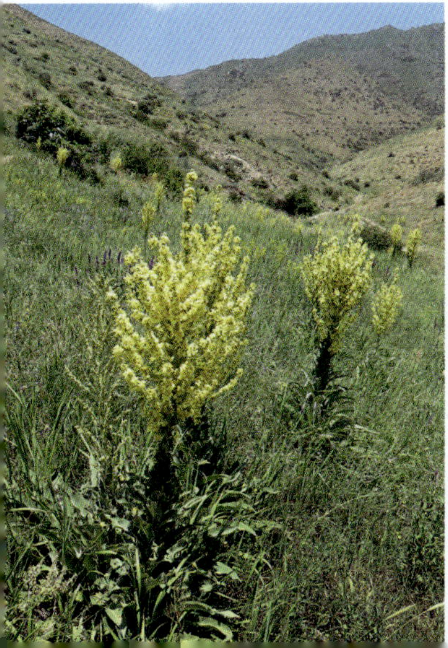

Aus Armenien nicht wegzudenken: ein Granatapfelbaum.

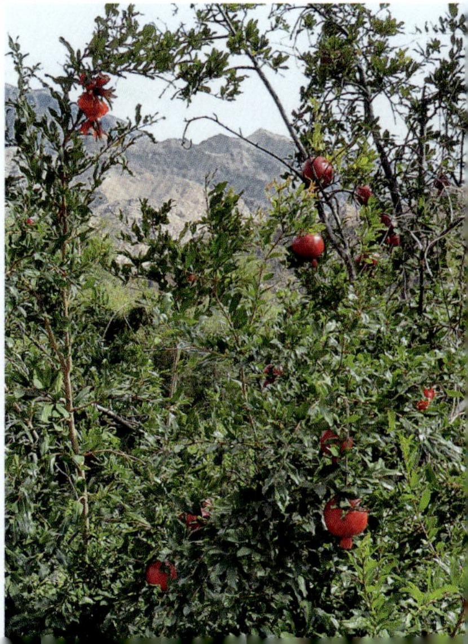

Fauna
Das wohl am meisten Aufsehen erregende Raubtier Armeniens ist nur so selten anzutreffen, als handele es sich um ein Phantom. Die Rede ist vom Kaukasus-Leopard, der bis vor wenigen Jahren als ausgestorben galt. Tatsächlich leben noch etwa ein Dutzend dieser Raubkatzen in Sjunik und im Khosrov-Reservat. Ein mit viel Aufwand betriebenes Projekt des WWF versucht, den winzigen Restbestand zu schützen. Nur äußerst selten löst ein Leopard tatsächlich eine der aufgestellten Fotofallen aus. Die Aufnahmen zeigen meistens Hasen, gelegentlich auch Wölfe oder Braunbären. Deren Bestände sind leider ebenfalls nur noch sehr gering.
Auch anderen Säugetieren, wie dem Wildschaf (Mufflon) oder der Wildziege, wird man während der Wanderungen im Gebirge vermutlich nur äußerst selten begegnen. In den Wäldern leben Stachel- und Wildschweine, Hasen und auch einige Hirsche.
Der Luftraum ist das Revier unzähliger Vogelarten, darunter mehrere Hundert Standvögel. In den Bergen wird man mit etwas Geduld und einem geübten Auge Schlangenadler beobachten können. Auch Geier, wie der Bart- oder der Gänsegeier, sind im Gebirge beheimatet, z.B. im Khosrov-Reservat. Vor allem um den Sewansee leben Armeniermöwen, am Arpisee gibt es außerdem einen Bestand von etwa 250 Pelikanen.
Die unzähligen Vogelarten vollständig aufzuzählen würde den Rahmen des Wanderführers sprengen.

Pferde sind als Nutztiere im Gebirge noch immer sehr beliebt.

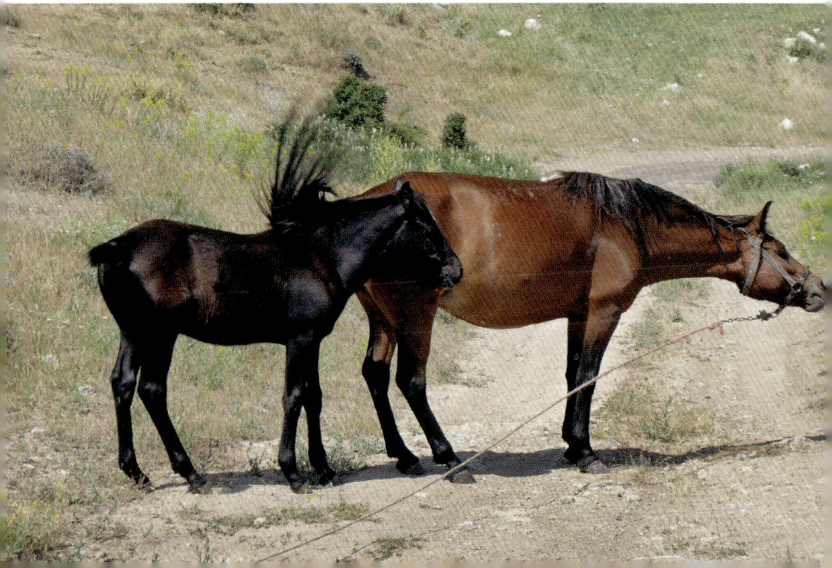

Über 50 Reptilien-Arten sind in Armenien bekannt. Am ehesten wird man auf eine Feldeidechse treffen, mit etwas Glück sogar auf eine Östliche Riesen-Smaragdeidechse. Vor allem auf Steinen und Felsen halten sich auch andere Echsen auf, wie z.B. der Berberskink.

Mit Schlangen muss überall gerechnet werden, ob in Städten, auf Wiesen, im Wald oder in felsigem Gelände. Vorsicht geboten ist bei den giftigen Vipern, erkennbar an ihren senkrechten, geschlitzten Pupillen. Vier dieser Arten treten relativ häufig auf: Kaukasusotter, Levanteotter, Armenische Bergotter und Armenische Wiesenotter. Die Ersteren sind etwas größer, während die Wiesenottern selten länger als 50 cm werden. Die graubraunen Tiere sind mit einem dunklen Zickzackband gemustert.

Aber auch ungiftige Schlangen, wie die Rote Springnatter oder die Kopfbinden-Bergnatter, sind in Armenien beheimatet. Der bis zu 1,40 m lange Scheltopusik hingegen ist nur auf den ersten Blick eine Schlange. Tatsächlich handelt es sich bei diesem – auch Panzerschleiche genannten – Tier um eine Echsenart.

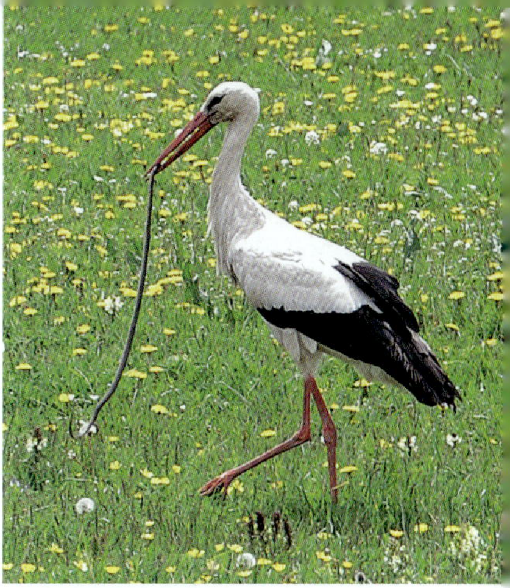

Ein Storch am Arpisee mit seiner Beute, einer Natter.

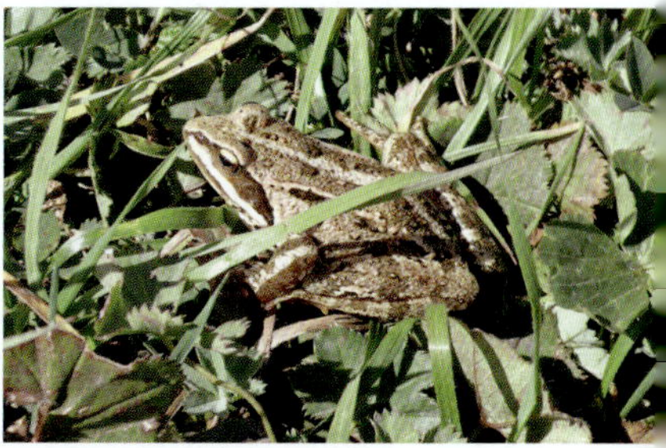

Auf 2600 m Höhe haben Frösche ihren Lebensraum gefunden (Tour 7).

Giftig und für Menschen äußerst gefährlich ist der Dickschwanz-Skorpion. Er hat einen auffällig breiten Körper und wird bis zu 10 cm lang. Zum Glück ist eine Begegnung unwahrscheinlich, die Tiere sind selten und halten sich versteckt unter Wurzeln oder Steinen auf. Der Italienskorpion *(Euscorpius italicus)* ist nur halb so groß. Diese Art ist weit verbreitet und für uns relativ harmlos. Ein Stich hat ähnliche Folgen wie der einer Biene.

Unzählige Insekten – darunter auch tagaktive Stechinsekten – haben in Armenien ihren Lebensraum gefunden.

Auf dem Land sind Nutztiere in den Alltag der Menschen eingebunden. Pferde, Kühe, Schafe, Hühner und Ziegen trifft man in fast jedem Dorf an, große Viehherden ziehen während der warmen Jahreszeiten durch die Berghänge.

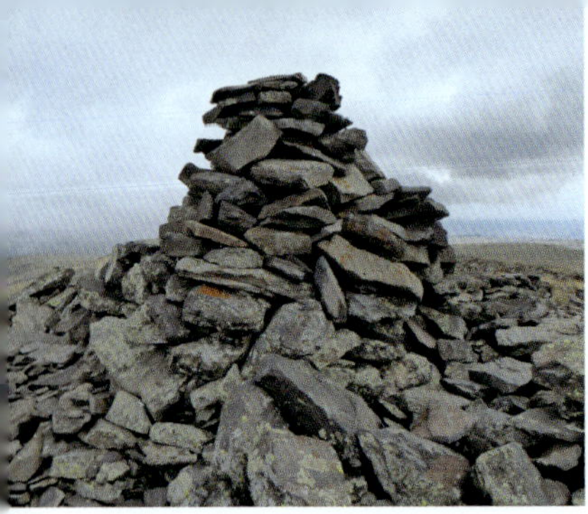

Steinmännchen auf dem höchsten Punkt des Amberd (Tour 11).

Die Gebirgsgruppen

Das Armenische Hochland besteht aus zahlreichen einzelnen Gebirgsgruppen, viele davon gehen ohne klar erkennbare Abgrenzung ineinander über. In den Alpen erleichtern lange, geradlinige Täler die Einteilung der verschiedenen Bergmassive. Im südlichen Kaukasus hingegen haben geologische Kräfte ein chaotisches Bergland geformt.

Zur besseren Übersicht sind hier die wichtigsten Gebirge von Nord nach Süd aufgelistet.

- Das **Dschawacheti-Gebirge** erstreckt sich von der armenischen Provinz Schirak bis nach Georgien. Der höchste Berg ist der knapp 3200 m hohe Atshkasar. In der Bergsteppenlandschaft wachsen nur wenige Bäume, auf den Gipfeln liegt bis in den Frühsommer Schnee.
- Das **Somcheti-Gebirge** befindet sich etwas weiter östlich, ebenfalls zu etwa gleichen Teilen in Armenien und Georgien. Der Kulminationspunkt ist der Lalvar (2543 m). Vor allem die nordseitigen Hänge sind mit Bergwäldern überzogen.
- Südlich an die beiden schließt sich das **Bazum-Gebirge** an. Die Landschaftsbilder wechseln – je nach Höhe – von Laubwäldern über subalpine Bergsteppen bis zu fast vegetationslosem Hochgebirge. Mit 3016 m ist der Chalab der höchste Berg.
- Vom Nordwestufer des Sewansees bis vor die Tore der Großstadt Gjumri erstreckt sich das **Pambak-Gebirge**. Somit zählt es zu den längsten Bergzügen in Armenien. Die Gipfel erreichen ähnliche Höhen wie auch das Bazum-Gebirge und kulminieren im Tesch (3100 m).
- Der **Schichtvulkan Aragats** bildet mit 4090 m den höchsten Punkt des Landes. Schon auf Satellitenaufnahmen ist der völlig freistehende Berg leicht zu erkennen. Die Gipfelregion ist nur wenige Wochen im Jahr schneefrei.
- Eine der markantesten Berglandschaften Armeniens ist das **Geghama-Gebirge**. Parallel zum Westufer des Sewansees verläuft diese Bergkette, die von Dutzenden Kratern überzogen ist, in vielen bilden sich im Sommer Seen. Der höchste Punkt befindet sich auf dem knapp 3600 m hohen Azhdahak.
- Auf der gegenüberliegenden Seite des Sewansees, über dem Ostufer, verläuft die Bergkette des **Sewan-Gebirges**. Dessen Kamm bildet die Staatsgrenze zu Aserbaidschan, was die Tourenmöglichkeiten natürlich stark einschränkt. Höchster Berg: Tzarasar (3426 m).

- In östlicher Richtung geht das Sewan-Gebirge in das **Murovdağ-Massiv** über, wobei dies nicht mehr in Armenien liegt, sonden in Aserbaidschan. Der höchste Gipfel ist der 3724 m hohe Gamış Dağı.
- Wiederum vollumfänglich auf armenischem Boden liegt das **Wardenis-Gebirge**. Der gleichnamige Berg bildet mit 3522 m den höchsten Punkt der relativ wenig erschlossenen Gebirgsgruppe im Süden des Sewansees.
- Das **Karabach-Hochland** schließt sich südöstlich an das Wardenis-Gebirge an und bildet den Abschluss des Armenischen Hochlands. Vulkane, die wie alle übrigen im Südkaukasus erloschen sind, prägen das Bild dieses Hochgebirges. Der Qızılboğaz bringt es auf knapp 3600 m Höhe und und ist damit der höchste Berg dieser Gebirgsgruppe.
- Bereits außerhalb Armeniens, in Aserbaidschan und Bergkarabach, liegt das **Karabach-Gebirge**. Kulminationspunkt ist der Qirxqiz (2830 m).
- Das zweithöchste Bergmassiv Armeniens ist, nach dem Aragats, der **Sangesur-Kamm**. Er verläuft in Nord-Süd-Richtung und trennt die Provinz Sjunik von der aserbaidschanischen Exklave Nachitschewan. Der Grenzkamm mit dem rund 3900 Meter hohen Kaputdschugh ist für Touren nicht zugänglich.

Auf dem höchsten Punkt des Khustup erkennt man einen Steinmann. Das Kreuz sowie die armenische Fahne stehen etwas niedriger, können aber von Weitem gesehen werden (Tour 48).

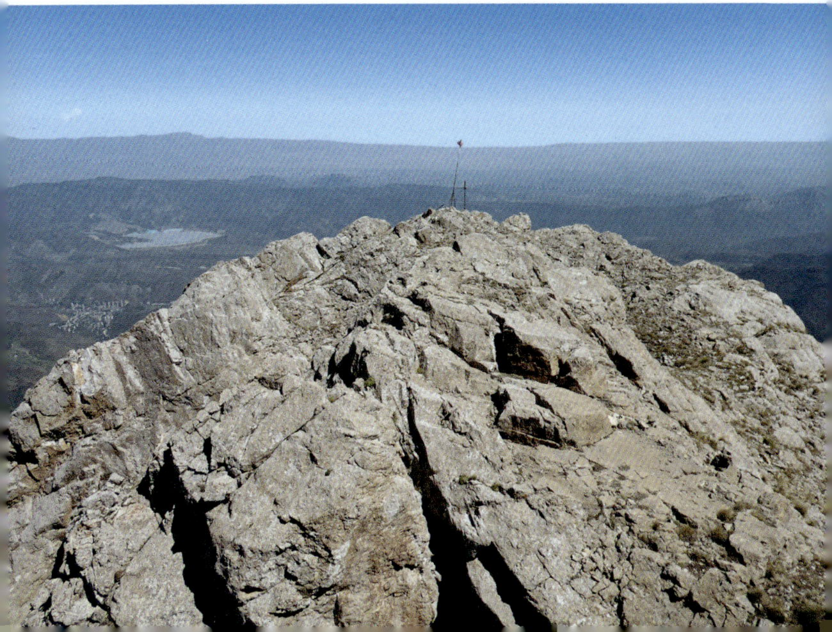

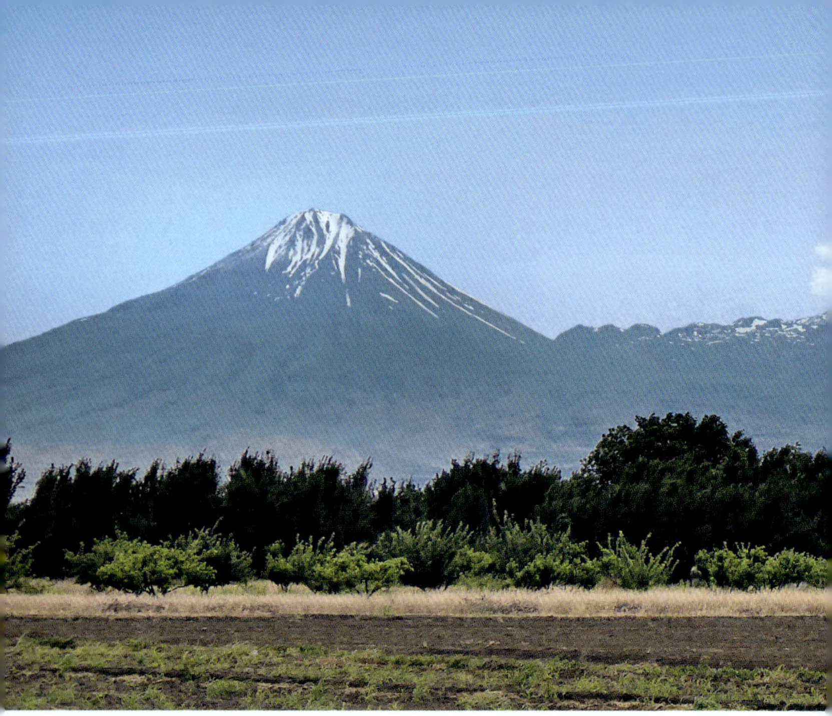

Kleiner und großer Ararat; direkt davor verläuft – sehr zum Leidwesen der Armenier – die türkische Grenze.

Außer Landes: der Ararat

Es muss ein fürchterliches Unwetter gewesen sein, das den Orient einst komplett unter Wasser setzte. Ein Mann fasste sich ein Herz und rettete seine Familie sowie zahlreiche Tiere, indem er alle in sein Boot brachte und aufbrach. Nach 150 Tagen – so berichtet es die Bibel – »wurden die Brunnen der Tiefe verstopft samt den Fenstern des Himmels«. Noah legte mit seiner Arche am Ufer einer felsigen Insel an, dem Ararat.

Heute steht der 5137 Meter hohe Vulkan wie ein einsamer Koloss da, eine weiße Gletscherkappe bedeckt den himmelhohen Gipfel. Daneben steht noch der Kleine Ararat (3925 m), die restliche Umgebung ist völlig flach.

Der Ararat ist ein Nationalsymbol der Armenier. Er ist auf dem Staatswappen abgebildet, die Region um ihn gehört zum historischen Siedlungsgebiet des Volkes. Aber es gibt ein schwerwiegendes Problem: Seit 100 Jahren steht der Ararat auf türkischem Boden, die Staatsgrenze zu Armenien verläuft am Fuß der Osthänge.

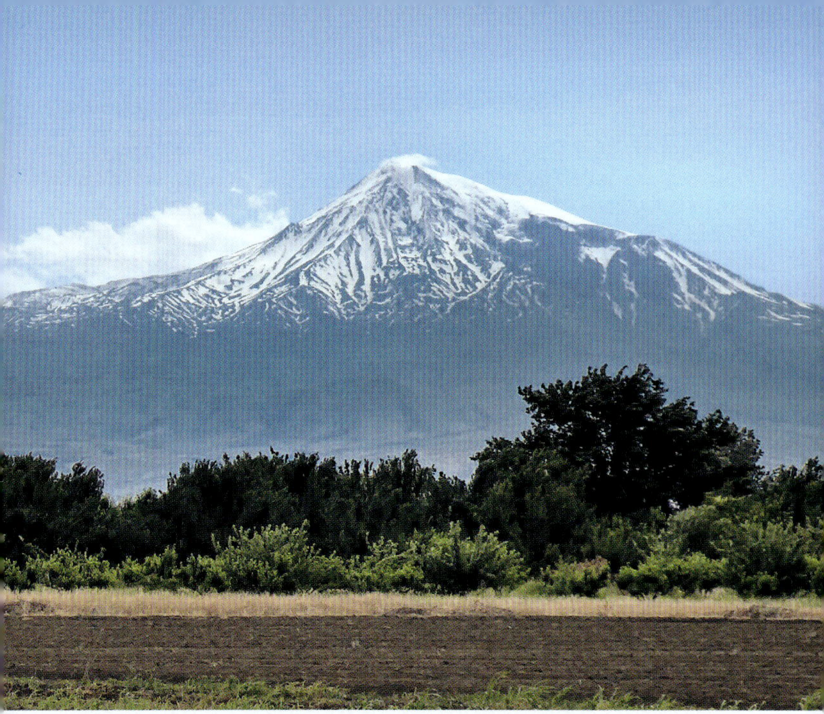

Wer auf den Ararat steigen möchte, muss in die Türkei einreisen, was von Armenien aus auf direktem Weg nicht möglich ist. Zudem braucht man eine Genehmigung der türkischen Behörden, den Ararat betreten zu dürfen. Da es auf den Hängen Camps kurdischer PKK-Aktivisten gibt, wird die Erteilung dieser Genehmigungen immer wieder für längere Zeit ausgesetzt. Eine weitere Bedingung für eine Gipfeltour ist ein lizenzierter Bergführer. Wenn alle Voraussetzungen erfüllt sind, fährt ein Minibus die Gipfelaspiranten bis zum Ende einer Schotterpiste am Südwesthang. Auf 2200 m Höhe beginnt die 4-tägige Tour, die technisch nicht allzu schwierig ist. Nur die letzten 2 bis 3 Std. vor dem Gipfel führen über einen Gletscher.
Auf der armenischen Seite liegt die Keimzelle der armenisch-apostolischen Kirche. Das Kloster Chor Virab (»tiefes Verlies«) ist ein weiteres Nationalsymbol der Nation – und mit dem Ararat als Hintergrund ein oft gedrucktes Postkartenmotiv. Der Legende nach wurde an dieser Stelle Gregor der Erleuchter eingesperrt. Nach 13-jähriger Gefangenschaft konnte er seinen Peiniger Trdat III. davon überzeugen, das Christentum zur Staatsreligion zu erklären.

Bergkarabach

Der »gebirgige schwarze Garten« – so lautet die wörtliche Übersetzung Bergkarabachs – ist eine völkerrechtlich umstrittene Region südöstlich von Armenien. Landschaftlich ist die Gegend überaus reizvoll. Im Norden erhebt sich das gewaltige Murovdağ-Gebirge mit dem 3724 m hohen Gamış Dağı, im Süden das Karabach-Gebirge mit dem 2830 Meter hohen Qirxqiz. Richtung Osten fällt Bergkarabach ab bis in das Flachland der Kura-Niederung. Es gibt Schluchten, Wasserfälle und Wälder, in denen Bären und Wölfe leben. Über 300 Tage im Jahr scheint die Sonne. Die Gegend könnte ein Traumziel für Trekkingtouren sein. Aber das Paradies hat ein Problem.

Schon seit mehr als 100 Jahren streiten sich Armenien und Aserbaidschan um eine Region, die im Kern nicht größer als das Ruhrgebiet ist. Die aktuelle Situation ist für alle Beteiligten unbefriedigend: Völkerrechtlich zählt Bergkarabach – auch Nagorny Karabach genannt – zu Aserbaidschan, der Kernbereich um Stepanakert wird von Armeniern bewohnt. Der Quasi-Staat

Ganz im Südosten des Kleinen Kaukasus erhebt sich das Karabach-Gebirge.

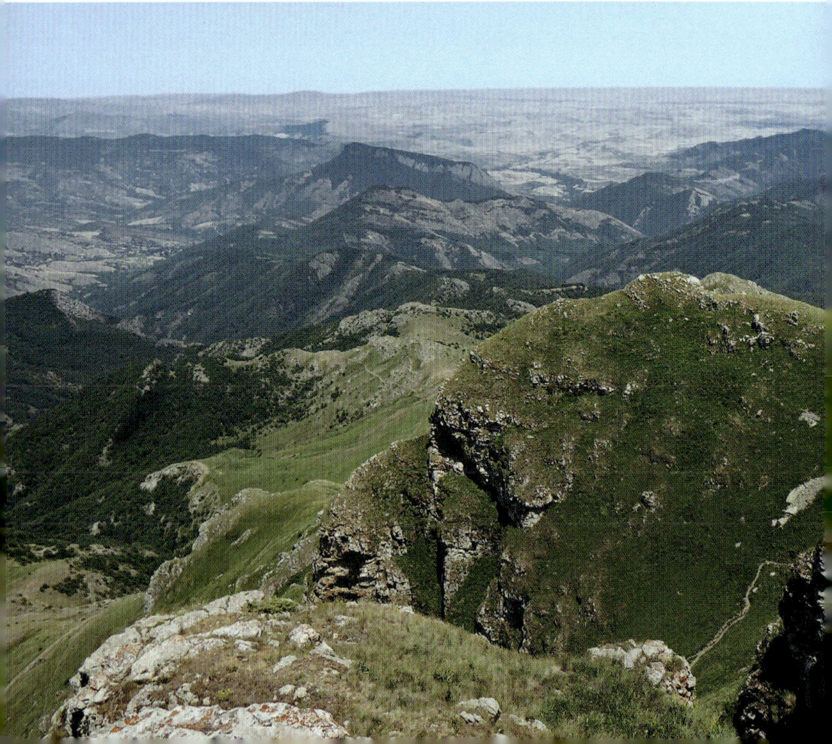

funktioniert nach dem Prinzip eines De-facto-Regimes mit den Strukturen einer präsidentiellen Republik.
Immer wieder eskaliert die Lage, vor allem das diktatorisch geführte Aserbaidschan tritt sehr aggressiv auf und sabotiert auf verschiedenste Weise das Leben der Armenier in und um Stepanakert.
Die Vorgeschichte: Im Laufe der letzten zwei Jahrtausende gehörte die Region im Wechsel mehreren Großreichen an, wie Persien oder Russland. Selbst die Mongolen hatten Bergkarabach zwischenzeitlich unter ihrer Kontrolle. Unter den Bewohnern waren stets sowohl Christen als auch Muslime.
Ende des 19. Jahrhunderts kam es zu bewaffneten Auseinandersetzungen der beiden Ethnien. Als 1918 Armenien und Aserbaidschan vorübergehend die Unabhängigkeit von Russland erlangten, erhoben beide Kaukasusländer Anspruch auf Bergkarabach. Es kam wieder zu einem blutigen Konflikt. Nur wenige Jahre später wurden aus den Staaten Sowjetrepubliken. Durch eine böswillige Entscheidung Stalins erhielt Bergkarabach den Status einer autonomen Region *(Oblast)* innerhalb der aserbaidschanischen Sowjetrepublik. Aber auch unter dem eisernen Mantel Moskaus kam der Konflikt nicht zum Erliegen.

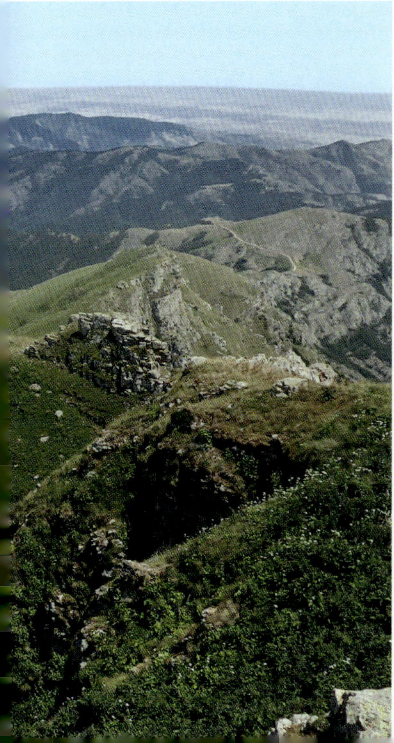

Der Zerfall der Sowjetunion machte aus Armenien und Aserbaidschan souveräne Staaten. Bergkarabach rief die Unabhängigkeit aus, was in der Folge von 1992 bis 1994 zu einem blutigen Krieg führte. Die armenischen Verbände gingen daraus als Sieger hervor, aber der Preis war für alle hoch: Bis zu 50.000 Menschen kamen ums Leben, rund eine Million Vertriebene wurden ihrer Heimat beraubt.
Rund 26 Jahre lang konnten die Armenier ihre kleine Minirepublik »Arzach« in den Grenzen von 1994 halten. Ende 2020 erfolgte eine aserbaidschanische Großoffensive mit türkischer Unterstützung, nach der zwei Drittel von Arzach wieder unter Kontrolle Bakus waren. Selbst für Einheimische ist es oft nicht möglich, zwischen Armenien und Stepanakert zu pendeln.

DIE TOURENGEBIETE

Der Norden: Schirak, Lori und Tawusch

Die drei nördlichen Provinzen unterscheiden sich von den übrigen vor allem durch eine üppigere Vegetation. Der Grund dafür liegt auf der Hand: Es regnet dort mehr als im übrigen Land. Eine Übersicht von West nach Ost:

Den nordwestlichen Abschluss Armeniens bildet Schirak. Die Grenze zur Türkei verläuft über einen langen Abschnitt in einer Schlucht mit dem Fluss Achurjan. Folgt man ihm flussaufwärts, dann führt er zu einem rund 20 km langen Stausee. Nicht weit davon liegt Gjumri. Die Großstadt wurde 1988 von einem schweren Erdbeben erschüttert. Das Epizentrum lag in der etwas dünner besiedelten Region weiter östlich, wo Orte wie Spitak vollständig zerstört wurden. Die nationale Tragödie forderte rund 25.000 Opfer, Hunderttausende Menschen wurden obdachlos. Während Gjumri heute durch eine junge IT-Gründerszene wieder etwas aufblüht, bleibt das einstige Spitak ein trauriger Friedhof. Der Ort wurde an anderer Stelle neu erbaut.

Im äußersten Nordwesten, wo die Türkei, Georgien und Armenien aufeinandertreffen, liegt dessen jüngster Nationalpark auf einem Hochlandplateau mit dem Arpisee. Umgeben von Gebirgszügen wie der Javakheti-Kette mit über 3000 Meter hohen Gipfeln ist das Hochland ein Schutzgebiet für

Typisches Landschaftsbild in der Region Lori, nahe der georgischen Grenze: Im Frühsommer überzieht ein Blumenpolster die Wiesen der sanften Gebirgslandschaft.

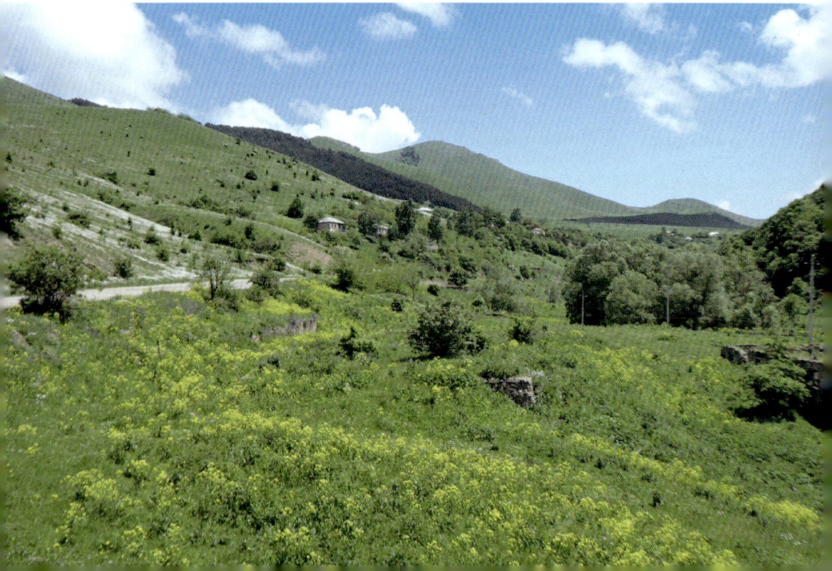

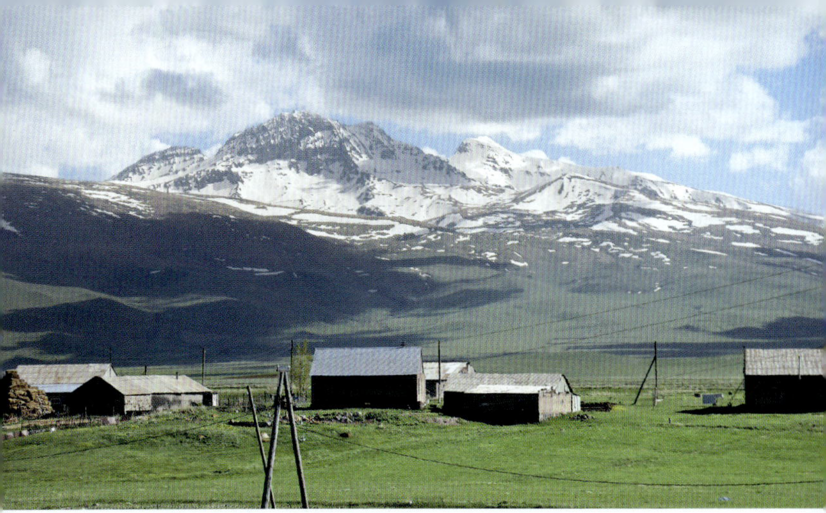

Blick vom Nordosten zur eisigen Felskrone des Aragats-Massivs.

zahlreiche Tiere. Die Liste bedrohter Arten ist lang. Aber die ernsthaften Bemühungen um den Erhalt von Fischotter, Tigeriltis oder Krauskopfpelikan machen Hoffnung auf eine Zukunft mit einer intakten Natur.
Durch ein schluchtartiges Tal in der Provinz Lori fließt der Debed Richtung Georgien. Einige der schönsten Klöster des Landes reihen sich in den langen Talflanken des Flusses aneinander. Für Gipfeltouren bietet sich dort das Somcheti-Gebirge mit dem 2543 Meter hohen Lalwar an.
Weiter östlich, in der Provinz Tawusch, befindet sich eine der reizvollsten Gegenden Armeniens: der Nationalpark Dilijan. Um den gleichnamigen Kurort wachsen Eichen, Buchen, Ahornbäume und Kiefern auf den Nordhängen. Kleine Seen verstecken sich in dichten Wäldern, aber auch wilde Tiere wie Braunbären, Wölfe und Dachse. Zahlreiche Vogelarten, wie auch Schreiadler und Gänsegeier, beherrschen den Luftraum. Kulturelle Perlen wie die mittelalterlichen Klöster Goschawank und Hagartsin bereichern die von Einheimischen gerne »kleine Schweiz« genannte Gegend.
Der Nationalpark gehört zu den am besten erschlossenen Wanderregionen des Landes.

Das Aragats-Vulkanmassiv

Nördlich von Jerewan, noch in Sichtweite der Stadt, enden die Ausläufer des gewaltigen Schichtvulkans Aragats. Der Berg hat im Verlauf der Erdgeschichte wohl mehr als die Hälfte seiner ursprünglichen Höhe eingebüßt. Möglicherweise waren Neandertaler Zeugen, als es im Jungpleistozän zu einem Inferno kam und der Berg förmlich auseinanderbrach. Was davon

übrig blieb, ist immer noch beeindruckend: Das Vulkanmassiv bedeckt eine kreisförmige Grundfläche mit einem Durchmesser von mehr als 60 km, im Gipfelbereich ist ein tiefer Krater entstanden. An dessen Rand haben sich vier eigenständige Erhebungen ausgeprägt: Der Nordgipfel ist mit 4090 m der höchste Punkt Armeniens, West-, Ost- und Südgipfel liegen auf bzw. knapp unterhalb der 4000-m-Marke. Erst rund 80 km weiter südlich stellt der deutlich höhere Ararat – bereits auf türkischem Staatsgebiet – den Aragats etwas in den Schatten.
Im Gegensatz zu den sanft geschwungenen Berggestalten in seiner näheren Umgebung hat der Aragats einen durchaus hochalpinen Charakter. Nur für eine kurze Zeit im Spätsommer ist das Massiv mit seiner vierzackigen Felskrone fast schneefrei.
Für Bergwanderungen erweist sich der Vulkan als sehr ergiebiges Gelände, denn es gibt auch an den Hängen zahlreiche interessante Ziele, wie die Festung Amberd oder die Klöster Hovhanavank und Saghmosavank.

Das Zentrum: zwischen Jerewan und dem Sewansee

Ganz im Westen erstreckt sich die einzige ausgeprägte Ebene des Landes, die Ararat-Ebene. Flüsse garantieren dort eine Versorgung mit Wasser, zudem ist das Klima auf rund 1000 m Höhe relativ mild. Diese günstigen Voraussetzungen wurden schon in der Bronzezeit erkannt, und so entstand am Ende dieser Epoche eine Siedlung mit dem Namen Erebuni. Daraus wurde später Jerewan, wo heute mehr als eine Million Menschen lebt. Beinahe alle gesellschaftlichen Disziplinen haben in Armeniens Hauptstadt ihren Mittelpunkt: Politik, Kultur, Wissenschaft und Wirtschaft.
Noch immer prägen Monumentalbauten aus der Sowjetzeit das Stadtbild. Doch in jüngster Zeit versucht man, architektonische Kontraste zu setzen. Ein bemerkenswertes Bauwerk ist die Anfang dieses Jahrhunderts errichtete Kathedrale des heiligen Gregor des Erleuchters.
In der näheren Umgebung Jerewans bietet die Natur enorm viele Möglichkeiten, eine interessante Tour zu unternehmen. Mehrere frei stehende Vulkane, wie z.B. der Ara oder der Hatis, sind von der Hauptstadt aus schnell erreichbar. Auch der Tempel von Garni oder das Kloster Mayravank sind nur eine Fahrstunde von Jerewan entfernt.
Die Geghama-Bergkette, die wie ein überdimensionaler Wall zwischen der Hauptstadt Jerewan und dem Sewansee steht, ist einer der landschaftlichen Höhepunkte Armeniens: Erloschene Vulkane mit Kraterseen, grüne Heidelandschaften und jahrtausendealte Felszeichnungen prägen diesen Gebirgsriegel.
Der riesige Sewansee – er ist mehr als doppelt so groß wie der Bodensee – dominiert die Landschaft im Zentrum des Landes. Das »armenische Meer« ruht in einem Becken, das von mehreren Gebirgsgruppen umrahmt wird. Der Süßwassersee übernimmt viele Aufgaben: Er ist Naherholungsgebiet für die Stadtbevölkerung aus Jerewan, dient als Wasserreservoir und ist

Heimat für Vögel und Fische. Zum Baden eignet sich der Sewansee nur bedingt, denn wegen seiner Lage auf 1900 Meter ü.M. ist die Wassertemperatur selbst im Hochsommer relativ kühl.
Ein großes Problem ist der gesunkene Wasserstand: Im Laufe der vergangenen 100 Jahre ist er um rund 20 Meter zurückgegangen. An der tiefsten Stelle ist der See heute nur noch knapp 80 Meter tief. Die Ursachen sind auf Maßnahmen während der frühen Sowjet-Epoche zurückzuführen, als die Landwirtschaft intensiviert wurde. Auch die – letztendlich effektiven – Gegenmaßnahmen waren nicht von behutsamem Umgang mit der Natur geprägt: Bis zu 50 km lange Tunnel leiten nun Wassermassen von mehreren Stauseen zum »Swana Lich«.
Trotzdem: Der Schutz des sensiblen Ökosystems wird seit Langem ernst genommen. Der Sewansee mit seinen Uferzonen wurde bereits 1978 zum ersten Nationalpark Armeniens erklärt.
Die umliegenden Gebirgszüge erreichen Höhen von mehr als 3500 m und sind teilweise auch für Bergwanderungen geeignet. Nur das Sewan-Gebirge über dem Ostufer kommt für Touren weniger in Frage, weil auf dem Kamm die Grenze zu Aserbaidschan verläuft.
Südlich des Sewansees erhebt sich die Wardenis-Gruppe, die auf keiner Liste eines Reiseveranstalters steht. Auch bei Einheimischen ist diese Gegend nicht sehr bekannt. Mit etwas Pioniergeist lassen sich dort aber sehr interessante Touren unternehmen.

Das Kloster Hayravank steht auf einer kleinen Anhöhe am Westufer des Sewansees.

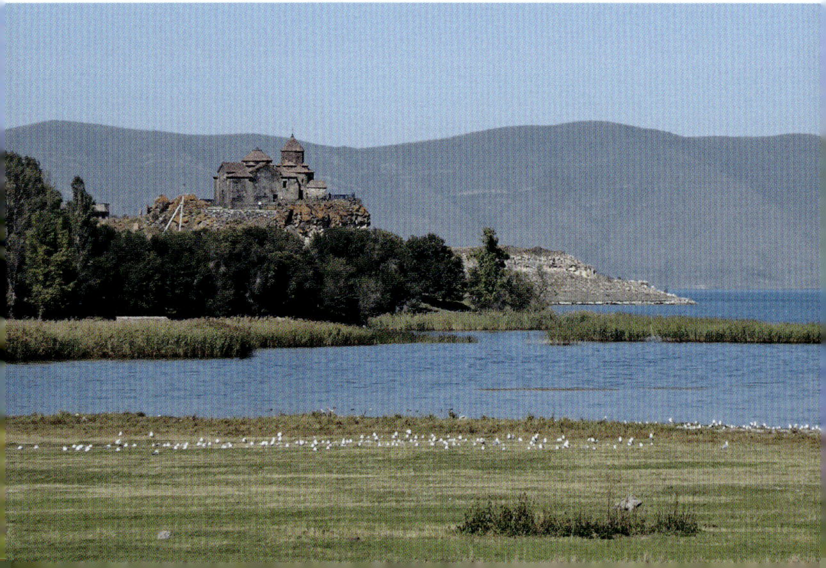

Wajots Dsor

Reist man vom Sewansee oder von Jerewan in den Süden, dann erreicht man bald Wajots Dsor. Die »Schlucht der Sorgen« – so die wörtliche Übersetzung – ist die am dünnsten besiedelte Region Armeniens und praktisch ausschließlich von Bergen überzogen. Aber bereits vor der Bronzezeit lebten dort Menschen, die ältesten Zivilisationsspuren sind rund 7500 Jahre alt.

Im Mittelalter führte ein Zweig der Seidenstraße durch das Tal des Arpa, wo sich heute die drei bedeutendsten Orte von Wajots Dsor befinden: Die Provinzhauptstadt Yeghegnadzor im Westen, weiter flussaufwärts Vayk, Namensgeber für die umliegende Gebirgsgruppe, und schließlich Jermuk, ein alter Kurort. Dort lohnen ein Spaziergang zum wohl schönsten Wasserfall des Landes und die Bergwanderung zu einer Thermalquelle.

In der rauen Gebirgslandschaft befinden sich zahlreiche Kirchen und Klöster aus dem Mittelalter, viele davon in einem perfekt restaurierten Zustand. Und weil die Mönche schon damals die Ruhe in einer abgeschiedenen Lage gesucht haben, steht ein Besuch der Sakralbauten praktisch immer in Verbindung mit einer Wanderung.

Analog zur »Schlucht der Sorgen« gibt es auch den Vulkan »Berg der Sorgen«, den Vayots Sar. Das sollte man nicht allzu wörtlich verstehen, denn die Besteigung des konisch geformten Bergmassivs mit dem formschönen Krater verursacht keinerlei Schmerzen.

Unterhalb des Vardenyats-Passes beginnt die wilde Gebirgsszenerie von Wajots Dsor.

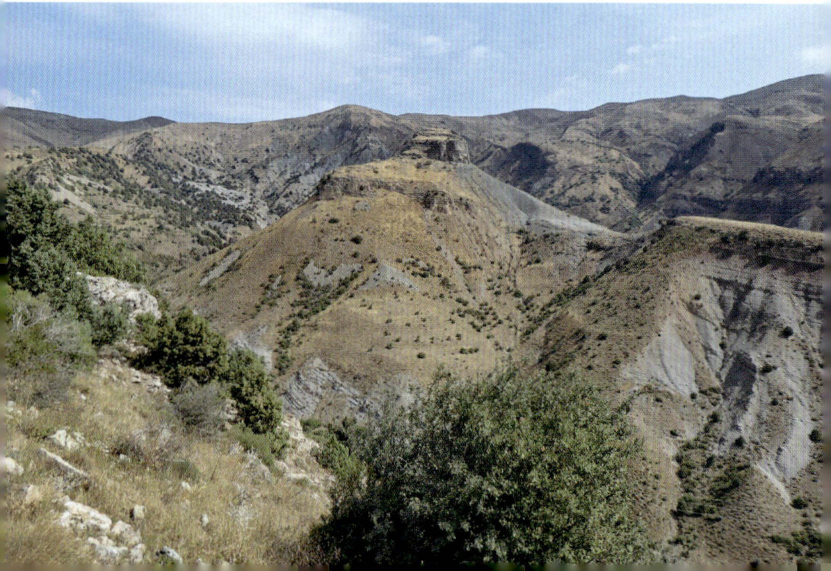

Vor allem im Süden der Provinz gibt es mehrere kleine Seen, die sich malerisch in die abgelegene Gebirgslandschaft einfügen. Die Wegfindung hat sich deutlich vereinfacht, seitdem 2019 im Rahmen des Transcaucasian Trail-Projekts Wanderwege auf einer Länge von mehr als 120 Kilometern mit rot-weißen Markierungen und Wegweisern ausgestattet wurden.

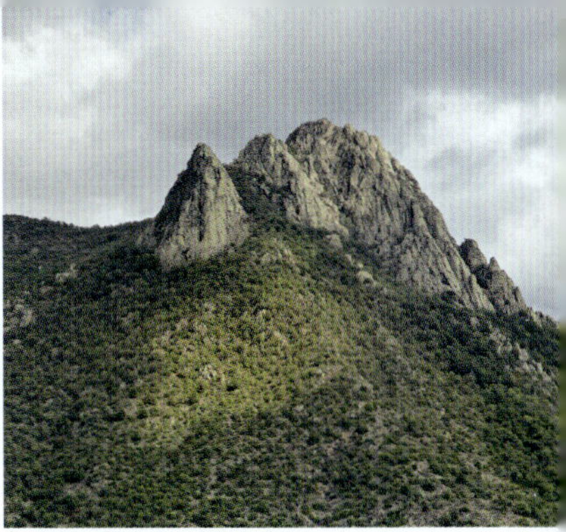

Eher untypisch für Armenien sind Gipfel aus grauem Fels, so wie hier der Burtinqar in Sjunik.

Sjunik

Die Provinz Sjunik bildet den südlichen Abschluss Armeniens. Die Region ist relativ dünn besiedelt und wird von einem milden Klima verwöhnt. Die Fülle an Tourenmöglichkeiten in dieser ursprünglichen Gebirgslandschaft ist enorm. Ob auf der Spur von Leoparden im Arevik-Nationalpark, auf dem felsigen Gipfel des Khustup oder durch die Worotan-Schlucht unter dem weit über die Region hinaus bekannten Kloster Tatev: Die Vielfalt von Natur und uralter Kultur ist einzigartig.

Was darf man außerdem in Sjunik auf keinen Fall verpassen? Sicherlich Zorats Karer, das »armenische Stonehenge«. Das Gräberfeld aus der Bronzezeit befindet sich am Fuß des Ughtasar-Massivs, das vor allem wegen seiner 4000 Jahre alten Felszeichnungen bekannt geworden ist. Diese Petroglyphen liegen in der Nähe eines Vulkansees, die umliegenden Gipfel erreichen Höhen von mehr als 3500 Metern.

Der höchste Bergzug in Sjunik – der Sangesur-Kamm mit dem Kaputdschugh (3905 m) – ist für Bergwanderungen tabu: Er bildet die Staatsgrenze zwischen Armenien und der aserbaidschanischen Exklave Nachitschewan. Wegen der dauerhaften Spannungen zwischen den südkaukasischen Ländern ist die Grenze geschlossen.

Im äußersten Süden grenzt Sjunik an den Iran. Wer ein Visum hat, kann bei Meghri in den Gottesstaat einreisen. Im Osten verläuft die Grenze zu Aserbaidschan, bis 2020 waren die grenznahen Gebiete noch unter armenischer Kontrolle. Heute müssen die Einheimischen über den »Latschin-Korridor« unter Bewachung der russischen Friedensmission durch aserbaidschanisches Gebiet fahren, um in die armenisch kontrollierte Zone von Bergkarabach zu gelangen.

Urbane Zentren sucht man in Armeniens Süden vergebens: Die Kleinstädte Goris und Sisian haben eher provinziellen Charakter, nur die Regionalhauptstadt Kapan mit ihren rund 40.000 Einwohnern bietet etwas bessere Versorgungsmöglichkeiten.

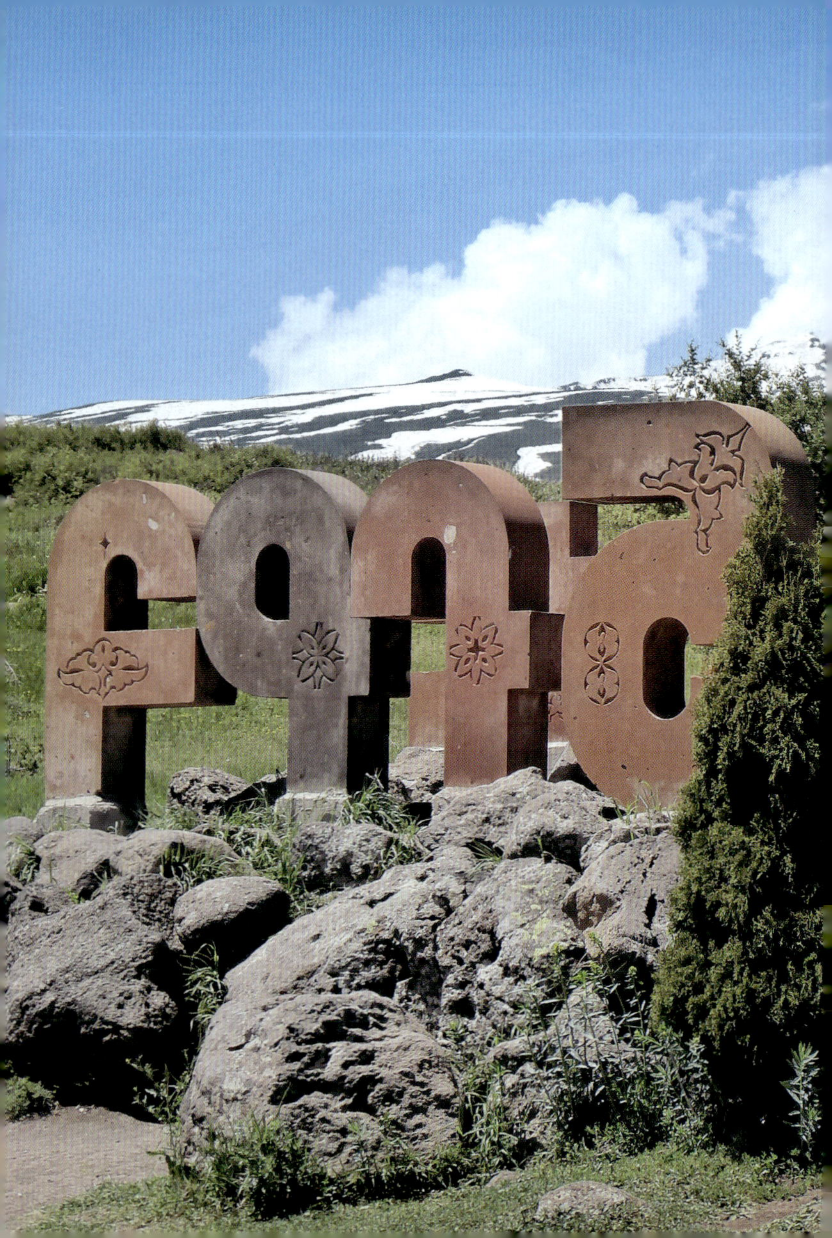

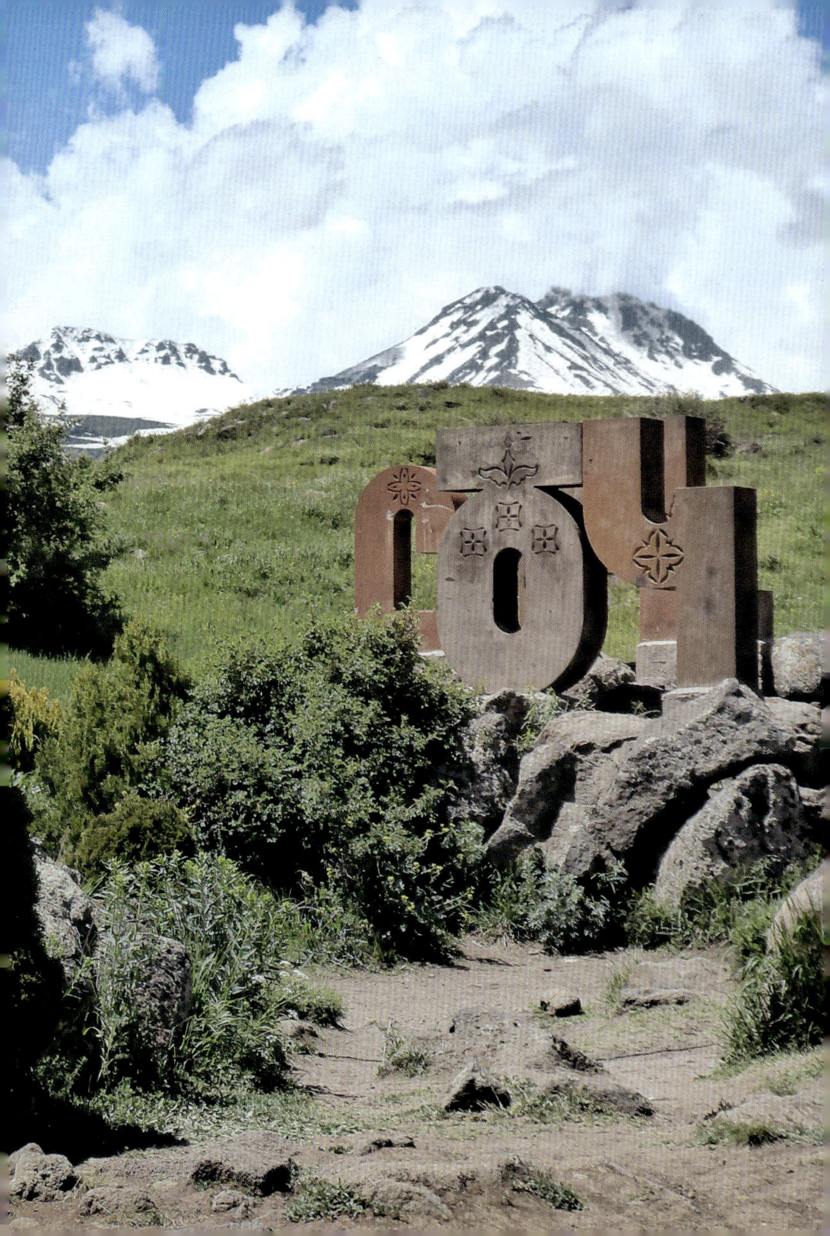

↗ 500 m | ↘ 500 m | 11.8 km

1 Lchasar, 1760 m

4.00 h

Auf schattigen Waldpfaden durch den Dilijan-Nationalpark

Lange Bergzüge mit dicht bestandenen Wäldern aus Buchen, Eichen und Ahornbäumen prägen das Bild im 2002 gegründeten Dilijan-Nationalpark. Der malerische kleine See Parz Lich (sprich: »Litsch«) bietet sich durch seine zentrale Lage als Ausgangspunkt für Wanderungen an. Dass sich dort oft Dutzende Ausflügler aufhalten, darf man gelassen hinnehmen. Denn während der Tour geht es wesentlich ruhiger zu. Und das, obwohl mit viel Aufwand im Rahmen des Transcaucasian-Trail-Projekts markierte Wanderwege angelegt wurden. Nach einem langen Abschnitt über einen schmalen Waldpfad entfaltet sich schließlich auf der Kammhöhe das Panorama zu den hohen Grasbergen im östlichen Pambak-Gebirge. Zwei kleine Gipfel werden auf dem Kamm überschritten: der Lchasar und der Khatskabak. Anschließend taucht die Route wieder ins Waldgelände ein.

Ausgangspunkt: Parz Lich, 1324 m. Anfahrt mit dem Pkw ab Jerewan über die M-4 über Sevan bis Dilijan. Am Kreisverkehr rechts halten, dort weiter auf der M-4 Richtung Ljewan. Nach rund 5 km zweigt nach rechts die Straße zum Parz Lich beschildert ab. Etwa 7 km lang windet sich die Zufahrtsstraße durch den Wald und endet an einem gebührenpflichtigen Parkplatz. Fahrtzeit ab Jerewan knapp 2 Std.
Anforderungen: Leichte Wanderung auf Waldwegen und -pfaden. Abschnittsweise rot-weiß markiert.
Einkehr/Übernachtung: Am Parz Lich gibt es ein Restaurant und ein öffentliches WC.
Hinweise: 1. Langärmlige Kleidung und Insektenschutz für die Haut sind bei dieser Tour sehr zu empfehlen.
2. Nach Regenfällen werden aus den Forstwegen Schlammpisten; der Waldpfad ist von diesem Problem weniger betroffen.

Der letzte Aufschwung zum Lchasar verläuft über eine Wiese, die im Sommer mit zahllosen Blumen überzogen ist.

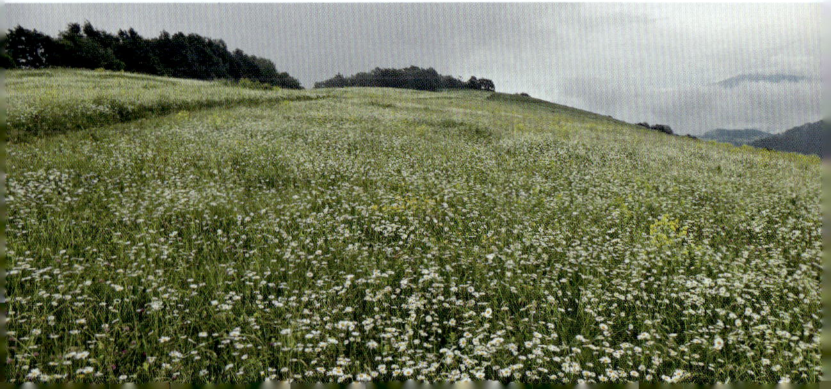

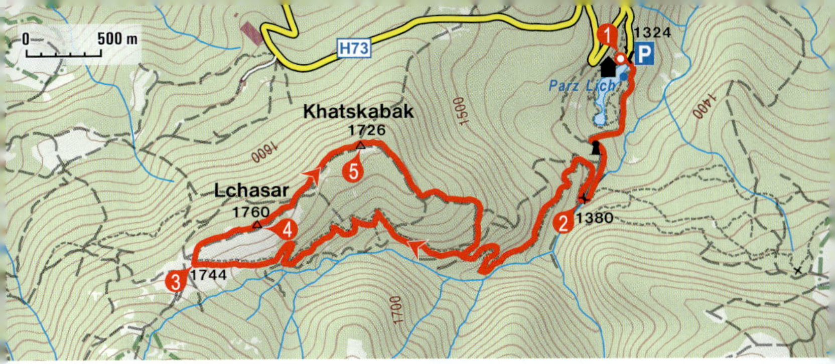

Vom großen Parkplatz am **Parz Lich** ❶ sind es nur wenige Schritte zu den verschiedenen Holzhütten und »Bespaßungseinrichtungen« wie Seilrutsche und Klettergarten am östlichen Seeufer.

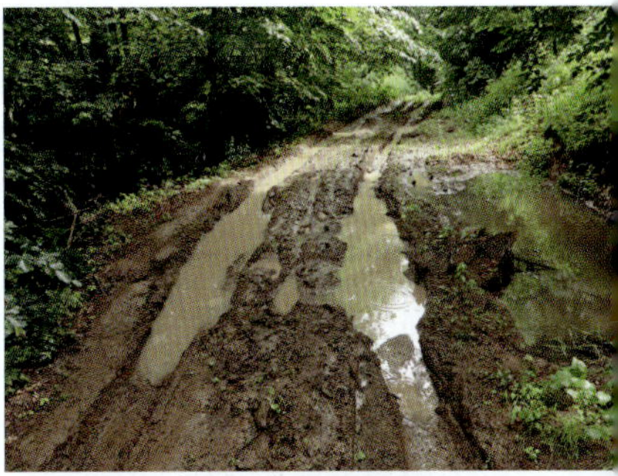

Nach Regenfällen werden die Forstwege im Dilijan-Nationalpark zu Schlammpisten.

Dahinter verläuft ein Forstweg leicht ansteigend Richtung Süden. Nach etwa 500 m macht er einen Rechtsbogen, wenige Minuten danach eine 180°-Kurve nach links. In der darauf folgenden Biegung an einer Verzweigung gilt es, sich links zu halten. In dem Wald mit dichter Vegetation fließt links ein deutlich hörbarer Bach. Auf beiden Seiten steigen sanfte Hänge auf. An einem **Wegweiser** ❷ des Transcaucasian Trail verlässt man den Forstweg und folgt scharf rechts den rot-weißen Markierungen.

Der Pfad zieht sich nun die folgenden 90 Min. durch den Wald, meistens leicht ansteigend, niemals sehr steil. Dabei bewegt man sich in einer langen Querung durch den Südhang eines Bergkamms, dessen beide Gipfel das spätere Ziel sind. Nach knapp 2 Std. Wanderung durch den Wald ge-

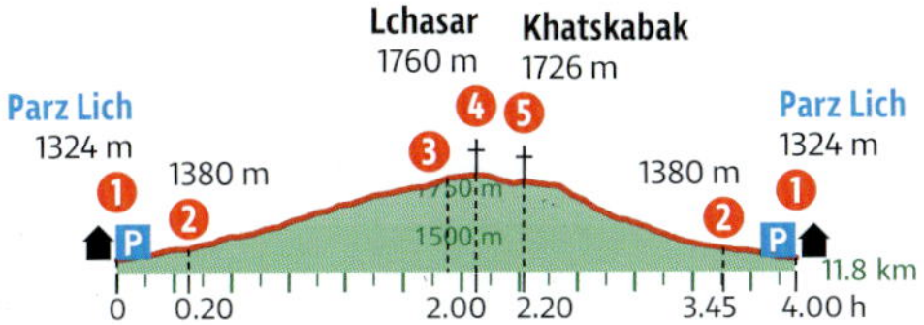

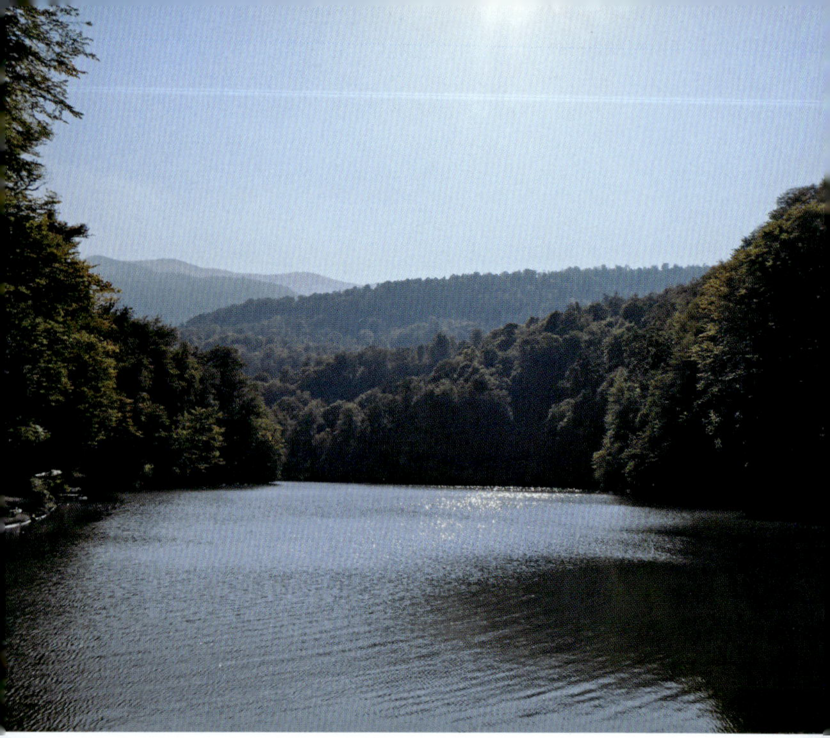

Der Waldsee Parz Lich ist ein beliebtes Ausflugsziel. Die wenigstens kommen – trotz der markierten Routen – zum Wandern.

langt man an eine große Lichtung. Aus der Wiese wird im Sommer ein Blumenmeer. Der Bergkamm ist rechts deutlich zu sehen. An einem **Holzpfahl** ❸ oder einer beliebigen Stelle davor verlässt man den Transcaucasian Trail und wendet sich nach rechts.

Über die Kammlinie verläuft ein breiter Weg, der schnell zum **Lchasar** ❹ führt. In gleicher Richtung geht es weiter, über den breiten Kamm. Einige Hundert Meter nach der ersten Erhebung folgt die zweite, **Khatskabak** ❹. Hier reicht der Wald bis auf die Kammhöhe.

Der Weg machte eine Rechtsbiegung, in leichtem Gefälle verläuft er zunächst in einer geraden Linie. Gut 10 Min. nach dem zweiten Gipfel wird der Hang etwas steiler. Dort verzweigt sich der Weg. Über den linken Ast gelangt man etwas schneller, nach etwa 15 Min., wieder auf den Waldpfad des Transcaucasian Trail.

Der restliche Rückweg verläuft auf der vom Aufstieg bekannten Route.

↗ 610 m | ↘ 610 m | 13.6 km

4.30 h

Great Maymekh, 2635 m

2

Über Wiesenhänge auf einen sanften Bergriesen

Dilijan zählt zu den etwas hübscheren Städten Armeniens. Die Architektur der Wohnhäuser bietet eine wohltuende Abwechslung zu den sonst oft wenig originellen Stadtbildern mit den kastenförmigen Bauten. Der zweite Pluspunkt der Region ist der Nationalpark mit seinen sommergrünen Laubwäldern auf den Hängen eines Bergzugs, der das Becken des Sewansees nach Norden abschließt. Von der Passhöhe bei Semyonovka aus lässt sich relativ einfach der höchste Punkt erreichen, der mächtige Grasberg Great Maymekh (armenisch »Mets Maymekh«). Vor allem die hervorragende Aussicht macht diese Tour lohnend: die Tiefblicke über die Wälder nach Dilijan, die Weitblicke ins Pambak-Gebirge und der Sewansee.

Fast 1500 Höhenmeter tiefer als der Maymekh liegt die smarte Stadt Dilijan.

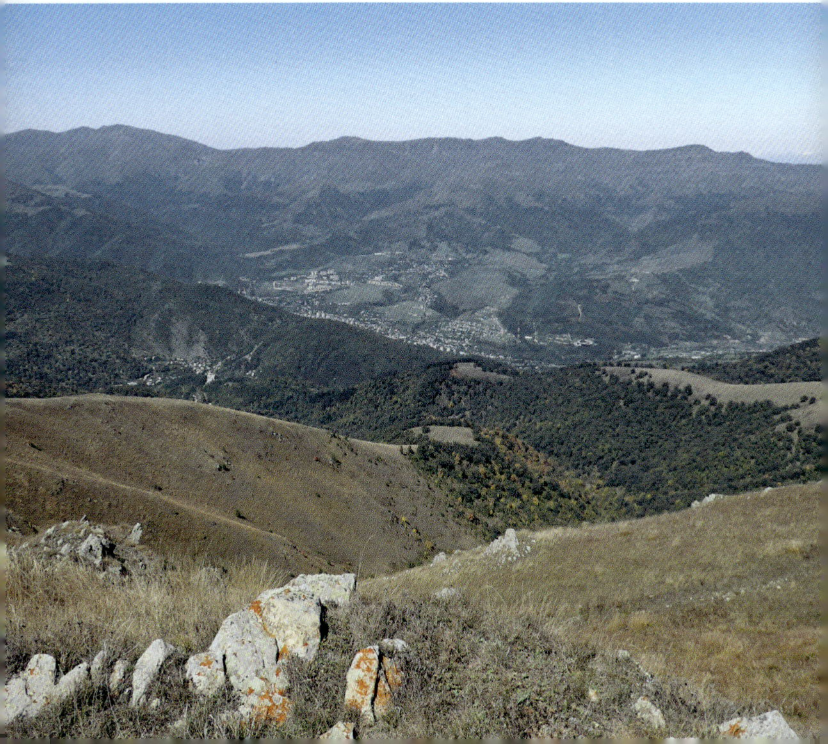

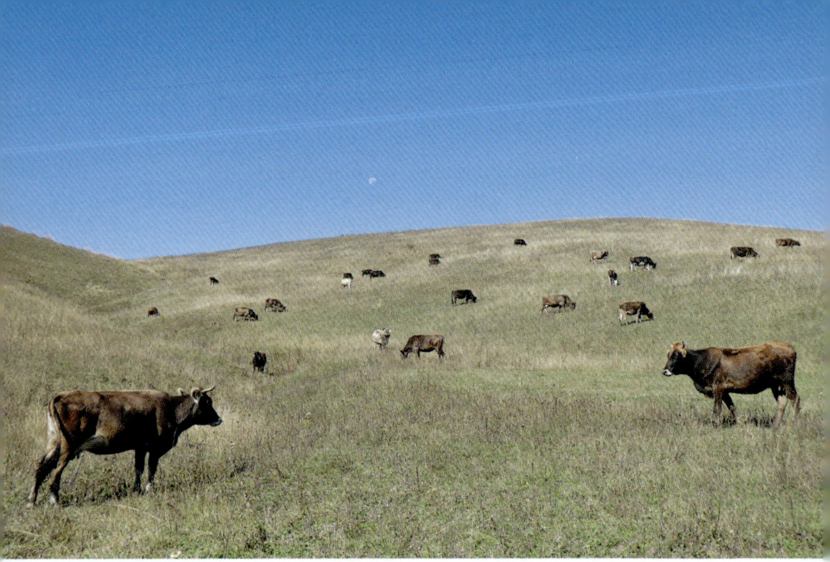

Auf den weitläufigen Weideflächen ist Platz genug für riesige Rinderherden.

Ausgangspunkt: Semyonovka, 2116 m. Anfahrt mit dem Pkw über die M-4 zwischen Sevan und Dilijan. Etwa 15 km südlich von Dilijan verläuft die Fernstraße durch einen rund 2 km langen Tunnel. 1000 m vor dem Nordportal zweigt beschildert eine Ausfahrt Richtung Semyonovka ab. In mehreren Kehren steigt die Straße bis zur Passhöhe, wo sich der Ort befindet. Nach etwa 1000 m beginnt links eine Piste. An dieser Stelle kreuzt in 10 m Höhe eine große Stromleitung die Hauptstraße. Fahrtzeit ab Dilijan 25 Min.; ab Jerewan 1.15 Std.
Anforderungen: Leichte Wanderung auf breiten Wegen. Die ersten 1,5 km verlaufen auf dem markierten Transcaucasian Trail.
Einkehr/Übernachtung: Keine. Die nächstgelegenen Unterkünfte und Lokale gibt es in Dilijan.
Tipp: Zwischen den beiden Maymekh-Gipfeln zweigt ein schmaler Pfad talwärts (in nordöstlicher Richtung) ab, der – später als breiterer Weg – bis ins 1300 m tiefer liegende Dilijan führt. Wer vorher mit dem Taxi von dort nach Semyonovka gefahren ist, kann auf diese Weise zurück bis nach Dilijan wandern.

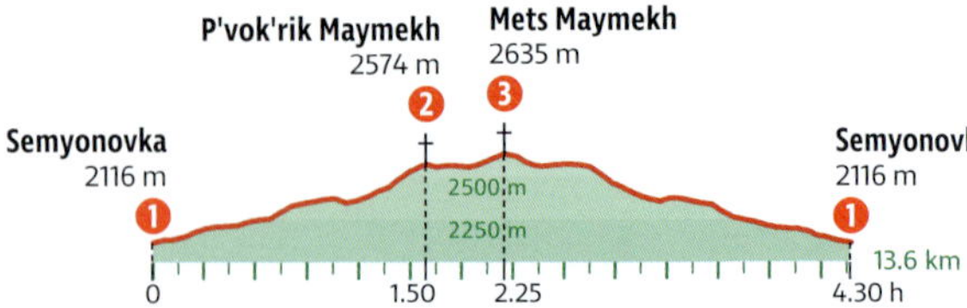

Von der Durchgangsstraße in **Semyonovka** ❶ zweigen unter der großen Stromleitung zwei Wege ab, beide von der gleichen Straßenseite. Der Richtung Norden führende ist der richtige für den Aufstieg zum Maymekh.

Leicht ansteigend entfernt sich der Weg von dem kleinen Ort und gabelt sich nach rund 20 Min.; die beiden Äste treffen sich aber nach 100 m schon wieder. 300 m weiter zweigt in einer Rechtskurve ein ansteigender Weg links ab und folgt in nördlicher Grundrichtung dem Verlauf des Bergzugs. Manchmal weiden Rinderherden in dem weitläufigen und freien Gelände.

Im folgenden Abschnitt ist der Weg nur leicht geneigt oder eben, nach 60 Min. Gehzeit muss sogar etwas Höhenverlust in Kauf genommen werden. Der Bergzug beschreibt anschließend einen leichten Rechtsbogen, der Gipfel des Maymekh ist nun deutlich zu erkennen.

Auf den kurzen Abstieg folgt ein kräftiger Aufschwung. Nach zwei Kehren bewegt sich die Route in direkter Linie auf eine Erhebung zu. Um deren höchsten Punkt zu erreichen, verlässt man kurz den Weg und gelangt über Gras zur **Small Maymekh** ❷ *(P'vok'rik Maymekh)* enannten Anhöhe. Dort wird der Blick frei ins Tal, Dilijan liegt genau unter dem »kleinen Maymekh«.

Das eigentliche Tourenziel, der Große Maymekh, ist nun noch rund 600 m entfernt. Die Route führt entlang der Geländekante bis an den Fuß des Gipfelhangs, der restliche Aufstieg erfolgt über einen Pfad bzw. Trittspuren bis zum **Great Maymekh** ❸, wo ein schnöder Betonsockel die höchste Stelle des langen Bergzugs markiert.

Für den Abstieg empfiehlt sich die gleiche Route, wobei sich der erste kurze Abschnitt aber nun dank besserer Übersicht weglos und damit direkter begehen lässt.

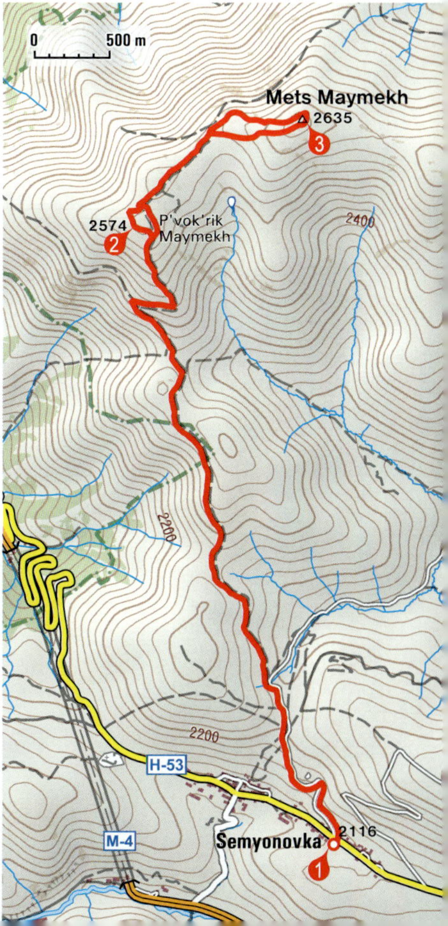

↗ 790 m | ↘ 790 m | 12.2 km

4.00 h

3 Kaghnut, 2240 m

Aussichtsreicher Höhenweg im Pambak-Gebirge

Westlich von Dilijan prägen mäßig hohe Bergketten mit dichten Laubwäldern in den Nordhängen das Landschaftsbild. Oberhalb von etwa 1800 m überwiegen sanft geneigte Weideflächen, deren saftiges Grün im Sommer länger erhalten bleibt als in den anderen Gebirgsgruppen Armeniens. Erst in einiger Entfernung von Dilijan wird das Pambak-Gebirge alpiner und kulminiert schließlich im Tesch (3100 m). Der Kaghnut ist die höchste Erhebung des langen Kamms westlich von Dilijan und ermöglicht während des gesamten Aufstiegs freie Ausblicke in eine vom Tourismus unberührte Bergregion.

Ausgangspunkt: M-8, 1633 m, zwischen Dilijan und Vanadzor. Anfahrt mit dem Pkw vom zentralen Kreisverkehr in Dilijan genau 11,7 km Richtung Vanodzor. Scharf rechts biegt eine Schotterstraße ab, an der Abzweigung parken. Fahrtzeit ab Dilijan 15 Min.; ab Jerewan 1.40 Std.
Anforderungen: Relativ leichter Aufstieg über breite Wege; nur der letzte Aufschwung ist weglos und etwas steiler.
Einkehr/Übernachtung: Keine.
Hinweise: 1. Möglicherweise trifft man nahe dem Ausgangspunkt auf nervöse Wachhunde. Deren Revier lässt sich notfalls in einem Bogen umgehen.
2. Für den weglosen Abschnitt sind lange Hosen zum Schutz vor Dornen sehr zu empfehlen.

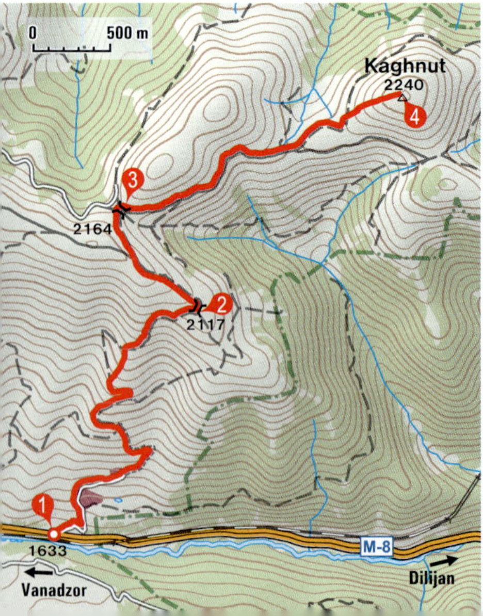

Von der Abzweigung an der Straße **M-8** ❶ führt ein breiter Weg in nordöstlicher Richtung mäßig steil bergauf. Zunächst geht es an einem Hof auf der rechten Seite vorbei, dann an einem weiteren auf der linken Seite, direkt nach einem Rechtsbogen. Rund 5 Min. später macht der Weg einen Linksknick. Noch stehen einige Bäume auf dem Gelände, mit jedem Schritt wird es freier.
Es folgen darauf einige Verzweigungen, wobei der steilere Ast jeweils der günstigere ist. Vor allem an einer Gabelung nach knapp 2 km bzw. rund 50 Min. Gehzeit ist der rechte, steilere Weg die schnellere Option. Nach 1.15 Std. erreicht

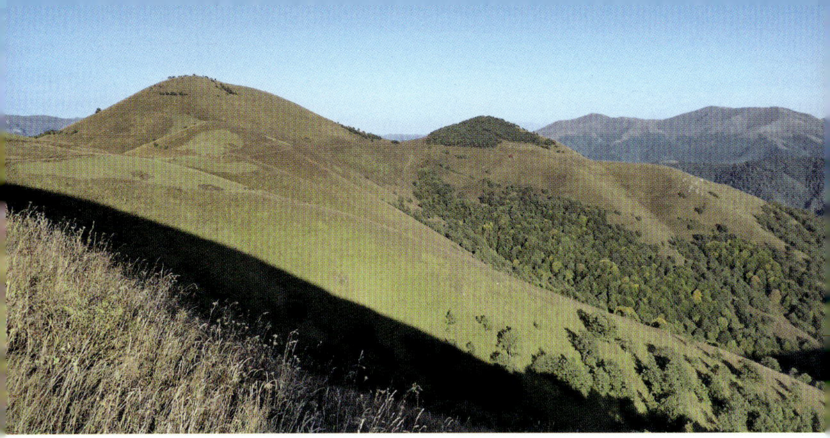

Nach einer guten Stunde wird der Blick frei zum Gipfelaufbau des Kaghnut (links).

man schließlich den Bergkamm in einem **ersten Sattel** ❷ *(lernantsk)*. Im Norden sind zwei deutliche Erhebungen zu sehen, die linke ist das Gipfelziel, der Kaghnut. Die Route dorthin ist nun offensichtlich: Zunächst wendet man sich nach Nordwesten (links) und steigt auf weichem Grasboden einen Aufschwung hinauf. Gut 10 Min. später verzweigt sich die Route wieder, hier geht es rechts ein Stück bergab bis zum **zweiten Sattel** ❸. Von dort zieht der Weg in einer fast geraden Linie durch die lange Flanke. Dabei muss etwas Höhenverlust in Kauf genommen werden. Eine Anhöhe auf dem Kamm lässt sich auf der linken Seite leicht umgehen.

Vom Fuß des Gipfelhangs bis zum höchsten Punkt ist die Route weglos. Eine quer stehende Baumreihe dient als erster Orientierungspunkt. Bis dorthin bereitet der mäßig steile Grashang keine Probleme. Auf Höhe der Bäume (Kiefern) nimmt die Steigung zu, dichte Vegetation erschwert zusätzlich das Vorankommen. Am günstigsten ist es, die Bäume rechts zu umgehen und anschließend in direkter Linie bis zum Gipfel des **Kaghnut** ❹ zu steigen. Die ohnehin schon während des Aufstiegs interessante Aussicht ist von ganz oben am schönsten.

Der Rückweg erfolgt über die Aufstiegsroute.

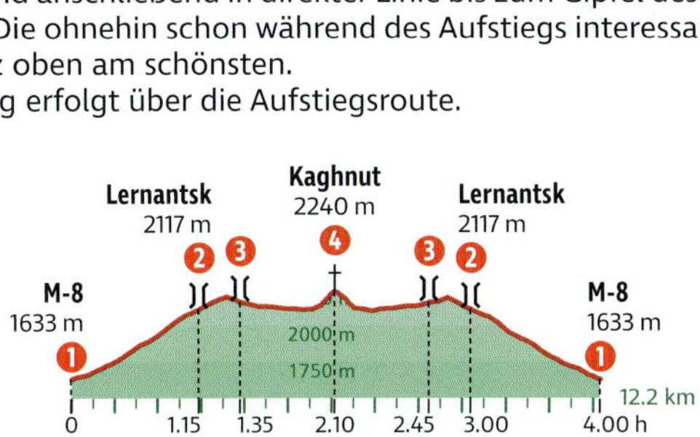

↗ 370 m | ↘ 400 m | 8.8 km

4 Kloster Haghpat

3.15 h

Von Kloster zu Kloster in der Debed-Schlucht

Während von den meisten mittelalterlichen Klosteranlagen in Armenien vor allem die Kirchen erhalten werden, gibt es entlang der Debed-Schlucht große Anlagen mit unterschiedlichen, detailreichen Sakralbauten. Zwei der bekanntesten Klöster, Sanahin und Haghpat, verbindet eine stille Route durch bewaldete Hänge. Über 1000 Jahre Geschichte umschließen die Mauern der beiden Klöster. Auch dazwischen, in dem kleinen Dorf Akner, scheint die Zeit stehen geblieben zu sein. Was auf einen Fremden wie ein ländliches Idyll wirkt, ist für die Einheimischen allerdings ein Ort ohne Aussicht auf Wohlstand.

Der Startpunkt der Tour vor dem Kloster Sanahin.

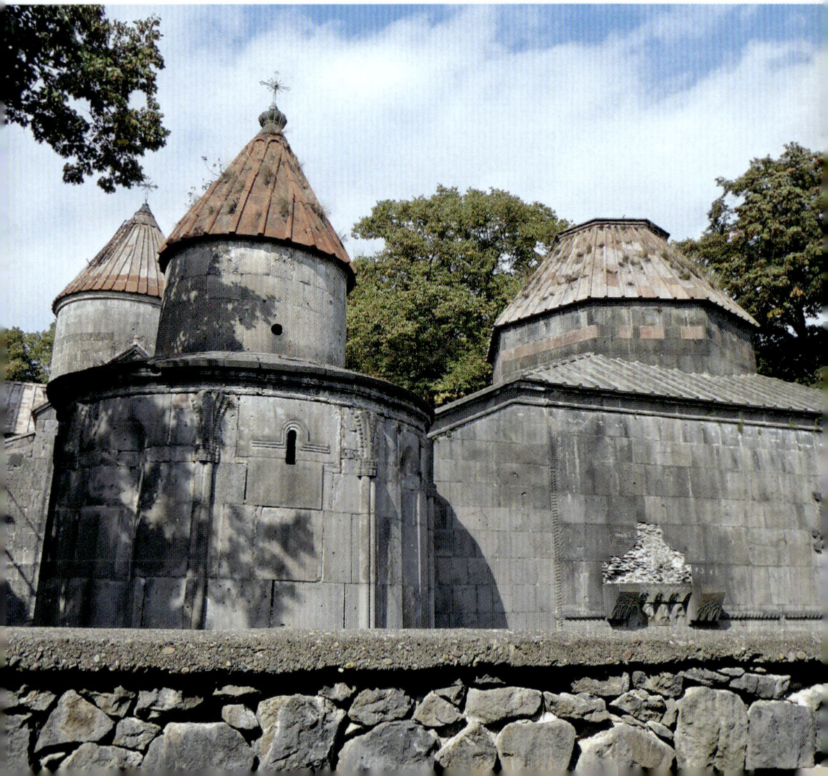

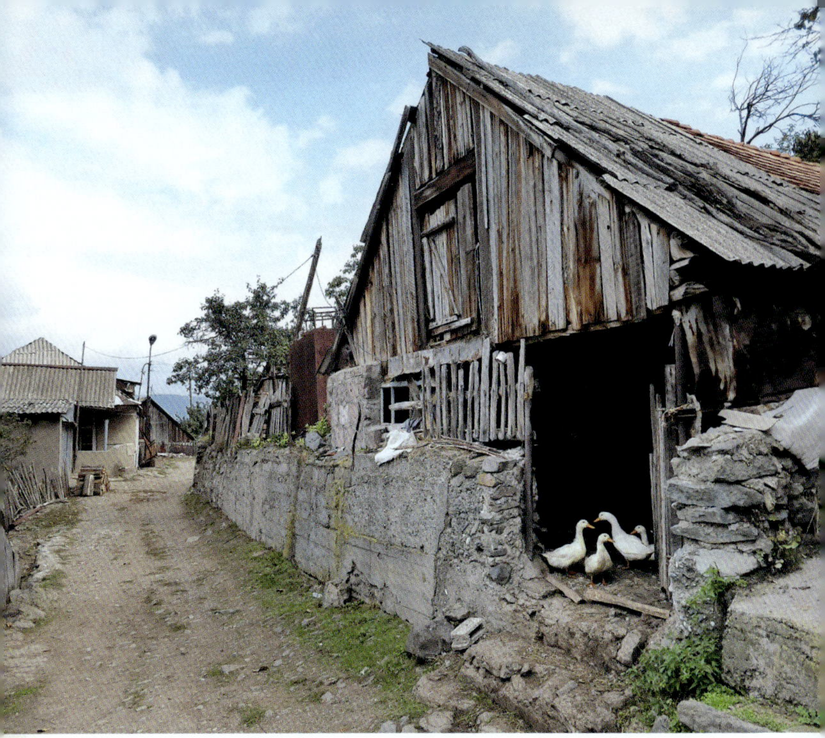

Der verwunschene kleine Ort Akner.

Ausgangspunkt: Kloster Sanahin, 1038 m. Anfahrt mit dem Pkw ab Vanadzor über die M-6 Richtung Tiflis (Georgien). Nach knapp 50 km rechts über die Brücke fahren und der Beschilderung zum Kloster Sanahin folgen. Fahrtzeit ab Vanadzor 1.15 Std.; ab Jerewan 3.30 Std.
Endpunkt: Kloster Haghpat, 1010 m. Die Rückfahrt zum Ausgangspunkt in Sanahin dauert mit dem Taxi rund 30 Min. und kostet nicht viel.
Anforderungen: Mehrere Abschnitte führen auf einem schmalen Pfad durch einen abschüssigen Hang. Etwas Trittsicherheit ist von Vorteil.
Einkehr/Übernachtung: In Haghpat gibt es mehrere Hotels in der Nähe des Klosters.
Variante: Abstecher zur Festung Kayan mit einer kleinen Kirche: Kurz vor dem Ende des steilen Abstiegs in die Seitenschlucht (vor der Brücke 3) unter Haghpat trifft man auf einen Pfad. Dieser führt Richtung Norden in einer langen Hangquerung auf eine Anhöhe über der Debed-Schlucht. Nach einem kurzen Aufstieg erreicht man die Festung aus dem frühen 13. Jh. Zusätzlicher Zeitaufwand: etwa 1 Std.
Hinweis: Die Klöster sind ein beliebter Programmpunkt vieler organisierter Reisegruppen. Am frühen Vormittag geht es noch verhältnismäßig ruhig zu.

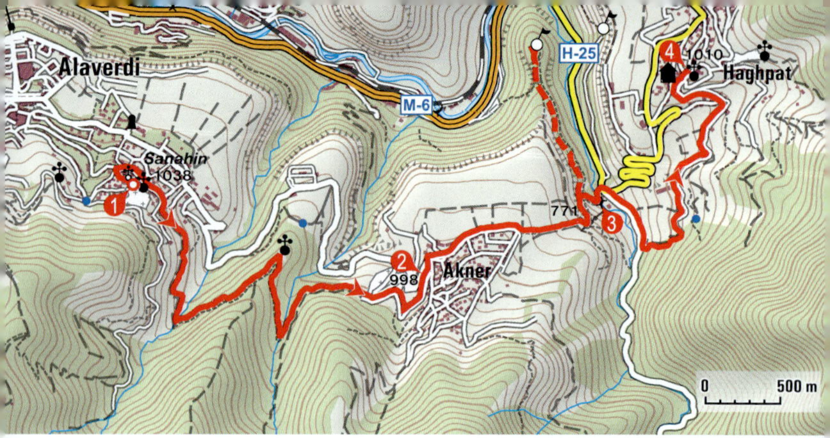

Die Straße unterhalb des **Klosters Sanahin** ❶ wird Richtung Osten etwas schmaler. Nach knapp 100 m teilt sie sich, dort hält man sich rechts und 300 m weiter links. Dieser Pfad führt durch einen Hang Richtung Süden in ein kleines Seitental. Mit etwas Höhenverlust erreicht der schmale Weg schließlich den Talgrund und überquert einen Bach. An dieser Stelle hält man sich scharf links, um nun über den gegenüberliegenden Hang wieder talaus zu gehen. Der spürbar ansteigende Pfad ist dort stellenweise etwas undeutlich. Nach knapp 45 Min. erreicht man freies Gelände auf einer Kammschulter, an deren Ende ein Gemäuer zu sehen ist. Noch vorher steht ein kleiner Pfeiler zwecks Wegmarkierung.

Nun wiederholt sich die Routenführung durch ein weiteres Seitental. Mit etwas Höhenverlust wird wieder ein Talboden erreicht, an einigen Stellen befinden sich Markierungspfeiler. Wiederum hält man sich scharf links und wendet sich ansteigend dem Talausgang zu. Nach wenigen Minuten trifft der Pfad auf einen schmalen Weg, der komfortabel und ohne nennenswerte Steigung einen großen Rechtsbogen beschreibt. Bald erkennt man ein Dorf, das nächste Etappenziel der Wanderung. Nach 1.15 Std., noch vor dem Ort, macht der nun breite Weg einen Linksknick. Leicht ansteigend erreicht man kurz darauf **Akner** ❷. Anders als in vielen anderen Dörfern Armeniens findet hier auch Holz beim Hausbau Verwendung.

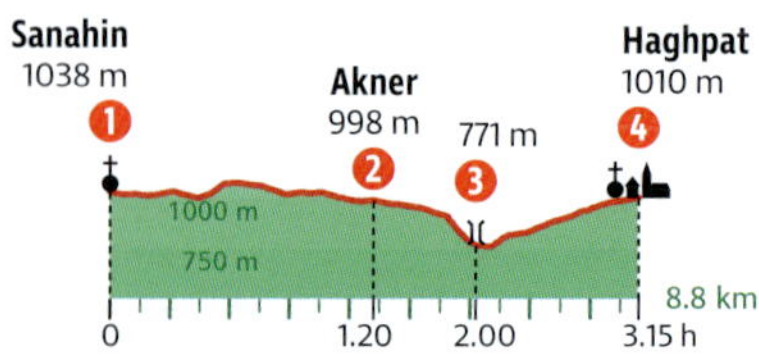

Am Ende der Straße wendet man sich nach links und erreicht kurz darauf einen etwas größeren Platz, an dem rechts zwei Wege abzweigen. Die Route führt über den linken. Diesem Weg folgt man gut 10 Min. bis in freies Gelände. In Beibehaltung der gleichen Richtung geht es nun über Gras auf die Geländekante zu. Auf der gegenüberliegenden Seite ist gut die Straße zu sehen, die in mehreren Kehren den steilen Hang nach Haghpat hochführt. An einer relativ niedrigen Stelle am Rand der Wiese steht wieder ein Markierungspfeiler, der den Beginn des Abstiegspfads anzeigt. An einer Verzweigung im oberen Bereich hält man sich links. In deutlichem Gefälle geht es nun rund 100 Höhenmeter bergab. Im Lauf des Abstiegs zweigt scharf links ein Weg ab (Variante).
Der Pfad trifft im Talboden auf eine **Brücke** ❸, die man überquert. Anschließend geht es schräg links wieder bergauf, um nach knapp 100 m eine sich verzweigende Straße zu erreichen. Dort hält man sich rechts und folgt der Straße, die parallel zum Bach Richtung Südosten führt.
Nach 500 m zweigt scharf links ein Weg ab, über den man den Hang Richtung Haghpat hinaufwandert. In relativ kräftiger Steigung geht es gut 15 Min. bergauf, bis der schmale Weg in einen breiten übergeht. Diesem folgt man bis ins Herz von Haghpat. An einer Verzweigung nimmt man den rechten Weg und steht kurz darauf vor dem Ziel, dem **Kloster Haghpat** ❹. Anschließend fährt man mit einem Taxi zurück zum **Ausgangspunkt** ❶.

Die Brücke vor dem finalen Aufstieg nach Haghpat.

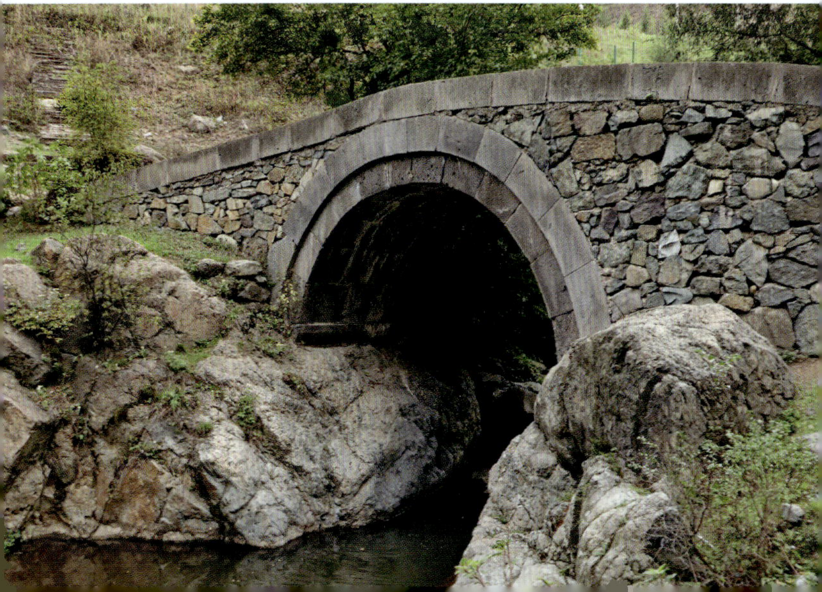

TOP

5 Kloster Kobayr

↗ 170 m | ↘ 450 m | 8.1 km

2.30 h

Paradetour durch die Steilhänge der Debed-Schlucht

Noch schöner kann eine Schluchtenwanderung kaum sein: Ein schmaler Höhenpfad zieht sich kilometerlang durch den oberen Bereich eines Steilhangs und ermöglicht freie Ausblicke, sowohl in die Tiefe als auch in die Ferne. Das Besondere daran sind drei Klöster, die auf dieser Route liegen. Am Startpunkt in dem kleinen Ort Odzun steht eine große Anlage aus dem frühen Mittelalter, am Fuß der Felswand liegt unauffällig wie ein Chamäleon das Kloster Horomayr. Kurz vor dem Endpunkt der Tour steht in einem kleinen Wald schließlich die Klosteranlage Kobayr, die mit viel Aufwand restauriert wird.

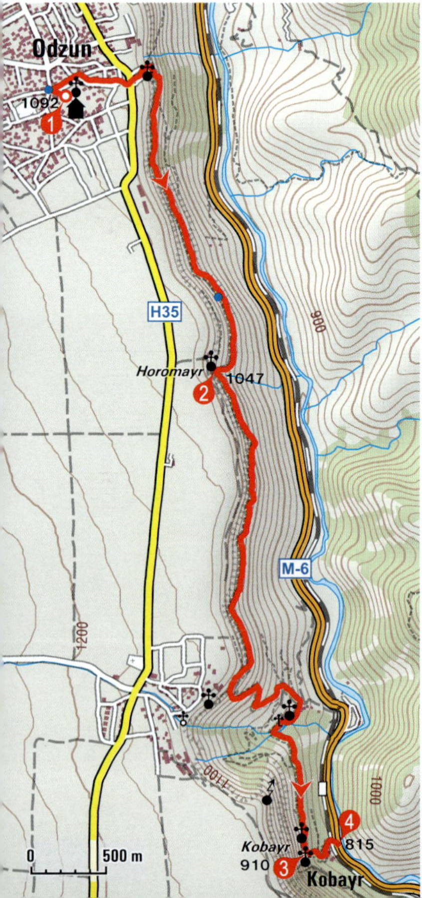

Ausgangspunkt: Kloster Odzun, 1092 m. Anfahrt mit Pkw ab Vanadzor über die M-6 Richtung Tiflis (Georgien). Nach etwa 40 km zweigt links eine Straße beschildert nach Odzun ab. In der Mitte des kleinen Ortes ist die Klosteranlage. Fahrtzeit ab Vanadzor 1 Std.; ab Jerewan 3 Std.

Endpunkt: Kobayr Dorf, 815 m. Mit einem Taxi zurück zum Startpunkt.

Anforderungen: Langer Abschnitt auf einem schmalen Pfad durch den abschüssigen Westhang der Debed-Schlucht. Technisch nicht schwierig, aber stellenweise leicht ausgesetzt. Ein Großteil der Route ist markiert.

Einkehr/Übernachtung: In Odzun gibt es mehrere Hotels.

Hinweise: 1. Es gibt auf 6 km Länge (ab Odzun) keinen Ausstieg aus der Schlucht, deswegen besser nicht bei drohendem Gewitter oder starkem Regen starten.

2. Für die Rückfahrt zum Ausgangspunkt empfiehlt sich ein Taxi. Dieses am Ziel entweder telefonisch rufen bzw. rufen lassen, oder auf ein zufälliges Taxi warten. Fahrtzeit: knapp 30 Min.; Kosten: umgerechnet weniger als 3 €.

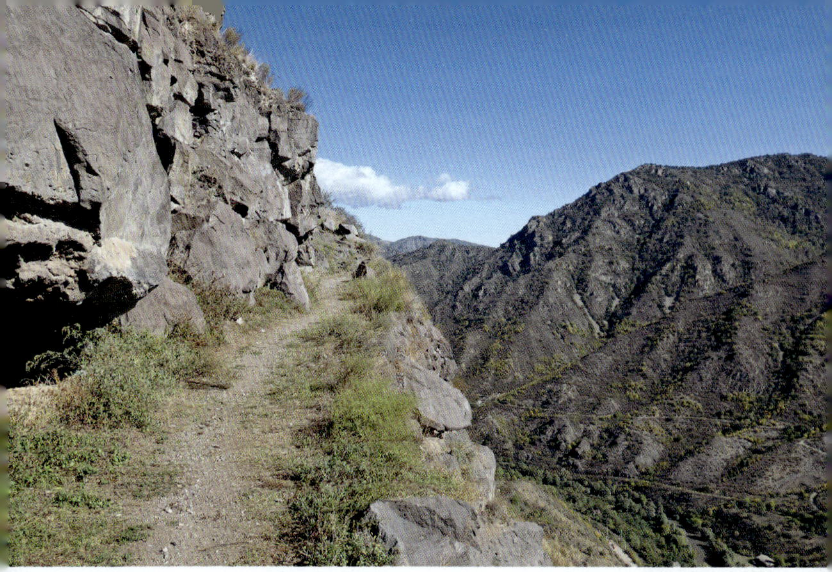

Ein langer Abschnitt der Tour führt auf einem schmalen Pfad durch den Steilhang.

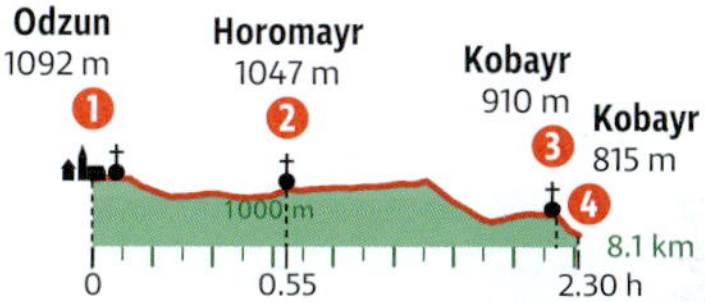

Verlässt man das **Kloster Odzun** ❶ durch den Haupteingang, dann wendet man sich nach rechts zur breiten Straße und wandert über diese gut 100 m Richtung Osten bergab. Dort zweigt schräg rechts ein Weg ab. Nach knapp 300 m geht es rechts über einen Weg weiter, bis dieser auf eine Querstraße stößt. Dort steht ein paar Schritte weiter links ein Schild, das auf den Wanderweg Odzun – Kobayr hinweist. Hier ist der Einstieg in die Schlucht.

In mehreren Kehren steigt der Pfad kurz bergab bis zu einem Markierungspfeiler. Dort hält man sich rechts, Richtung Süden. An einer Verzweigung kurz darauf nicht nach links den Markierungen folgen, sondern über den rechten Zweig weitergehen. Vorerst gibt es keine weiteren Gabelungen mehr, der schmale Pfad zieht sich in leichtem Auf und Ab durch den Steilhang, knapp unterhalb der Felswand. Nach gut 30 Min. auf dem Hangpfad kommt man an einer Quelle vorbei, wo die Vegetation vorübergehend etwas dichter wird. Nun sind es nur noch rund 600 m, bis das **Kloster Horomayr** ❷ etwas oberhalb des Weges ins Blickfeld tritt. Der direkte Aufstieg ist ziemlich steil. Leichter ist es, unterhalb der Anlage weiterzugehen, bis scharf rechts ein relativ leicht begehbarer Pfad bis nach oben führt. Ein Markierungspfeiler hilft bei der Wegfindung.

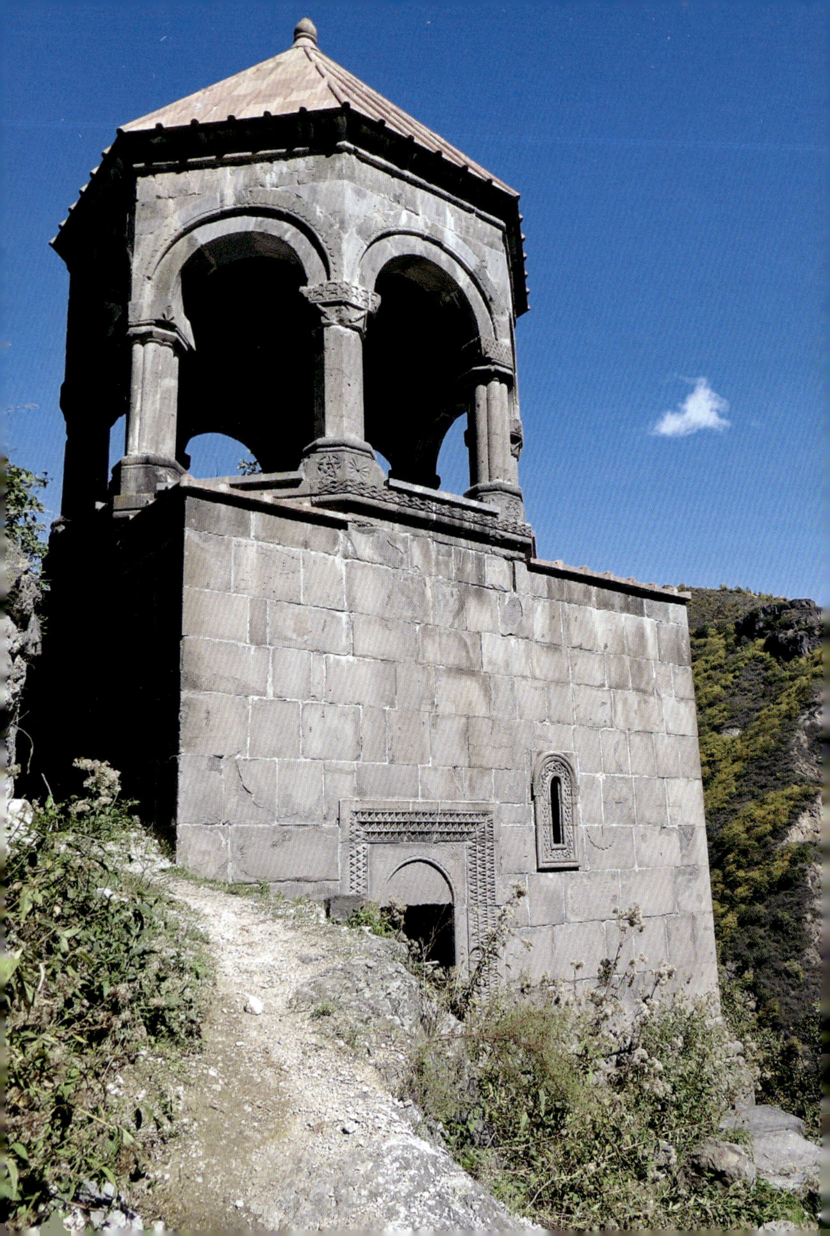

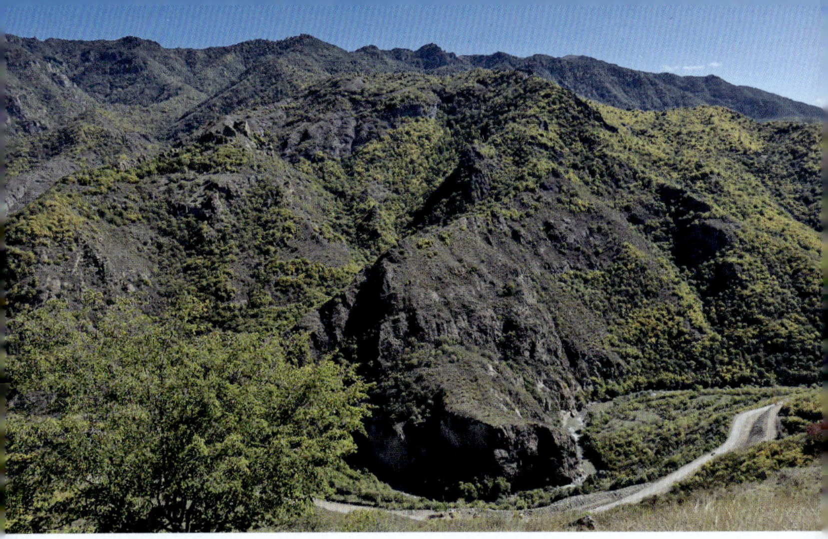

Tiefblick in die Debed-Schlucht mit dem gleichnamigen Fluss.

Anschließend geht es über den Höhenpfad etwa 45 Min. in südlicher Richtung weiter, bis der bislang geradlinige Hang zu einem Rechtsbogen ansetzt. Im unteren Bereich sind Gebäude zu erkennen. Die markierte Route führt nun im Zickzack 200 Höhenmeter bergab. An einem Pfeiler hält man sich dann links und geht kurz darauf über einen breiten Weg rechts weiter bergab, die Wegfindung ist auf diesem Abschnitt nicht so leicht wie zuvor. Vor einem Zaun (dahinter ist ein bebautes Gelände) geht man rechts und gelangt so nach etwa 100 m an eine Kapelle.

Nun steigt man hinter dieser Kapelle – weiterhin in südwestlicher Richtung – über die Felsen, bis wieder ein deutlicher Pfad erreicht ist. Dieser macht einen Linksbogen und führt dann ansteigend in den bewaldeten Hang. Markierungen schaffen dann wieder Klarheit bei der Orientierung. Neben dem Pfad verläuft bald ein schmaler Wassergraben, einige Abschnitte führen über Steine. Etwas versteckt erreicht man schließlich das **Kloster Kobayr** ❸. Über Stufen lässt sich die 900 Jahre alte Anlage erkunden. Unterhalb der Gebäude beginnt ein Waldpfad, der in verschlungener Wegführung das kurze Stück bis zu den Häusern von **Kobayr** ❹ hinableitet. Von dort sind es nur noch wenige Meter abwärts, bis man die Bahngleise überquert und anschließend die M-6 erreicht.

Zurück zum **Ausgangspunkt** ❶ geht es dann mit einem Taxi.

Das Kloster Kobayr wird mit viel Aufwand vor dem Verfall gerettet. Die Arbeiten an diesem Gebäudekomplex sind bereits abgeschlossen.

↗ 160 m | ↘ 160 m | 25.9 km

6 Nationalpark Arpisee

6.30 h

Umrundung von Armeniens zweitgrößtem See

Der junge Nationalpark Arpisee liegt im Dreiländereck Armenien-Türkei-Georgien, allerdings ausschließlich auf armenischem Boden. Nur vereinzelt besiedeln Gruppen aus Nadel- oder Laubhölzern das ansonsten freie Hochland. Das Herzstück ist der Arpisee, der mit einer Fläche von etwa 25 km² nach dem Sewansee der zweitgrößte des Landes ist. Wenn im Frühjahr die Eisdecke schmilzt und sich der Schnee aus dem Gelände zurückzieht, blüht die Natur auf. Die Liste an Tier- und Pflanzenarten ist so lang, dass nur einige erwähnt werden können: 190 Vogelarten, darunter Pelikane, leben dort; vier Schlangenarten; 38 Säugetierarten, darunter Füchse und Wölfe; knapp 700 Arten Gefäßpflanzen etc. Die Umrundung des Sees ist grundsätzlich nicht schwierig. Bei schlechten Witterungsverhältnissen kann auf der Ost- und Nordseite in etwas Abstand zum Ufer auf eine Piste ausgewichen werden. Im Informationszentrum (»Lake Arpi National Park Headquarter«) liegen Broschüren und Karten aus, die Mitarbeiter helfen bei Fragen gerne weiter. Wegen der Nähe zu den Staatsgrenzen muss sich dort jeder Besucher registrieren. Kosten entstehen keine.

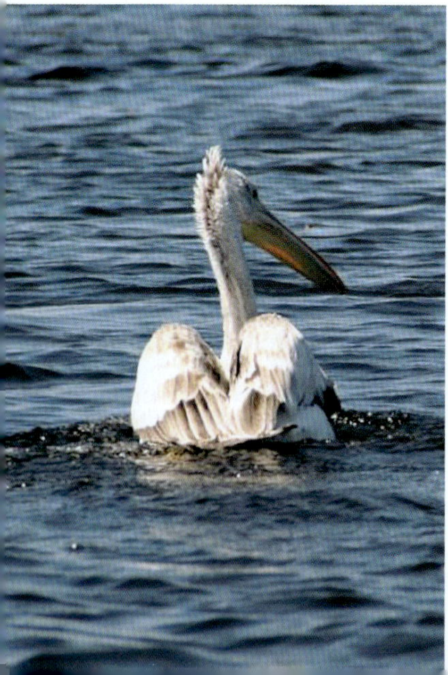

Ausgangspunkt: Informationszentrum, 2027 m. Anfahrt mit dem Pkw ab Gjumri über die M-1 Richtung Georgien. Nach 20 km beschildert nach links abbiegen. Von dort sind es noch rund 25 km auf einer Straße in schlechtem Zustand bis nach Paghakn, wo sich am Seeufer das Informationszentrum (»Lake Arpi National Park Headquarter«) befindet. Fahrtzeit ab Gjumri rund 1 Std.
Anforderungen: Ausreichend Kondition für die rund 26 km lange Strecke. Am Besucherzentrum beginnt der Transcaucasian Trail; die Runde um den See zählt aber nicht dazu, Farbmarkierungen gibt es keine.
Einkehr/Übernachtung: Keine.
Variante: Wem die Tour zu lang ist, kann anstatt der Umrundung des Sees den Hügel Kaputkokh, 2208 m, besteigen: Dazu der beschriebenen Route bis zur Verzweigung 2 folgen und dort links

Ein Krauskopfpelikan. Rund 250 Pelikane leben am Arpisee.

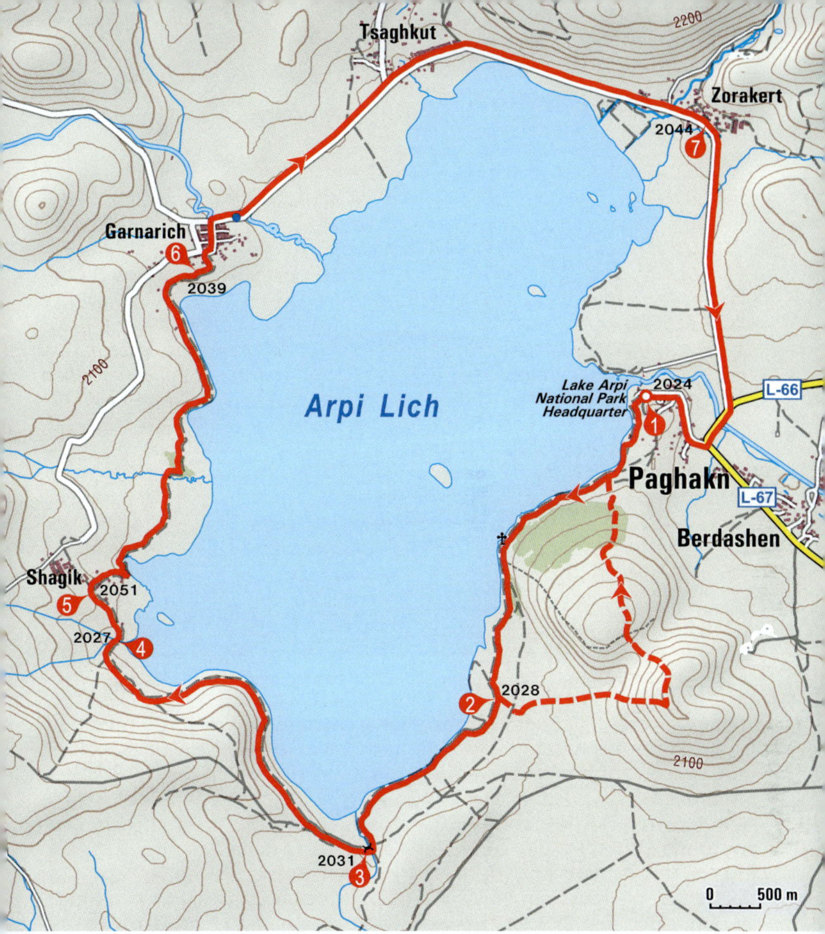

gehen. In östlicher Richtung auf die Erhebung zuhalten und an geeigneter Stelle bis zum höchsten Punkt steigen. Anschließend in den nordwestlich gelegenen Sattel absteigen und in nördlicher Richtung weiter, bis man wieder auf die Hauptroute stößt.

Tipp: Am schönsten ist die Wanderung während der Blütezeit von Mai bis Juni.

Hinweise: 1. Jeder Besucher des Nationalparks muss sich beim Informationszentrum registrieren lassen, dafür ist ein Reisepass vorzulegen. Die Formalität ist kostenlos.
2. Ein Fernglas zur Beobachtung der Tierwelt und wasserfeste Trekkingsandalen für die Querung der Bachläufe sind bei dieser Tour sehr zu empfehlen.

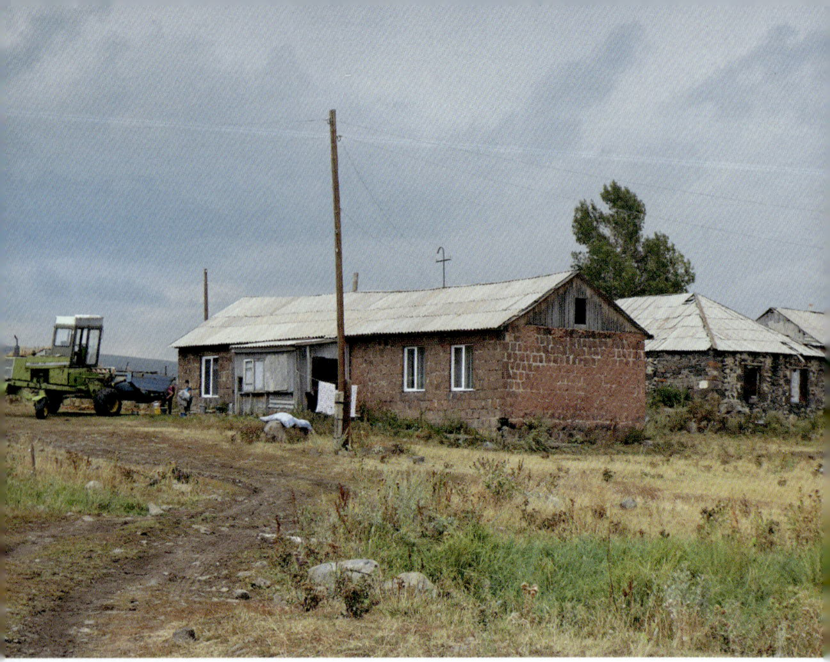

Shagik, einer von mehreren kleinen Orten am Ufer des Arpisees.

Wenige Meter südlich des **Informationszentrums ①** verläuft ein Weg in Richtung des Arpisees, dessen Ufer nach 2 Min. erreicht ist. Über mehrere Kilometer folgt man Spuren Richtung Süden, die sich meistens in der Nähe des Ufers verlaufen. Nach etwa 40 Min. geht man an einem Kreuzstein neueren Datums vorbei. 20 Min. später trifft der Weg auf eine **Verzweigung ②**. Der Hauptweg zweigt hier rechts ab (links Variante). Auf dem folgenden Abschnitt ist die Orientierung nicht immer eindeutig.
Nach 1.30 Std. muss ein Fluss überquert werden. Dafür gibt es nur eine Option: Über eine **Brücke ③** *(kamursh)* am sogenannten **Wolfstor** (»Wolf gate«) gelangt man trockenen Fußes auf die andere Seite. Anschließend geht es nahe dem Ufer weiter. Bald fällt ein relativ steiler Hang bis zum See hin ab. Auf etwa 20 m oberhalb des Wasserspiegels verläuft ein ebener Weg durch diesen Abschnitt. Das Ufer flacht anschließend wieder ab. Vor einer Siedlung wartet eine eher harmlose **Bachquerung ④**. Kurz darauf erreicht man den kleinen Ort

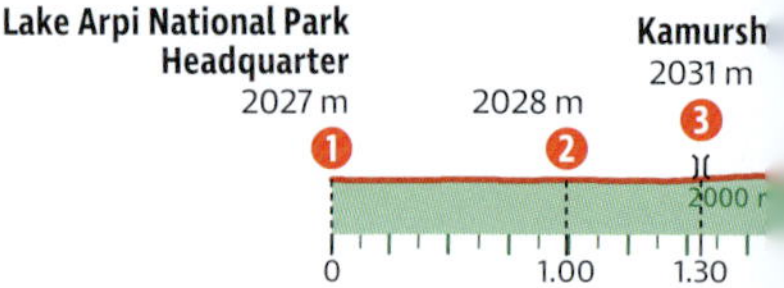

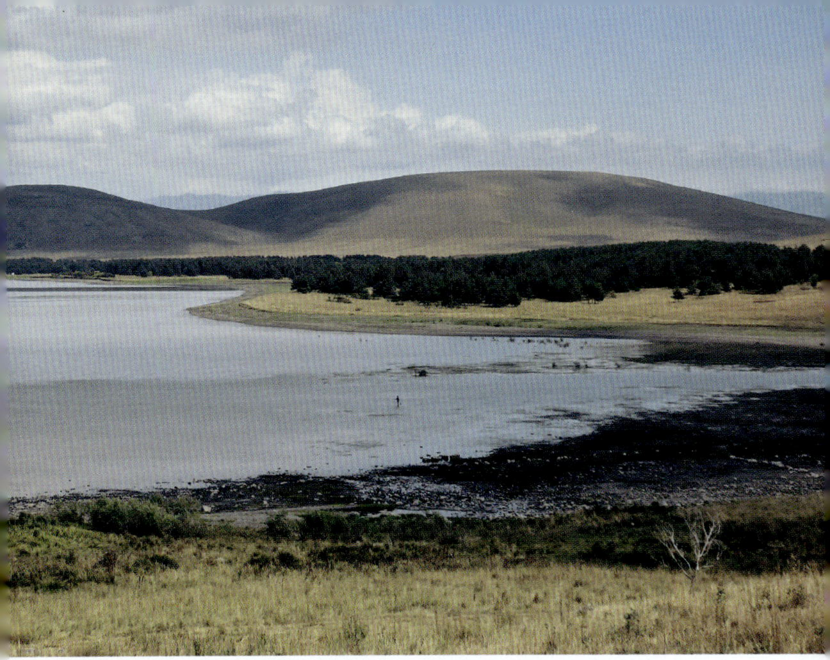

Das Ufer nahe am Wolfstor; im Hintergrund erhebt sich der 2209 m hohe Kaputkokh.

Shagik 5. Falls es die Verhältnisse zulassen, geht man über einen Weg bis kurz vor das Ufer auf einen kleinen Auwald zu. Sollte das Gelände nach starken Regenfällen unpassierbar sein, kann vorher auf eine Piste ausgewichen werden.
Der nächste Ort ist **Garnarich** 6. Dort geht es zunächst an wenig ansehnlichen Ruinen vorbei, dann durch den bewohnten Teil des Ortes. Für die weitere Route gilt wiederum: Bei relativ trockenen Verhältnissen hält man sich in Ufernähe, ansonsten gelangt man auch über eine Piste über Tsaghkut nach **Zorakert** 7.
Das **Informationszentrum** 1 ist bald deutlich zu sehen und kann ebenfalls wahlweise am Ufer oder auf der Piste wieder erreicht werden.

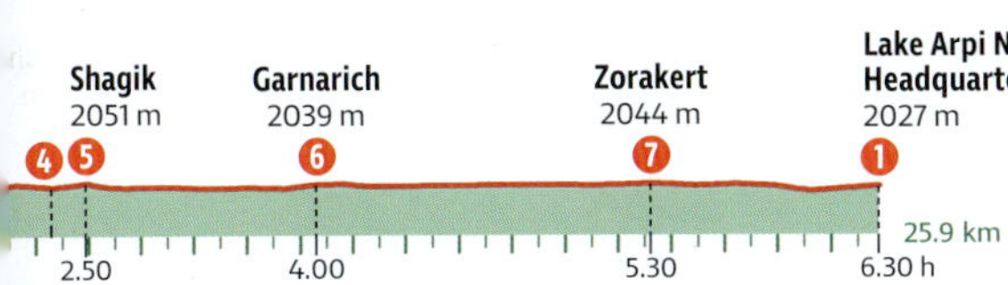

↗ 850 m | ↘ 850 m | 13.8 km

7 Khentasar, 3050 m

6.00 h

Über weite Grashänge auf einen steinigen Gipfel

Im armenisch-georgischen Grenzgebiet stehen die höchsten Berge des Dschawacheti-Gebirges, darunter mehrere Dreitausender. Dank des relativ gut erreichbaren Ausgangspunkts bietet sich vor allem der Khentasar für eine Besteigung an. Die nur mäßig geneigten Hänge sind mit Gras bewachsen, mit zunehmender Höhe auch mit Disteln. Große Kuhherden weiden bis zum Fuß des Gipfelhangs. Und der hat es in sich: Nach dem bequemen Aufstieg auf weichem Boden wartet eine mit Felsbrocken übersäte Gipfelkuppe.

Ausgangspunkt: Landstraße H-31, 2374 m, zwischen Musayelyan und Tashir. Anfahrt mit dem Pkw ab Gjumri über die M-1 Richtung Norden. Nach 21 km am Ende einer Linkskurve (Ortsschild »Vardaghbiur«) rechts abbiegen. Nun auf den Kilometerzähler achten und nach 17,5 km neben der Straße parken. Fahrtzeit ab Gjumri 1 Std.

Anforderungen: Weitgehend weglos. Die finalen knapp 100 Höhenmeter führen über grobes und wackeliges Geröll. Dort ist Trittsicherheit erforderlich.

Einkehr/Übernachtung: Keine.

Variante: Überschreitung des namenlosen Gipfels westlich des Khentasar. Die Orientierung dürfte keine Probleme bereiten: Vom Khentasar-Gipfel steigt man zurück zum Pass ❷ hinab und anschließend über den Grat die 180 Hm bis zum höchsten Punkt bergauf. Diesen überschreiten und erst in südlicher, dann südöstlicher Richtung dem langen Kammausläufer folgen. Anschließend über die offensichtliche Route zurück zum Ausgangspunkt (»schwarz«).

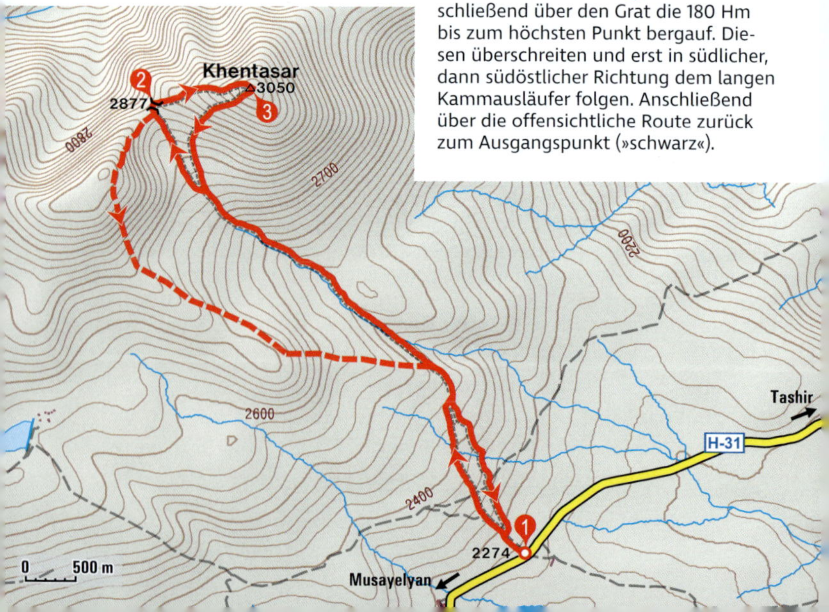

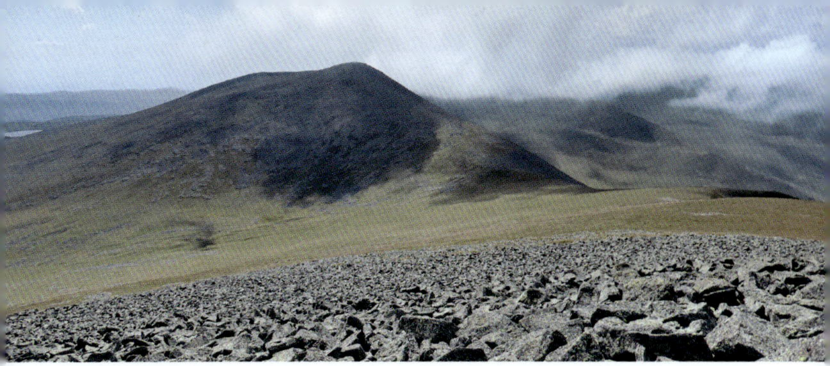

Blick vom Gipfel zum benachbarten, nur wenige Meter niedrigeren Berg (Variante).

Von der **Landstraße** ❶ aus gesehen ragen in nördlicher Richtung über die Kante des ersten Hangabschnitts zwei Erhebungen empor. Die rechte ist der Khentasar, der von Beginn an als Orientierungspunkt in dem weitgehend weglosen Gelände dient. Über mäßig geneigte Hänge geht es in nordnordwestlicher Richtung in einer fast geraden Linie leicht bergauf, bis nach etwa 1 Std. rechts ein tiefer, lang gezogener Graben zu sehen ist. Nun gilt es, möglichst ohne Höhenverlust in die Mitte dieses Grabens zu gelangen, am besten in einer langen Querung bis kurz vor den steinigen Wasserlauf. Auf zwischenzeitlich deutlichen Pfaden geht es dann in der gleichen Grundrichtung weiter. Der Graben löst sich bei P. 2550 auf und geht in eine Rinne über. Links davon lässt sich der folgende Aufschwung leicht besteigen. Der breite Sattel zwischen dem Khentasar und dem etwa gleich hohen Gipfel links davon ist das nächste Etappenziel. Auf einer gut überschaubaren Route ist so nach rund 2.45 Std. der **Pass** ❷ erreicht. Ein breiter Kamm führt rechts bis zum Gipfelaufbau. Der letzte Abschnitt über grobes Geröll kann beliebig überwunden werden. Schließlich steht man auf dem mit einer Metallstange markierten Gipfel des **Khentasar** ❸.
Abstieg: In einem Linksbogen steigt man abkürzend über einen mäßig steilen Hang hinab bis zur Aufstiegsroute. Dieser folgen, bis der **Startpunkt** ❶ in das Blickfeld tritt, auf den man jetzt in direkter Linie zugeht.

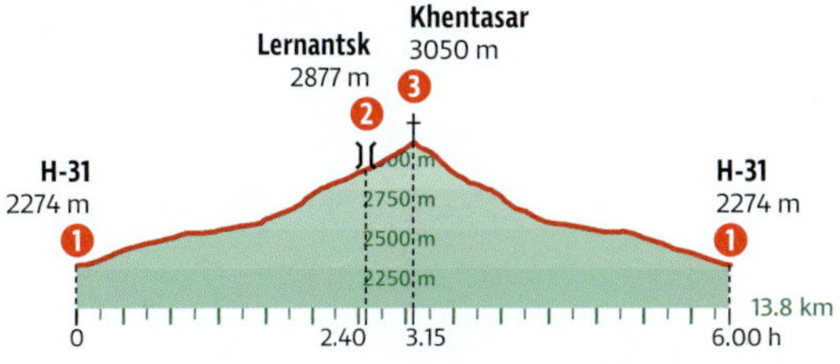

↗ 200 m | ↘ 200 m | 11.0 km

8 Trchkan-Wasserfall

3.00 h

Durch ein sonniges Tal zu einem Naturschauspiel

Auch diese Tour findet im Dschawacheti-Gebirge statt. Die Täler sind nur dünn besiedelt und dienen vor allem als Weideflächen für Kühe. Eine ganz besondere Perle der Natur ist der Trchkan-Wasserfall. An einer 20 m hohen Felsstufe stürzt der Chichkhan in die Tiefe, um darauf mit einem Zufluss aus einem Nachbartal zu verschmelzen. Die Route folgt die meiste Zeit einer Piste, die mit einem Fahrzeug mit ausreichender Bodenfreiheit befahrbar ist. Schöner ist es natürlich, die Natur im Schritttempo zu erwandern.

Ausgangspunkt: Weggabelung, 1877 m. Anfahrt mit dem Pkw: Ab Gjumri 21 km auf der M-1 Richtung Norden (Georgien). Am Ende einer langen Linkskurve (Ortsschild »Vardaghbiur«) rechts abbiegen. Nach 1,5 km ein weiteres Mal nach rechts. Dieser Piste rund 20 km über mehrere kleine Dörfer (Basgiugh, P. Sariar, Kakavasar) folgen. Hinter Kakavasar überquert man eine Brücke, dann folgt eine beschilderte Abzweigung nach links, kurz darauf eine unbeschilderte Weggabelung. Dort parken. Fahrtzeit ab Gjumri etwa 1 Std.
Anforderungen: Überwiegend leichte Wanderung auf breitem Weg; am Wasserfall kurze Passage auf felsigem Boden. Mehrmals kreuzen Bäche die Route.
Einkehr/Übernachtung: Keine.
Hinweise: 1. Für die Bachquerungen wasserfeste Trekkingsandalen mitnehmen. 2. Der Trchkan-Wasserfall ist ein beliebtes Ausflugsziel, deswegen Wochenenden meiden.

Ziel der Wanderung: der gut 20 m hohe Trchkan-Wasserfall.

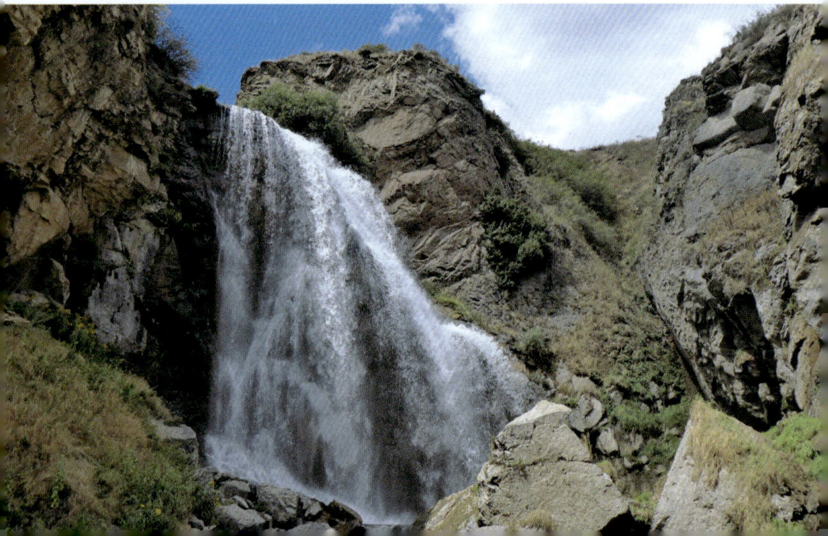

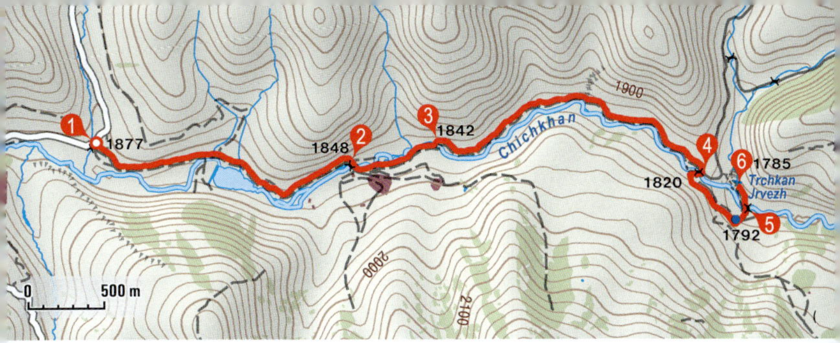

Ab der **Weggabelung** ❶ folgt man zu Fuß der Richtung Osten führenden schmalen Piste. Daneben bietet sich immer wieder die Möglichkeit, Trittspuren auf weichem Boden zu nutzen. In leichtem Auf und Ab bewegt sich der Weg nördlich des Baches Chichkhan. Nach etwa 25 Min. tritt ein Stausee ins Blickfeld. Gut 10 Min, nachdem man diesen passiert hat, überquert man den **Chichkhan** bequem auf der **ersten Brücke** ❷.

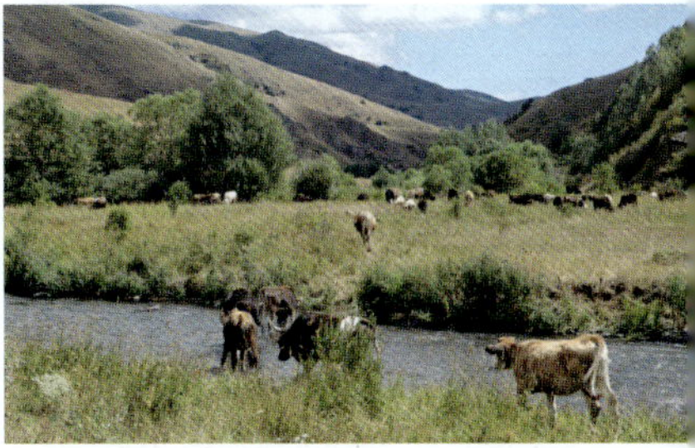

Kuhherde beim Durchschreiten des Baches.

Bald darauf muss wieder die Seite gewechselt werden, die **erste Bachquerung** ❸ erfolgt dann durch knietiefes Wasser. Der weitere Talverlauf beschreibt einen weiten Rechtsbogen. Dabei werden immer wieder Blicke zu den umliegenden Gipfeln frei. Kurz vor einem links abzweigenden Tal wird der Chichkhan im Scheitelpunkt einer Rechtskurve auf der **zweiten Brücke** ❹ wieder überquert. Bald darauf macht der Weg eine U-Wendung. Nach einem kurzen Aufstieg geht es wieder bergab. Dort links auf einen relativ steil hinabführenden Weg wechseln. Am Ende erreicht man flaches Gelände unweit des Wasserfalls, der jetzt schon erkennbar ist. Einer **zweiten Bachquerung** ❺ folgt noch eine weitere, dann gelangt man durch felsiges Gelände bis an den Fuß des **Trchkan-Wasserfalls** ❻ *(Trchkan Jrvezh)*.
Der Rückweg ist identisch mit dem Hinweg.

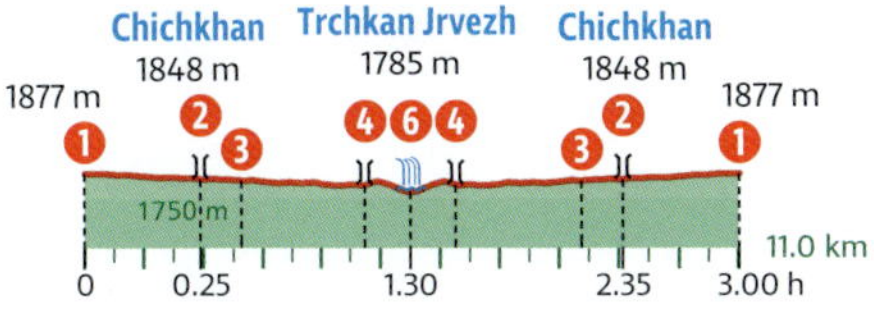

↗ 300 m | ↘ 300 m | 8.8 km

9 Makaravank

3.00 h

In den Nordausläufern des Aragats-Massivs

In den sanft gewellten Hangausläufern des Aragats gibt es einige interessante Orte, die allerdings nicht immer leicht zu finden sind. Diese Tour beginnt bei dem mittelalterlichen Klosterkomplex Makaravank. Hinter der halb verfallenen Kirche zieht sich ein tiefer Graben durch das Gelände. Dort ist außer einer Kapelle auch die Felshöhle Tsak Kar zu sehen, die lediglich aus einem Hohlraum in einem exponierten Fels besteht. Während der Wanderung ist die Aussicht zum Hochland der Provinz Schirak praktisch immer völlig frei. Am Ende überrascht ein Kiefernwald in der ansonsten völlig baumfreien Umgebung.

Ausgangspunkt: Pemzashen, Makaravank-Kirche, 1870 m. Anfahrt mit dem Pkw ab Gjumri rund 25 km über die M-1 Richtung Süden bis Maralik. Dort links Richtung Artik abbiegen. Der erste Ort nach 5 km ist Pemzashen. In die Ortsmitte fahren und dem Rechtsknick der Hauptstraße folgen. Nach den letzten Häusern ist die Kirche auf der rechten Seite deutlich zu sehen. Dort parken. Die Fahrtzeit ab Gjumri beträgt rund 60 Min.

Anforderungen: Da es kaum Orientierungspunkte in dem oft weglosen Gelände gibt, ist die Wegfindung ohne GPS-Unterstützung schwierig. Technisch leichte Tour.

Einkehr/Übernachtung: Keine.

Tipp: In der Ortsmitte von Pemzashen steht die sehenswerte Arakeloc-Kirche.

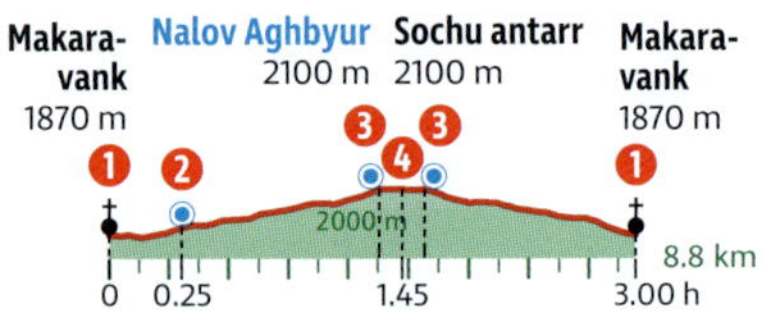

Neben der verfallenden **Makaravank-Kirche** ❶ bietet sich eine freie Fläche zum Parken an. Um in den dahinter liegenden Graben zu gelangen, geht man an dessen Rand entlang in Richtung der Straße. Kurz

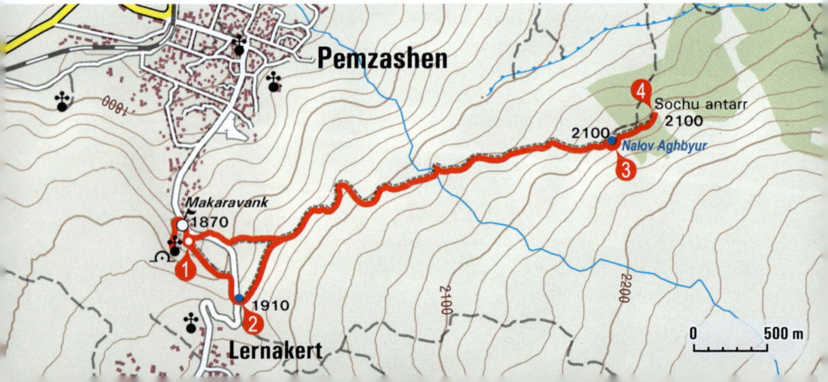

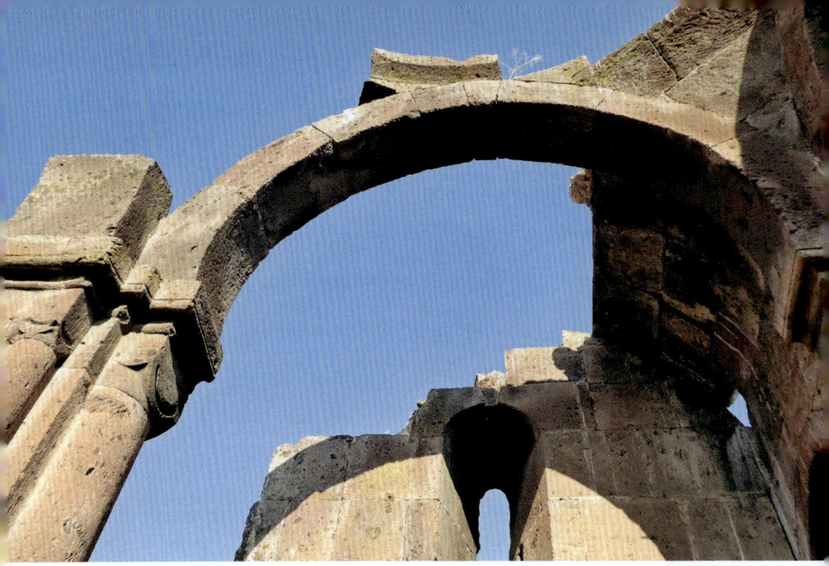

Klosterkirche Makaravank: Wo früher ein Dach war, klafft heute eine große Lücke.

davor führt ein Pfad hinab in den Graben. Nach 100 m steht links ein Gebetshaus und einige Schritte dahinter die markante Felshöhle **Tsak Kar**.
Auf gleichem Weg geht es wieder zurück bis vor die Kirche, dann querfeldein in südöstlicher Richtung, bis die Straße erreicht ist. Auf dieser wandert man noch ein Stück weiter bis zu einem hübschen **Brunnen** ❷. Dort verlässt man die Straße und folgt dem Hang in nordöstlicher Richtung. Einzelne Viehspuren ziehen sich durch das Gelände, aber auch ohne sichtbaren Weg ist die Orientierung vorläufig eindeutig. Es gilt, immer leicht ansteigend dem Hangverlauf zu folgen. Einzelne Felsbrocken liegen verstreut auf dem Hang, bald wird der Blick frei auf das Städtchen Artik.
Im weiteren Verlauf ist der Hang von einigen Gräben durchzogen, die durchschritten werden müssen. Die Wegfindung wird nun mangels geeigneter Orientierungspunkte etwas schwieriger, die Grundrichtung bleibt aber immer die gleiche. Wer einen Höhenmesser dabeihat, sollte darauf nach gut 1 Std. 2100 m ablesen können. Dort sprudelt aus einem zerborstenen Fels das Wasser der **Nalov-Aghbyur-Quelle** ❸, darunter ist eine Viehtränke. Nach dem Überschreiten von zwei kleinen Bachläufen folgt man relativ eben dem weiteren Hangverlauf, bis die ersten Bäume zu sehen sind. Von der Quelle aus dauert es nur wenige Minuten bis zum **Kiefernwald** ❹ *(sochu antarr)*, der den Umkehrpunkt der Tour bildet.
Auf gleicher Route geht es nun wieder zurück, wobei der letzte Abschnitt gut abgekürzt werden kann, sobald die **Makaravank-Kirche** ❶ zu sehen ist.

↗ 600 m | ↘ 600 m | 9.2 km

10 Zohatsar, 3063 m

3.45 h

Satellitengipfel im Aragats-Massiv

Auf dem Aragats-Massiv fallen in den weitläufigen Hängen mehrere deutliche Erhebungen auf. Einer davon ist der Zohatsar, der knapp 10 km nordwestlich des Kraterrands ein lohnendes Ziel darstellt, denn der Blick zu den über 4000 m hohen Hauptgipfeln ist beeindruckend – wenn es die Wetterverhältnisse zulassen. Die Route führt durch ein weitläufiges, nur mäßig geneigtes Weidegelände. Im Abstand von mehreren Kilometern haben Hirten dort ihre Sommerlager aufgestellt. Alte russische Geländewagen versorgen die Menschen mit dem Nötigsten. Rinderherden von beeindruckender Größe grasen systematisch die riesigen Flächen ab.

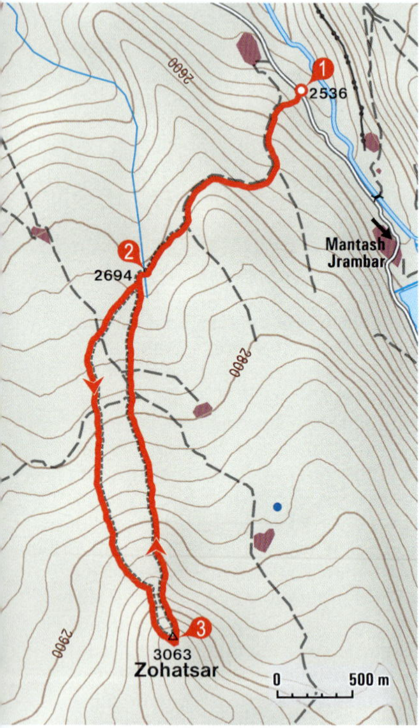

Ausgangspunkt: Zufahrtsstraße zum Mantash-Reservoir, 2536 m. Anfahrt mit dem Pkw ab Gjumri über die M-1 Richtung Süden bis Maralik, dort links nach Artik abbiegen. Durch Artik hindurch, am kleinen Ort Saranj vorbei und 500 m danach rechts auf eine gepflasterte Straße abbiegen. Nach 6,7 km steht rechts ein kleines Gebäude, 1,4 km danach befindet sich auf der linken Seite eine Parkmöglichkeit. – Anfahrt ab Jerewan über die M-3 Richtung Vanadzor. Nach knapp 80 km in Alagyaz links abbiegen. Kurz vor Saralanj links auf die gepflasterte Straße und weiter wie oben beschrieben. Fahrtzeit ab Gjumri knapp 90 Min.; ab Jerewan etwas länger.
Anforderungen: Nur der Schlussanstieg zum Gipfel ist etwas steiler (max. »blau/rot«), sonst einfache Tour.
Einkehr/Übernachtung: Keine.

Vom Ausgangspunkt an der **Zufahrtsstraße** ❶ zum **Mantash-Reservoir** *(Mantash Jrambar)* steigt man den mäßig steilen Hang hinauf, bis nach wenigen Minuten das Gelände etwas abflacht. In dem Grasboden sind Fahrspuren zu erkennen, denen man in einem weiten Linksbogen folgt.

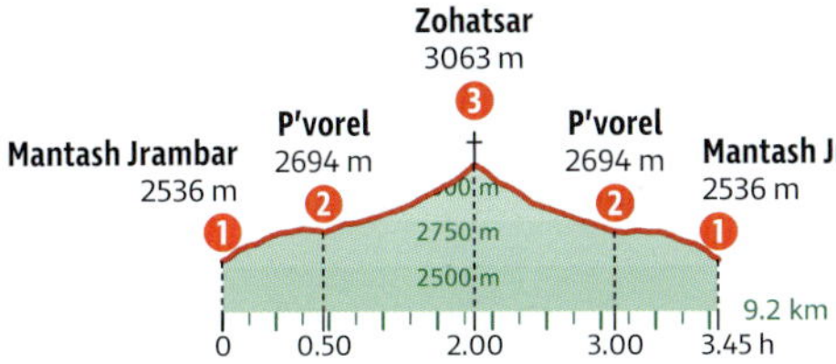

Kurz darauf, bei P. 2640, geht es über weniger deutliche Spuren in einem Rechtsbogen weiter den Hang hinauf, anschließend wiederum links haltend um einen deutlich sichtbaren Kammausläufer herum.
Dahinter ziehen die Spuren Richtung Südosten, zu einem Sommerlager der Hirten, das weit links liegen gelassen wird. Der Gipfelaufbau des Zohatsar ist deutlich zu erkennen. Am günstigsten ist es, knapp 1 km Richtung Südwesten zu gehen. Dabei wird ein langer **Graben** 2 *(p'vorel)* durchschritten. Dahinter ist ein breiter Korridor gut als weitere Aufstiegsroute geeignet. Die in der Karte eingezeichneten Routen umschließen eine Fläche, über die man sich auf beliebigem Weg dem Zohatsar nähern kann. Die letzten 150 Höhenmeter sind etwas steiler, aber dank des griffigen Grasbodens problemlos zu überwinden. Das Ziel ist das von Weitem sichtbare Metallgestell mit drei Füßen, das den höchsten Punkt des **Zohatsar** 3 markiert.
Für den Rückweg gilt das Gleiche wie für die Aufstiegsroute. Das weitläufige Weidegelände ist so übersichtlich, dass man über eine fast beliebige Route in nördlicher Richtung absteigen kann. Nur bei Nebel können Orientierungsschwierigkeiten entstehen.

Vom Zohatsar hätte man – bei freier Sicht – einen eindrucksvollen Blick auf den Nord- und den Westgipfel des Aragats.

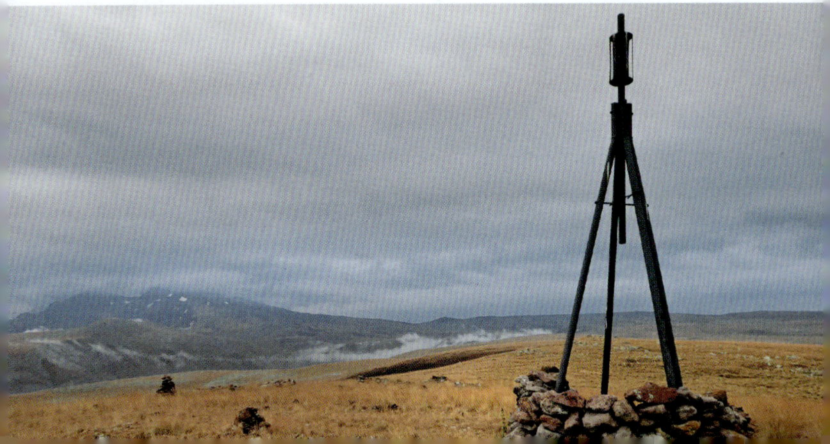

↗ 230 m | ↘ 230 m | 8.2 km

11 Amberd, 3235 m, und Göl Zarad, 3260 m

3.00 h

Akklimatisationstour mit fesselnden Ausblicken

Dank eines alten Forschungszentrums gibt es auf der Südseite des Aragats eine Zufahrtsstraße bis zum Hochgebirgssee Kari Lich (sprich: »Litsch«; auf Deutsch »Steinsee«) auf knapp 3200 m. Über diesem erhebt sich der kleine Hügel Göl Zarad mit einem Kreuz und unzähligen Steinmännchen. Im Hintergrund sind drei der vier Kratergipfel deutlich zu sehen. Nur der Ostgipfel des Aragats versteckt sich aus dieser Perspektive noch. Richtung Süden erstreckt sich ein ausgeprägter Bergrücken, dessen höchster Punkt den gleichen Namen trägt wie die historische Festung in der Nähe: Amberd. Die Wanderung dorthin ist nicht anstrengend und verspricht interessante Ausblicke: Schon nahe dem Forschungszentrum ist der Blick frei zum biblischen Berg Ararat, auf halbem Weg sind alle vier Aragats-Kratergipfel zu sehen, und vom Amberd-Gipfel aus öffnet sich schließlich ein großes Blickfeld über die Südhänge des Aragats bis in die weite Ararat-Ebene.

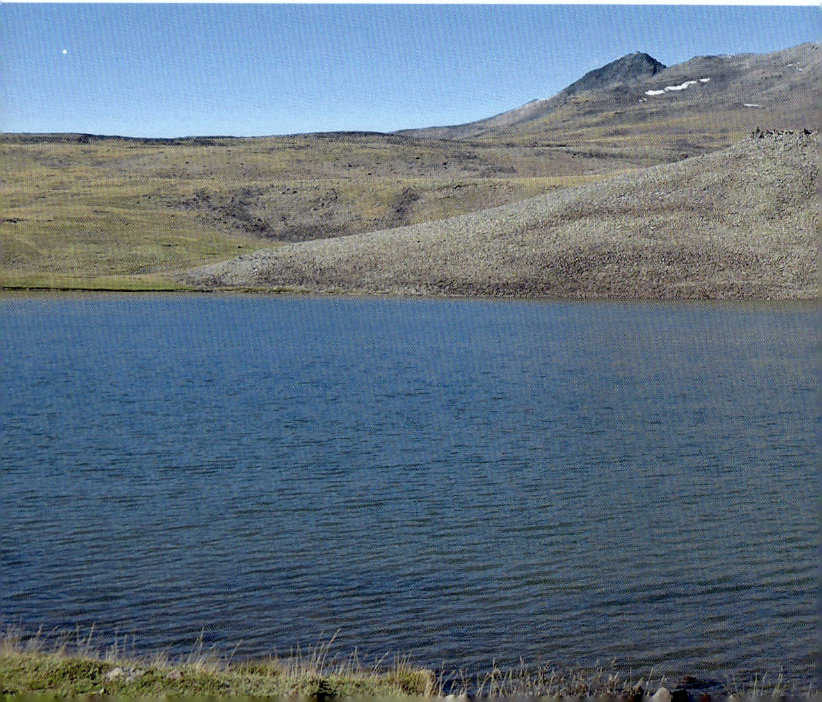

Ausgangspunkt: Kari Lich (»Steinsee«), 3189 m. Anfahrt mit dem Pkw ab Jerewan über die M-1 und M-3 Richtung Vanadzor. Hinter Artashavan beim Buchstaben-Denkmal mit dem großem Kreuz links abbiegen. Am Ende der Straße, nach 12 km, rechts abbiegen, nach 4 km rechts halten. Die Straße endet nach 13,5 km am Parkplatz vor dem Steinsee. Fahrtzeit ab Jerewan gut 90 Min.
Anforderungen: Auf dem Weg zum Gipfel des Amberd liegt grobes Geröll, dort ist etwas Trittsicherheit von Vorteil. Ansonsten ist die Tour leicht.
Einkehr/Übernachtung: Am Ufer des Kari Lich gibt es ein Hotel mit Restaurantbetrieb. Die Zimmer sind groß und mit einem Bad ausgestattet, die Preise moderat. Allerdings ist es schwierig, vorab zu buchen.

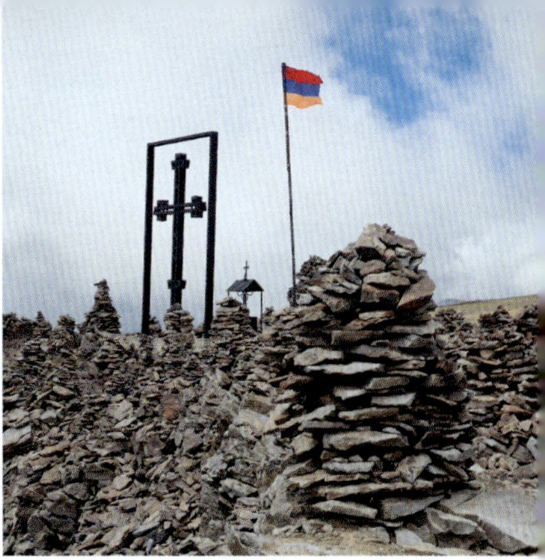

Foto oben: Eine Armee aus Steinmännchen auf dem Plateau des Göl Zarad. Unten: Kari-See und Aragats.

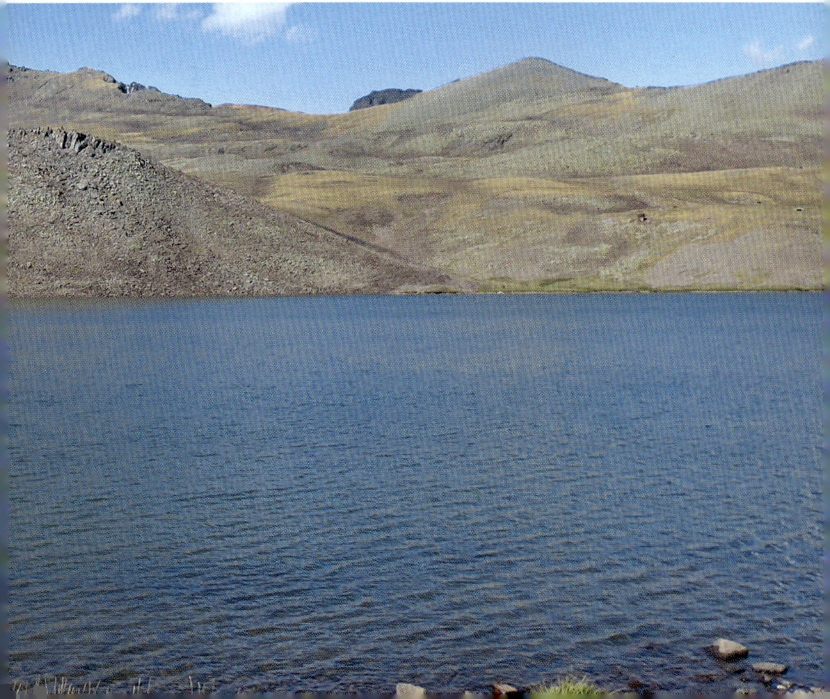

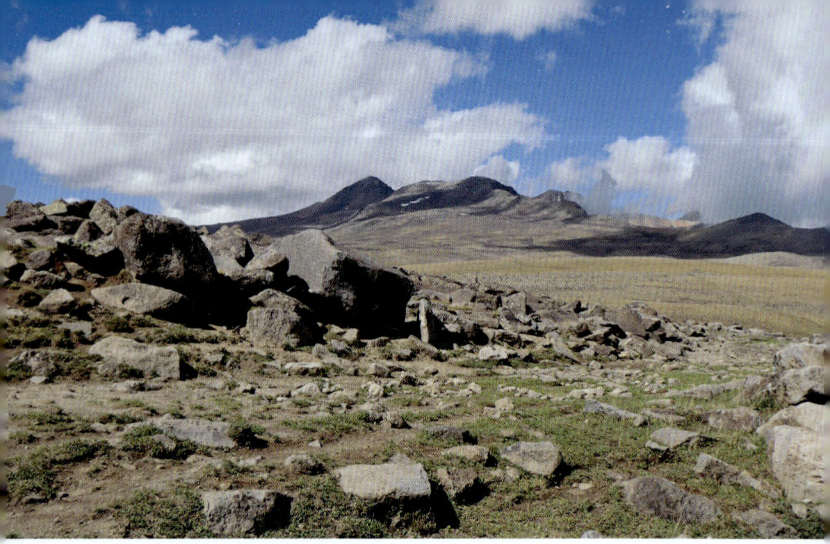

Rückblick zu den Kratergipfeln des Aragats.

Vom Ausgangspunkt am Südostufer des **Kari Lich** ❶ geht man bis vor den Eingangsbereich des Restaurants, dann rechts an dem Gebäude vorbei. Dahinter verläuft eine Piste über dem Seeufer, ein weiteres Gebäude mit mehreren Antennen wird rechts liegen gelassen. An geeigneter Stelle verlässt man die Piste nach links und geht weglos bis an den Fuß des steinigen Hügels. Deutliche Spuren ziehen das kurze Stück hinauf zum **Göl Zarad** ❷. Anschließend steigt man wieder bis zum Fuß des Hügels ab und umrundet diesen halb auf der Westseite. Das nächste Etappenziel ist das weithin sichtbare alte **Observatorium** ❸. Die anderen Forschungsstationen befinden sich nahe dem Parkplatz.
Im Süden schließt sich an das alte Observatorium ein langer Bergzug an, das Ziel dieser Tour. Mehrere Routen dorthin sind möglich. Das Gelände ist überwiegend mit weichen Grasmatten bedeckt, einzelne Steine sind darin verwachsen. Um Höhenverlust zu vermeiden, empfiehlt es sich, etwas nach rechts auszuholen und in einem Linksbogen wieder die südliche Grundrichtung einzuschlagen. Das bald folgende Geröllfeld lässt sich am

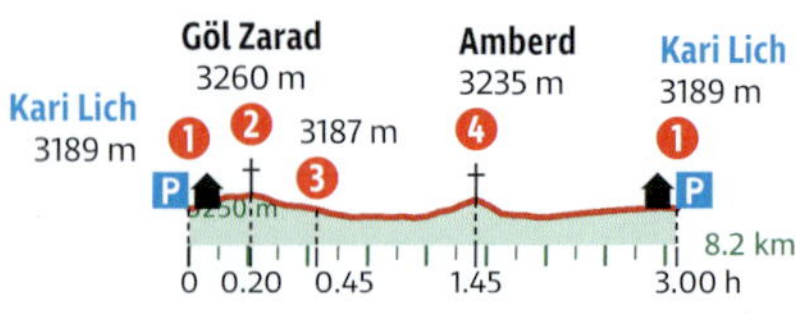

einfachsten über einen breiten Weg durchschreiten. Dieser führt an der westlichen Flanke des Bergzugs vorbei. An beliebiger Stelle verlässt man den Weg und steigt auf den breiten Bergkamm. Weicher Boden wechselt dort mit teils grobem Geröll. Nach etwa 1.45 Std. steht man auf dem höchsten Punkt des **Amberd** ❹.

Für den Rückweg empfiehlt sich der westlich verlaufende Parallelweg, der nach rund 1000 m auf die Aufstiegsroute trifft. Über diese – oder später östlich davon in freiem Gelände – geht es zurück, bis rechts die Gebäude der Forschungsstation zu sehen sind. Dorthin lässt sich ohne Probleme eine weglose Route finden. Hinter den Gebäuden befindet sich der Startpunkt am **Kari Lich** ❶.

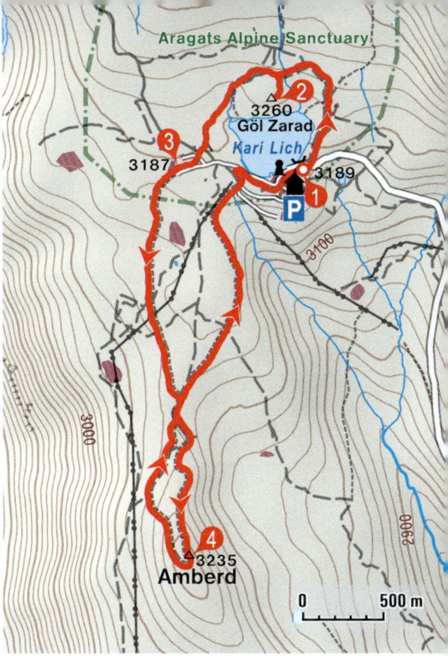

Das Observatorium ist Teil der Forschungsstation am Steinsee. Die Anlage präsentiert sich allerdings in einem traurigen Zustand.

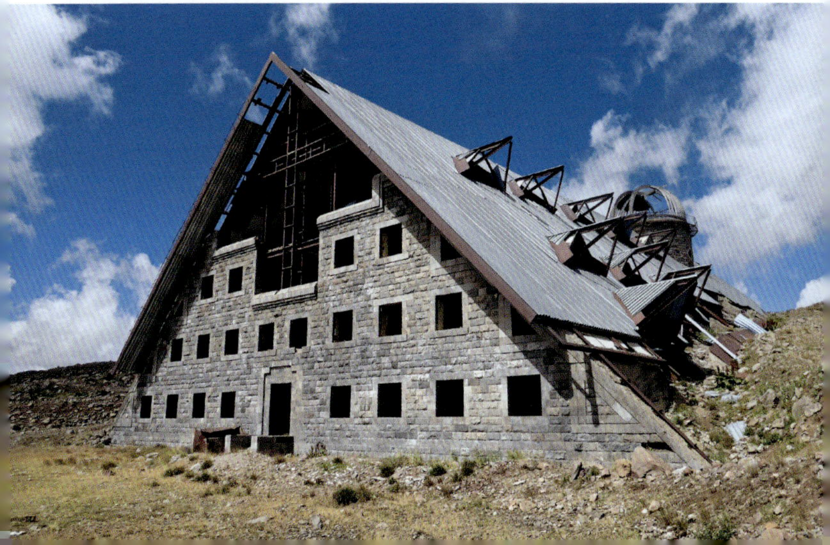

↗ 700 m | ↘ 700 m | 9.7 km

12 Aragats-Südgipfel, 3880 m

4.30 h

Der einfachste der vier Kratergipfel

Rund 300 m tief ist der Krater von Armeniens höchstem Berg, dem Schichtvulkan Aragats. Vom Rand – der nur nach Südosten unterbrochen ist – ragen vier eigenständige und markante Gipfel in die Höhe. Vom Ende der Straße am Kari Lich (»Steinsee«) ist der Südgipfel der nächstgelegene. Der Normalweg über den mäßig geneigten Hang ist eine der beliebtesten Bergwanderungen in dem gebirgigen Land. In der kurzen Periode, wenn das Gelände schneefrei ist, ziehen an Schönwettertagen mehrere geführte Gruppen auf den Gipfel. Tatsächlich ist ein Bergführer für den Südgipfel nicht wirklich nötig, die Route ist gut zu überschauen und technisch leicht. Der Abstieg über den Südkamm hingegen ist anspruchsvoller und durchaus reizvoll.

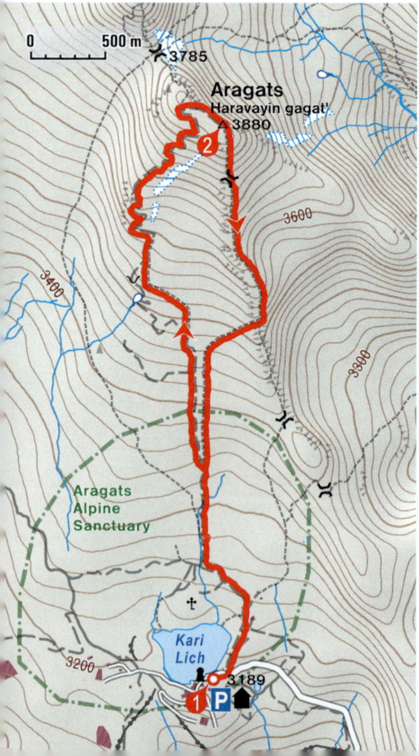

Ausgangspunkt: Kari Lich, 3189 m. Anfahrt wie bei Tour 11.
Anforderungen: Leichter Aufstieg (»blau«) auf viel begangener Route; Abstieg anspruchsvoll (Tendenz zu »schwarz«) über den Kamm mit einigen steilen Passagen in brüchigem Fels.
Einkehr/Übernachtung: Siehe Tour 11.
Tipp: Wer noch einen weiteren Gipfel mitnehmen möchte, kann in der Fortsetzung des Kamms den Urtsasar, 3450 m, besteigen (»rot/schwarz«). Anschließend zurück zum nördlich vom Gipfel gelegenen Sattel und von dort an geeigneter Stelle wieder zur Hauptroute.

Vom Startpunkt am **Kari Lich** ❶ geht man bis vor den Eingangsbereichs des Restaurants. Hinter dem Haus beginnt eine Piste, die über dem östlichen Seeufer mäßig ansteigt. Nach 400 m lässt man ein Gebäude rechts liegen und orientiert sich an den Spuren Richtung Nordwesten, die rund 15 Min. später Richtung Norden ziehen. Das Gelände ist überwiegend mit weichen Grasmatten bewachsen, in denen einzelne Steine verankert sind.

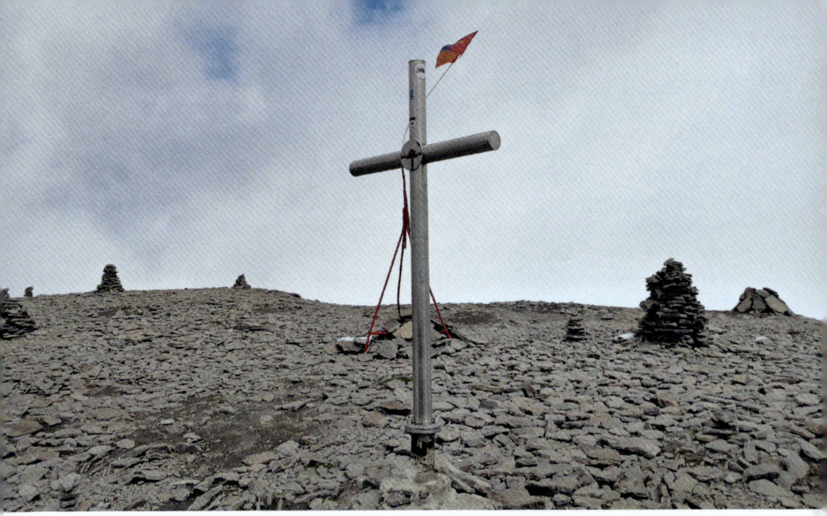

Auf dem geräumigen Gipfelplateau stehen neben dem Gipfelkreuz und einem Windschutz zahlreiche Steinmännchen.

Bei P. 3600 weicht die Route nach links aus. Die Spuren sind dort nur noch undeutlich, gelegentlich markiert ein Steinmännchen den Weg. Als weithin sichtbarer Orientierungspunkt dient ein orangefarbenes Metallgestell mit einem Trichter. Etwas oberhalb davon verläuft die günstigste Route. Dahinter fällt der Hang etwas steiler ab. In den steinigen Untergrund ist ein Weg eingearbeitet, der sich im Zickzack dem Kraterrand nähert, etwas westlich des Gipfels. Auf offensichtlicher Route geht es in sicherem Abstand von der Abbruchkante bis zum **Aragats-Südgipfel** ❷ *(Haravayin gagat')*.
Der Abstieg erfolgt über den in südlicher Richtung verlaufenden Kamm. An mehreren Stellen muss man kleine Felsstufen überwinden, das Gestein ist nicht immer solide. Nach 1500 m gibt es eine Möglichkeit, wieder in den weiten Südhang in Richtung der Aufstiegsroute zu gelangen. Über diese, oder anfangs etwas östlich davon, geht es wieder zurück zum **Kari Lich** ❶.

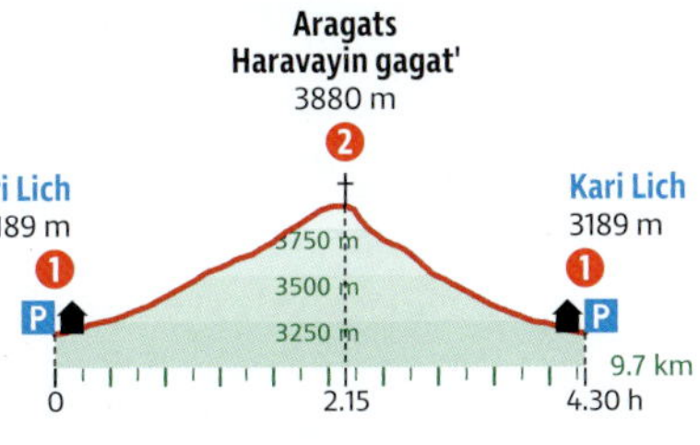

TOP

13 ## Aragats-Westgipfel, 4001 m

↗ 850 m | ↘ 850 m | 11.1 km

5.15 h

Auf den zweithöchsten Gipfel Armeniens

Nur haarscharf knackt der Westgipfel des Aragats die 4000-m-Marke, tatsächlich gibt es sogar abweichende Höhenangaben, die knapp darunter liegen. Fest steht: Der Anstieg über die weitläufigen Hänge bis zum Südwestsattel über weiche Grasmatten und Vulkanasche ist für Füße und Augen gleichermaßen angenehm. Nur der Schlussanstieg zum felsigen Gipfel fordert dann etwas mehr Einsatz. Aber dieser wird prompt belohnt: Denn die Ausblicke in den tiefen Krater und zu den anderen Erhebungen des Aragats-Massivs sind ein hochalpines Erlebnis.

Gipfelkreuz auf 4001 Meter.

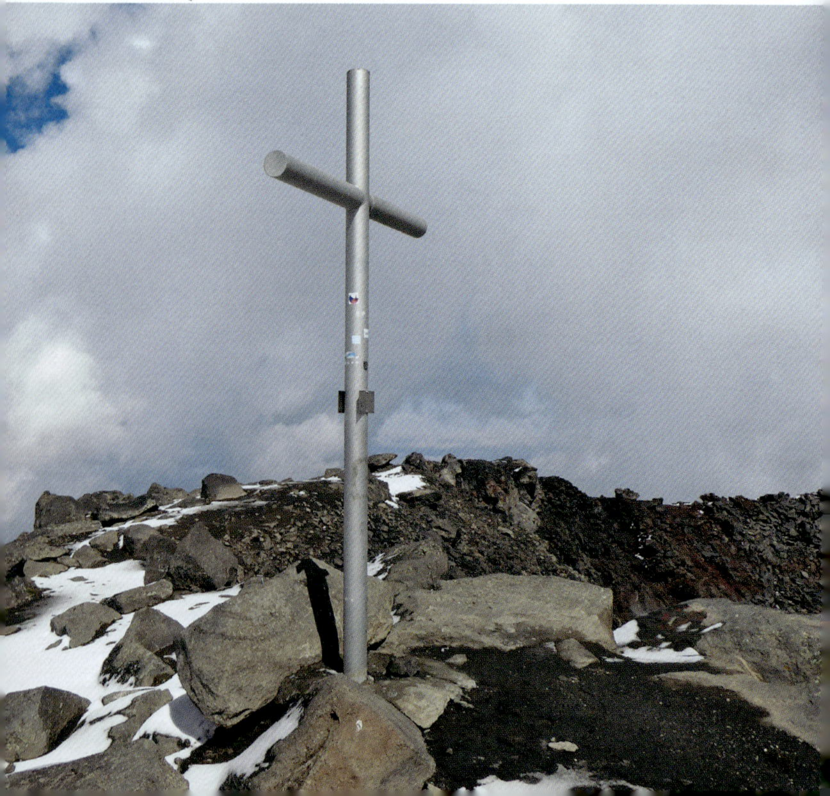

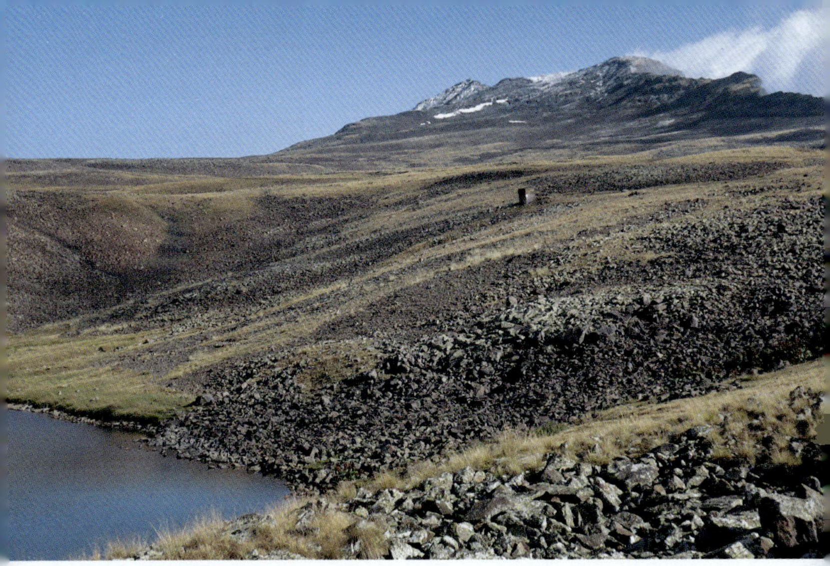

Schon vom Startpunkt am Steinsee aus lässt sich gut einschätzen, ob und wie viel Schnee auf dem West- und Südgipfel liegt.

Ausgangspunkt: Kari Lich, 3189 m. Anfahrt wie bei Tour 11 beschrieben.
Anforderungen: Der Gipfelhang ist steil, Trittsicherheit erforderlich (»rot/schwarz«). Die restliche Route ist teils weglos, aber einfach.
Einkehr/Übernachtung: Siehe Tour 11.
Variante: Besteigung des 4090 m hohen Nordgipfels: Vom Südwestsattel 2 aus erfolgt nach einem Abstieg in den Krater der Aufstieg von Südosten über den Grat. Der finale Gipfelanstieg führt über sehr steiles, brüchiges Gestein (»schwarz«). Gehzeit vom Südwestsattel zum Nordgipfel und zurück zum Sattel: rund 3 Std.
Tipp: West- und Südgipfel lassen sich zu einer Tour verbinden: Vom Südwestsattel führen Spuren hinauf zum weiteren Verlauf des Kraterrandes. Ohne größere Probleme lässt sich so nach etwa 30 Min. der Südgipfel erreichen. Abstieg zum Kari Lich über eine der bei Tour 12 beschriebenen Routen.

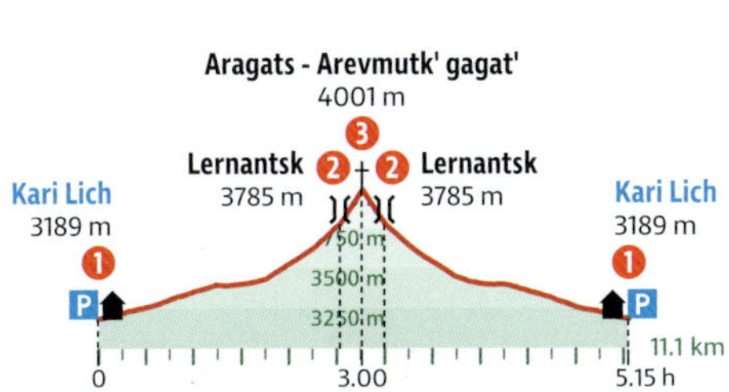

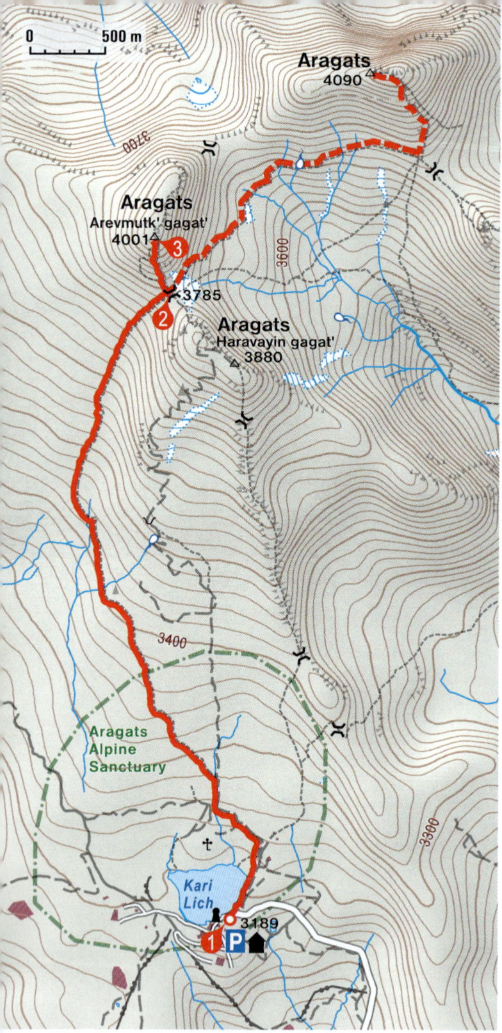

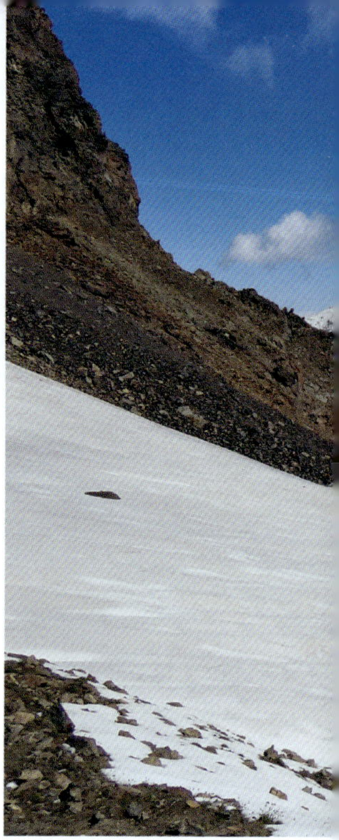

Vom **Kari Lich** ❶ geht man zunächst auf der Piste am östlichen Seeufer vorbei (wie bei den Touren 11 und 12) und folgt den deutlichen Spuren. Nach rund 15 Min. verlässt man bei P. 3280 die Normalroute zum Südgipfel und folgt weglos in nordwestlicher Grundrichtung den sanft geneigten Hängen in einer leicht ansteigenden Querung. Der Untergrund ist überwiegend weiches Gras, vereinzelte Geröllfelder lassen sich oft umgehen. In relativ großem Abstand stehen Steinmänner, die eine gute Hilfe bei der Orientierung sind.

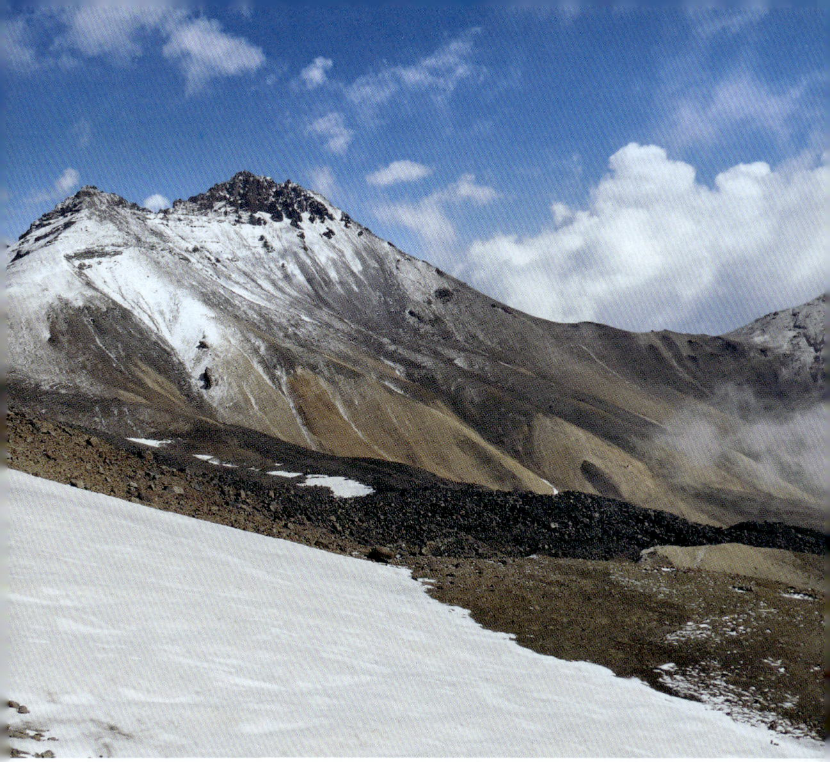

Vom Südwestsattel hat man einen guten Blick zum Nordgipfel. Die Route dorthin führt erst durch den Krater, dann von rechts nach links über den Grat.

Der Felszahn des Westgipfels bleibt fast durchgehend im Blickfeld. Bei P. 3400 durchquert die Route einen Graben, eine zunächst schwache Spur zeichnet sich anschließend immer deutlicher im Untergrund ab. Mit zunehmender Höhe wird die Vegetation spärlicher, der Boden aus feiner Vulkanasche ist aber ebenfalls sehr angenehm begehbar.

In einem leichten Rechtsbogen nähert sich die Route dem weiten Sattel zwischen West- und Südgipfel. Die Steigung nimmt zu, der Bergweg wird immer deutlicher. Er erreicht den Kraterrand unweit des **Südwestsattels** ❷. Die von dort verbleibenden gut 200 Höhenmeter sind die steilsten der Tour. In fast direkter Linie ziehen Spuren vom Sattel nach oben. Das Gestein ist zum Teil etwas brüchig, der Wegverlauf aber offensichtlich. Nach rund 3 Std. Gehzeit ist der **Aragats-Westgipfel** ❸ *(Arevmutk' gagat')* erreicht.

Der Rückweg verläuft analog zur Aufstiegsroute.

↗ 240 m | ↘ 240 m | 7.2 km

14 Festung Amberd

2.45 h

Panoramawanderung zu einer mittelalterlichen Burg

Vor mehr als 1000 Jahren haben Menschen auf einem Bergrücken zwischen zwei tiefen Schluchten eine Festung errichtet. Die Aussicht war damals so großartig wie heute, denn in der Ferne leuchtet seit Jahrtausenden der Ararat mit seiner Eiskappe. Die meisten Besucher nutzen eine Straße, die fast bis vor die Tore von Amberd führt. Wesentlich erlebnisreicher ist es aber, über einen schön angelegten Weg dorthin zu wandern. Über grüne Almwiesen und entlang einiger Bergeichen zieht ein breiter Weg bis an den Rand einer Schlucht. Ein überraschend guter Pfad führt dann schräg in die Tiefe, wo im Frühling das Schmelzwasser des Aragats in die Ebene strömt. Vor dem finalen Aufstieg zur Festung wartet die Querung des Gebirgsbaches auf einer altersschwachen Brücke.

Mehr als 1000 Jahre alt: die eindrucksvolle Festung Amberd.

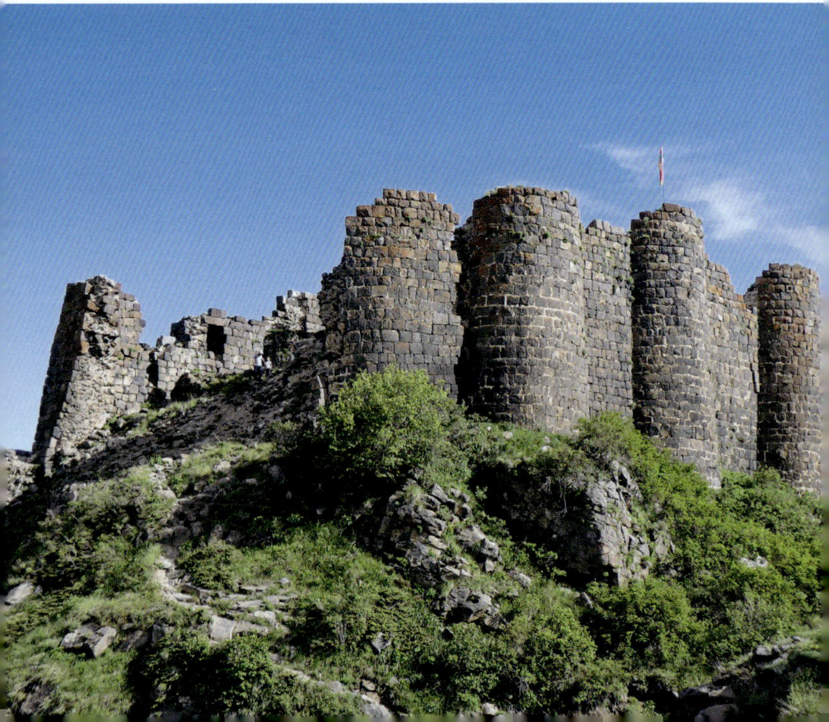

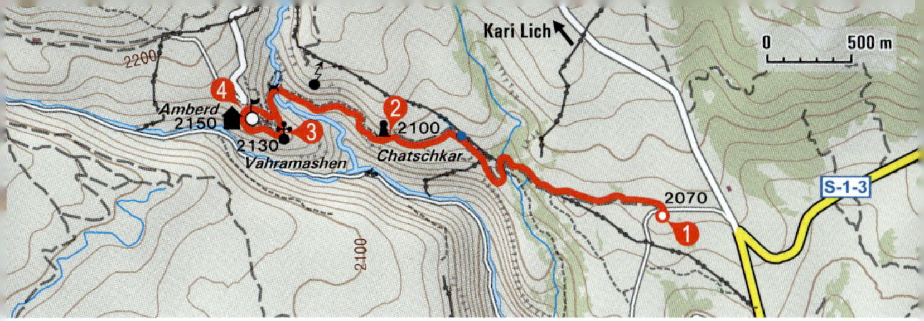

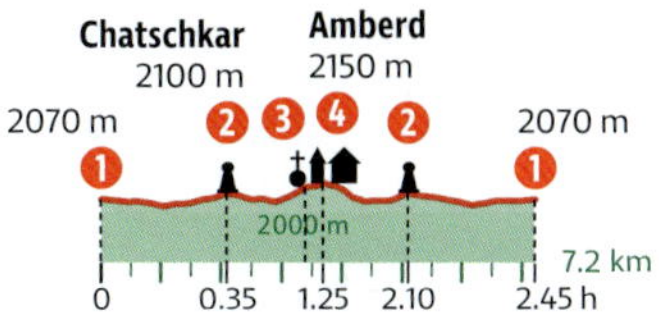

Ausgangspunkt: Wegweiser, 2070 m, an einer Nebenstraße der Hauptroute zum Kari Lich (»Steinsee«). Anfahrt mit dem Pkw ab Jerewan über die M-3 Richtung Norden. Knapp 2 km nördlich von Artashavan zweigt eine Straße nach links ab. Dort stehen die Buchstaben des armenischen Alphabets (siehe »Tipp«). Rund 10 km der Straße folgen, bis zu einer breiten Querstraße (Zufahrt zum Kari Lich). Hier rechts und sofort wieder schräg links. Nach knapp 500 m steht neben einer Mauer der Wegweiser mit einem symbolisierten Wanderer. Fahrtzeit ab Jerewan rund 45 Min.
Anforderungen: Relativ leichte Wanderung. Die Brücke in der Schlucht ist mit Vorsicht zu genießen.

Einkehr/Übernachtung: Vor der Festung Amberd bieten Stände Getränke und einen Imbiss an.
Tipp: Direkt neben der Anfahrtsstrecke, bei Artashavan, stehen aus Tuff gemeißelte armenische Buchstaben. Anlässlich des 1600-jährigen Jubiläums der armenischen Schrift wurden im Jahr 2005 diese 39 Skulpturen angefertigt und am Südhang des Aragats aufgestellt. Eintritt frei.

Das Schild mit dem **Wegweiser** ❶ gibt den Einstieg in den Wanderweg vor. Ein paar Schritte führt der Weg leicht bergab in ein weites Weidegelände. Während der Schneeschmelze und nach Regenfällen kann es vorkommen, dass sich Bäche bilden, die es zu überqueren gilt. In leichtem Auf und Ab nähert man sich der schon von Beginn an sichtbaren Festung Amberd, die auf der gegenüberliegenden Seite einer Schlucht thront. Nach etwa 30 Min. wird der Weg in einer Linkskurve etwas undeutlich. Bald kommt man zu einem zerbrochenen **Kreuzstein** ❷.
Kurz darauf endet der breite Wiesenweg. Etwas versteckt weist eine grüne Metallstange auf den Beginn eines schmalen Pfads hin. Dieser führt durch die steile Flanke der Schlucht bis zu einer etwas altersschwachen Metallbrücke über den Schmelzwasser-Strom. Auf der anderen Seite schließt sich ein Pfad an, der binnen einiger Minuten in mäßiger Steigung ein Tor erreicht. Einige Schritte dahinter steht die **Kirche Vahramashen** ❸. Auf dem offensichtlichen Weg geht es schließlich bergauf zur **Festung Amberd** ❹. Die Anlage lässt sich umrunden, anschließend stößt man wieder auf den bekannten Weg, der wieder zurück zum **Ausgangspunkt** ❶ führt.

↗ 550 m | ↘ 550 m | 11.6 km

15 Gegarot-Wasserfälle

4.00 h

Durch ein langes Hochtal zum größten Wasserfall am Aragats

Der Kraterring des Aragats weist im Südosten eine kleine Unterbrechung auf. Dort stürzen wuchtige Felswände bis in ein Hochtal ab. Das Wasser strömt über zwei Stufen rauschend in die Tiefe, das sind die beiden Gegarot-Wasserfälle, ein kleiner und ein großer (armenisch »P'vok'rik Gegarot Jrvezh« und »Mets Gegarot Jrvezh«). Der Weg dorthin verläuft die meiste Zeit auf einer Piste, die zunächst steinig ist und anschließend weiche Grasmatten überquert. In den Talhängen weiden mehrere Schaf- und Rinderherden, deren Hirten den Sommer auf Lagerplätzen mit großen Zelten verbringen.

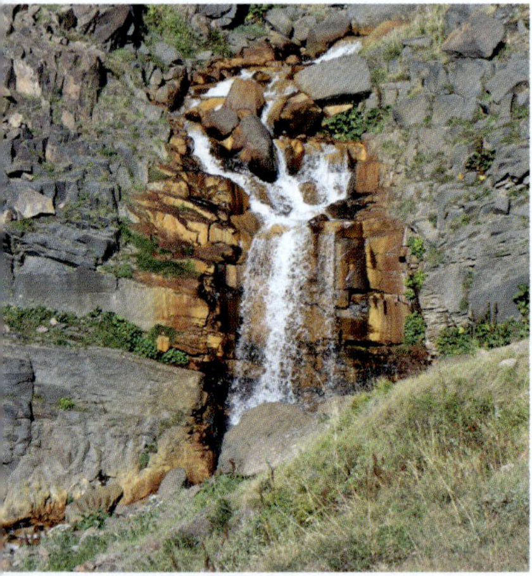

Ausgangspunkt: Wasserkraftanlage im Gegarot-Tal, 2458 m. Anfahrt mit dem Pkw von Jerewan über M-1 und M-3 Richtung Vanadzor; beim Dorf Aragats links abbiegen. Immer der Straße, bald Piste, durch den Ort folgen. Am Ortsende wird der Gegarot auf einer Brücke überquert, anschließend bleibt man noch knapp 5 km auf der Piste, bis zum oberen Ende der Stromleitung. An der Verzweigung parken. Fahrtzeit ab Jerewan 90 Min.
Anforderungen: Leichte Wanderung.
Einkehr/Übernachtung: Keine.
Hinweis: Für die Anfahrt auf der Piste ist ein geländegängiges Fahrzeug vorteilhaft. Zur Not tut es aber auch ein Pkw mit viel Bodenfreiheit.

Nur wenige Meter ist die Stufe tief, über die der Gegarot am Kleinen Wasserfall stürzt.

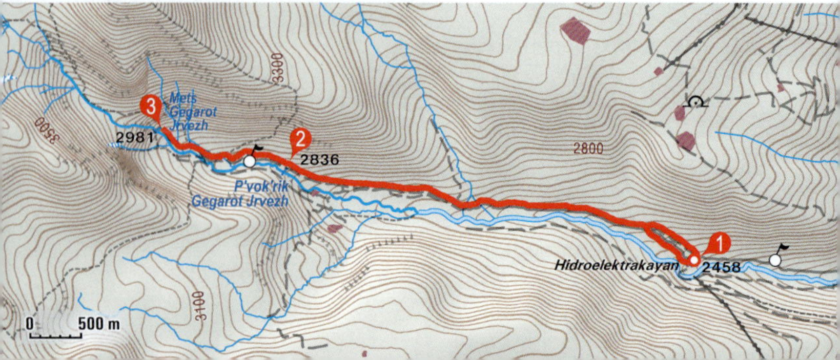

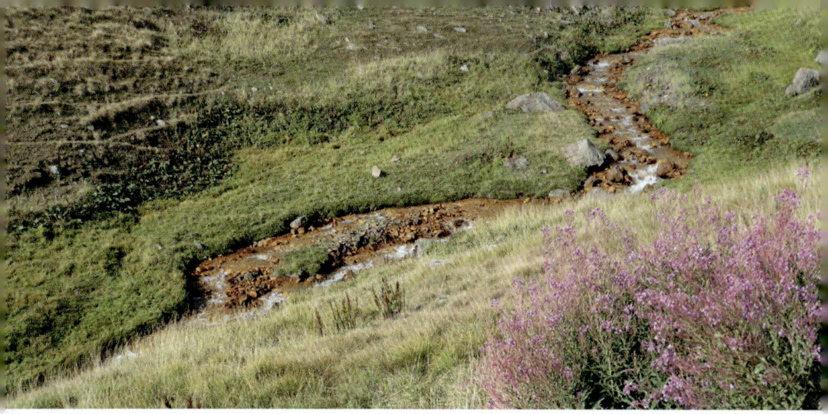

Der Gegarot schlängelt sich durch das Tal. Die rote Färbung stammt vom hohen Eisengehalt des Wassers.

Die Wegfindung ist denkbar einfach: Vom Startpunkt an der **Wasserkraftanlage** ❶ folgt man dem weiteren Verlauf der Piste Richtung Westen. An einer Verzweigung nach wenigen Schritten hat man die Wahl, beide Äste treffen nach 600 m wieder aufeinander. Immer im Blickfeld ist das zentrale Aragats-Massiv, auch den Großen Gegarot-Wasserfall kann man früh in der Ferne erkennen. Nach 50 Min. stehen auf der linken Wegseite zwei Wohncontainer; auf der rechten Seite zweigt ein kleines Tal ab. In diesem verläuft eine der Aufstiegsrouten zum Aragats-Ostgipfel.
Der Weg zu den Wasserfällen setzt sich auf der breiten Piste fort. Flache Abschnitte wechseln nun mit mäßig ansteigenden, die Orientierung dürfte zu keinem Zeitpunkt Probleme bereiten. Nach 1.20 Std. blickt man von oben auf den **Kleinen Gegarot-Wasserfall** ❷, ohne den Weg zu verlassen. Der Untergrund wird nun mit jedem Schritt weicher, das Tal weitet sich zu einem relativ flachen Boden. Die Piste überquert bald den Fluss. An dieser Stelle verlässt man den Weg und geht entlang eines kleinen Wasserlaufs über einen schwach erkennbaren Pfad bis vor den **Großen Gegarot-Wasserfall** ❸.
Der Rückweg verläuft über die bekannte Route.

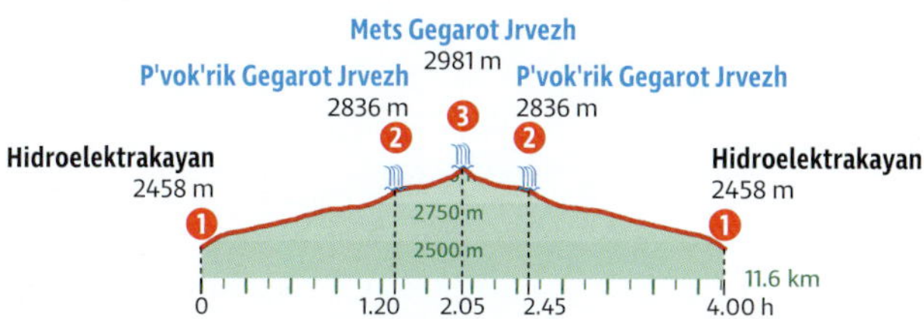

TOP

16 Ara, 2606 m

↗ 630 m | ↘ 630 m | 4.0 km

4.00 h

Anspruchsvolle Tour durch ein legendäres Vulkanmassiv

Als König Ara der Schöne die um Liebe flehende Semiramis – eine assyrische Königin – abweist, begeht er den größten Fehler seines Lebens: Sie zettelt im Zorn einen Krieg gegen Armenien an, er kommt in der Schlacht auf einem Berg ums Leben und wird dort auch bestattet. Wo genau, das weiß niemand. Der Berg trägt heute seinen Namen: Ara – Armenier lieben solche Legenden. Der längst erloschene Vulkan hat aber noch mehr zu bieten: Für die Einheimischen ist vor allem die Höhlenkirche der heiligen Barbara (armenisch »Kuys Varvara«) am südlichen Ausgang des großen Kraters ein beliebtes Ausflugsziel. Kaum jemand betritt das Innere des Bergkessels, der Gipfel wird nur selten bestiegen. Wobei genau das sehr reizvoll ist, denn die Aussicht in das hochalpine und zum Greifen nahe Aragats-Massiv ist allemal die Strapazen der Tour wert. Die hier beschriebene Route ist zwar relativ kurz, erfordert aber vor allem beim Abstieg durch eine schluchtartige Erosionsrinne Konzentration und Trittsicherheit.

Am Eingang zum Krater versteckt sich die Kirche der heiligen Barbara in einer Höhle.

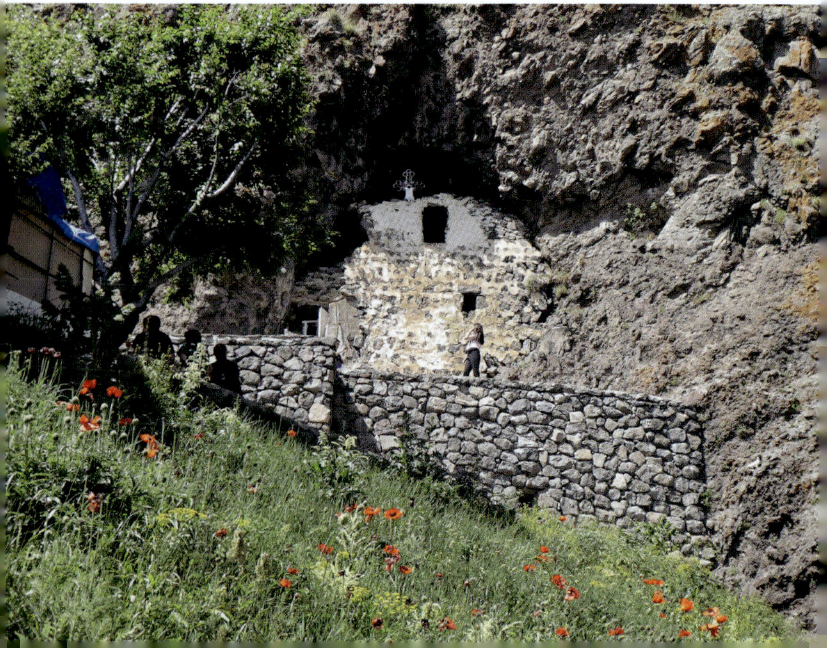

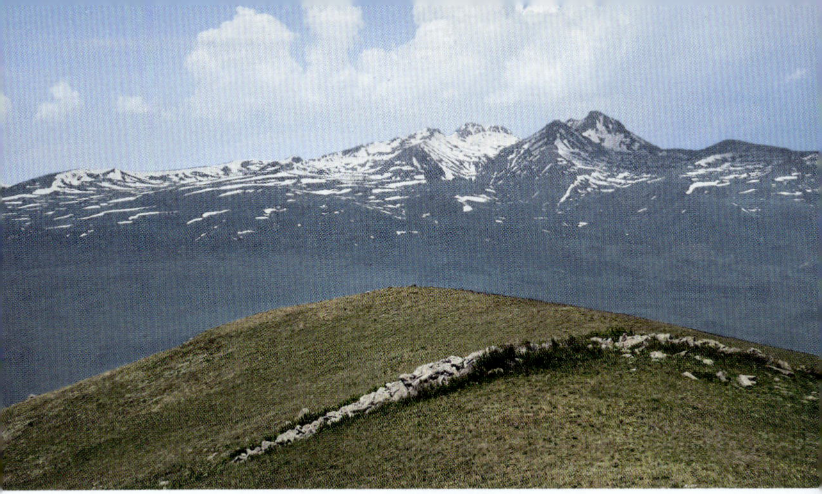

Aussicht zum nahen Aragats vom breiten Kamm des Kraterrands.

Ausgangspunkt: Parkplatz an der Höhlenkirche der heiligen Barbara, 2021 m. Anfahrt mit dem Pkw ab Jerewan auf der M-1 Richtung Ashtarak. Kurz vor der Abzweigung zur M-3 (Nach Vanadzor) rechts abbiegen. Der Hauptstraße durch Mughni folgen, nach wenigen Minuten rechts abzweigen und durch die Kasakh-Schlucht fahren. Auf der anderen Seite zieht eine Straße in gerader Richtung auf den Ara zu, bis zum Parkplatz.
Anforderungen: Aufstieg: Überwiegend weglose Hänge, im oberen Bereich steil (»rot«). Abstieg: In der steilen Rinne müssen mehrere Felsstufen (I) hinabgeklettert werden (»schwarz«). Lange Arme und Beine sind hier von Vorteil.
Einkehr/Übernachtung: Keine.
Hinweise: 1. In der Abstiegsrinne liegt bis in den Frühsommer Schnee.
2. Im August 2019 stand in den Osthängen des Berges eine Fläche von rund 1800 ha in Flammen, die Löscharbeiten haben mehrere Tage gedauert. Bis sich die langsam wachsende Vegetation davon erholt haben wird, können viele Jahre vergehen. Die hier beschriebene Route führt nicht durch dieses Gelände.

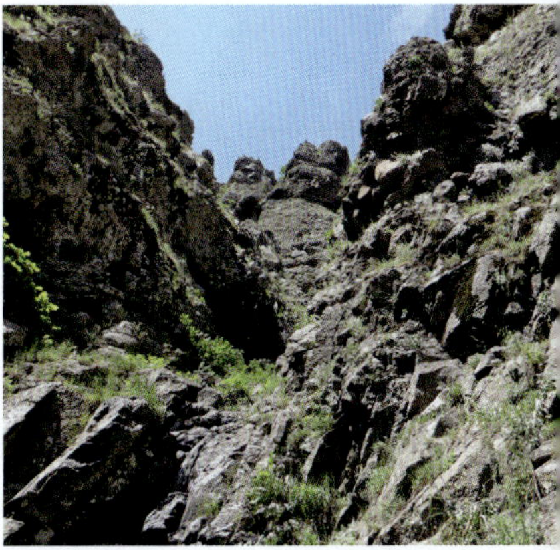

Mehrere steile Felsstufen müssen beim Abstieg in dieser Rinne überwunden werden.

Tipp: Ein leichterer, aber längerer Aufstieg beginnt am Ende der asphaltierten Zufahrtsstraße bei P. 1700. Von dort geht es über den langen Kamm (rechts) auf einer offensichtlichen Route bis zum Gipfel und zurück.

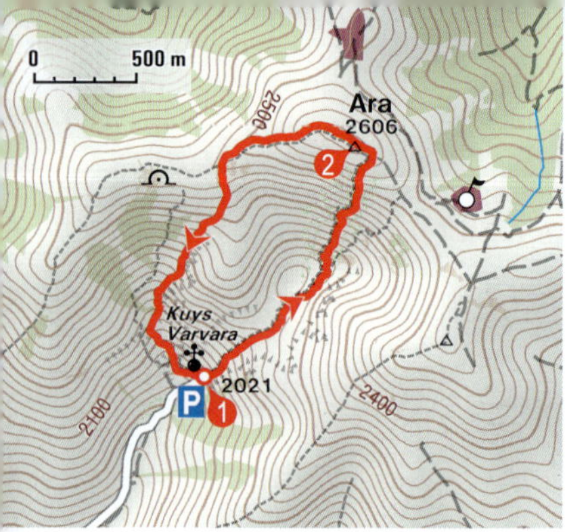

Vom **Parkplatz** ❶ unterhalb der **Höhlenkirche der heiligen Barbara** führt ein schmaler Pfad in das Innere des Bergmassivs. Zwischen den dunklen Felswänden hindurch gelangt man so ins Herz des Ara. Nach gut 600 m ist der Weg kaum mehr zu erkennen. Die auf der OSM-Karte eingezeichnete Route führt rechts an hoch aufragenden Felsen vorbei, auf die man direkt zugeht. Folgt man diesem Weg, so stößt man schnell auf dicht bewachsenes Gelände, also nicht empfehlenswert. Im oberen Bereich ist dafür der Hang frei.

Geht man aber links an den Felsen vorbei, dann ist die Route zunächst etwas leichter. Dennoch, mit jedem Schritt wird der Hang steiler. Sträucher, Bäume und Blockwerk erschweren den Aufstieg zusätzlich.

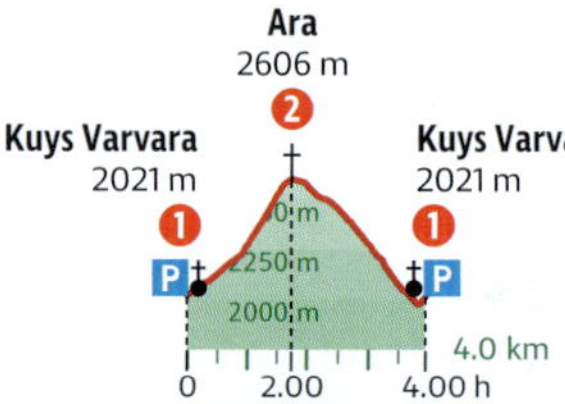

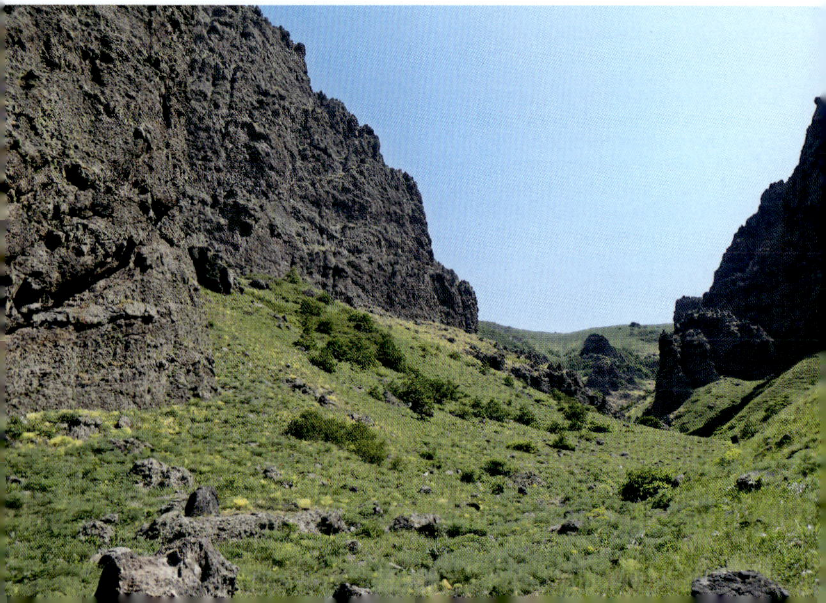

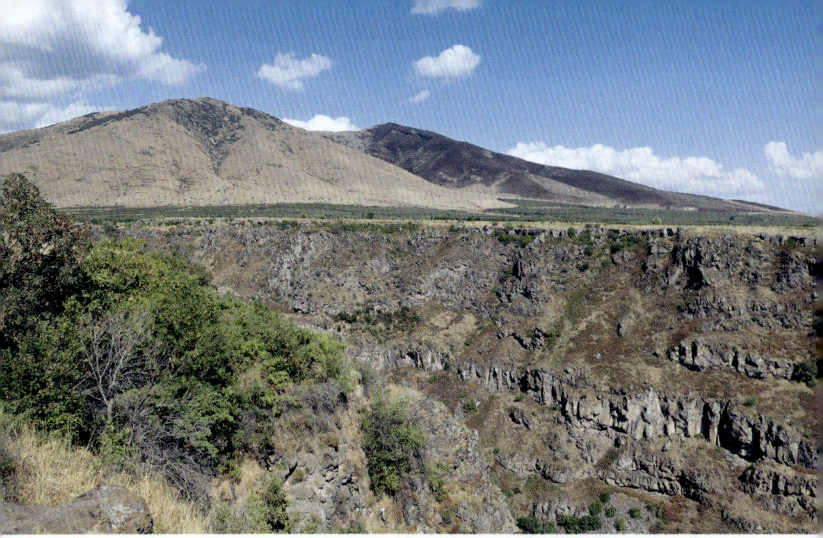

Die tief eingeschnittene Kasakh-Schlucht trennt das Aragats-Massiv vom Ara im Hintergrund. Das frühsommerlliche Grün verblasst im August vollends.

Ganz gleich, an welcher Stelle letztlich der Kamm erreicht wird, von dort ist der Schlussanstieg zum höchsten Punkt des **Ara** ❷ in jedem Fall weder steil noch schwierig.

Auch der Abstieg gestaltet sich zunächst leicht und aussichtsreich: Vom Gipfel folgt man in westlicher Richtung dem grasbewachsenen Kamm. In einigem Abstand steht ein großer Felszahn. Noch deutlich vorher – etwa 700 m bzw. 10 Gehminuten nach dem Gipfel – verlässt man den Kamm nach links. In rund 200 m Entfernung ist ein Kreuz zu erkennen. Zunächst geht man in Richtung dieses Kreuzes, dann den mäßig steilen Hang rechts hinunter. Im unteren Bereich des Hangs wird dieser schmaler und geht in eine Rinne über. Auf beiden Seiten begrenzen nun hohe Felswände die Route, die Orientierung ist hier eindeutig.

Es folgen mehrere Felsstufen, die man kletternd überwinden muss. Die kleinste ist etwa drei Meter hoch, die größte etwa zehn Meter. Nach der untersten Stufe lässt das Gefälle der Rinne deutlich nach. Über einen schmalen Pfad gelangt man bald darauf problemlos auf eine freie Fläche. Nun nicht nach rechts den Hang weiter absteigen, sondern weiterhin dem Pfad folgen. Nach wenigen Minuten führt er an die **Höhlenkirche der heiligen Barbara** und zum **Parkplatz** ❶.

Die ersten Meter versprechen eine entspannte Tour: Ein deutlicher Weg erleichtert den Zustieg in das Innere des Kraters. Später wird es allerdings deutlich anspruchsvoller.

↗ 270 m | ↘ 270 m | 8.9 km

3.45 h

17 Hovhanavank und Kasakh-Schlucht

Abenteuerliche Schluchtenwanderung

Die Kasakh-Schlucht bietet landschaftliche Dramatik vom Feinsten: In den fast senkrechten Felswänden gibt es zahlreiche Höhlen, die früher als Gebetsräume genutzt wurden. Ein Dschungel aus dichter Vegetation überzieht den Boden, durch das wilde Naturidyll strömt der Kasakh. An der westlichen Abbruchkante stehen im Abstand von rund fünf Kilometern zwei sehenswerte Klosterkirchen: Hovhanavank aus dem frühen Mittelalter und Saghmosavank aus dem 13. Jahrhundert. Erstere bildet den Ausgangspunkt für diese Tour. Ein Aufstieg aus der Schlucht zur Kirche Saghmosavank ist nicht mehr möglich, dafür entschädigt das weithin sichtbare Panorama mit der Kirche am Rand der Felswand. Wasserscheu sollte man bei dieser Tour nicht sein: Einige Passagen in der Schlucht verlaufen im knietiefen – aber nicht eiskalten – Fluss gegen den Strom.

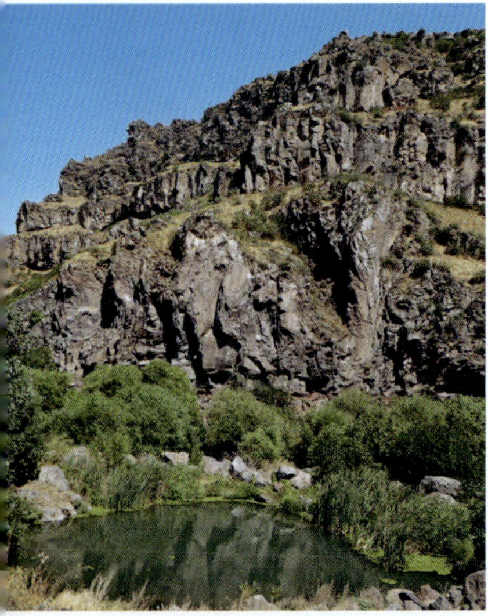

Wo das Wasser in Mulden steht, muss man in den Hang ausweichen.

Ausgangspunkt: Klosteranlage Hovhanavank, 1326 m. Anfahrt mit dem Pkw ab Jerewan über die M-1 und M-3 Richtung Vanadzor. 5 km nördlich der Verzweigung M-1/M-3 in Ohanavan rechts abbiegen, am Ortsende nach 200 m wieder rechts, kurz darauf schräg links und der Straße bis zum Ende an der Klosteranlage Hovhanavank folgen. Dort parken. Fahrtzeit ab Jerewan knapp 45 Min.

Anforderungen: Der erste Abschnitt durch die Schlucht ist weglos und führt durch dichte Vegetation, teilweise muss durch das Wasser gewatet werden. Die Wegfindung ist selbst mit GPS-Unterstützung nicht ganz einfach. Nach dem etwas wilden Abschnitt ist die Wanderung relativ leicht.

Einkehr/Übernachtung: Keine.

Hinweise: 1. Schnell trocknende Kleidung und Trekkingsandalen sind für das Waten durch den Fluss sehr vorteilhaft. Nässeempfindliche Geräte (Smartphone, Fotoapparat) gut vor dem Wasser schützen.

2. Nach langen oder starken Regenfällen ist von der Tour abzuraten.

Tipp: Die aus der Schlucht sichtbare Klosteranlage Saghmosavank lohnt einen kurzen Abstecher nach der Tour. Mit dem Pkw dauert die Fahrt von Hovhanavank aus etwa 15 Min.

Nordöstlich vom Gelände der **Klosteranlage Hovhanavank** ❶ führt ein schmaler Weg bis zum Boden der Kasakh-Schlucht. Dort steht eine Brücke, diese wird aber nicht überquert. Stattdessen folgt man westlich des Flusses dem Ufer Richtung Norden in nun weglosem Gelände. Anfangs zeichnet sich ein lichter Korridor ab, der sich aber bald in dichter Vegetation auflöst. Nach etwa 600 m in der Schlucht verengt sich diese, es wird mit jedem Schritt schwieriger, eine geeignete Route zu finden. Abschnittsweise ist es am einfachsten, durch das Wasser zu waten. Oft ist es nur knietief, stellenweise reicht es aber bis zur Hüfte oder darüber.
Alternativ kann auch 30 m über dem Schluchtboden durch die steile westliche Flanke ausgewichen werden. Nach weiteren 600 bis 700 m stößt man dann auf eine Piste, die das Gehen erheblich erleichtert.
Bleibt man im Bereich des Bodens, dann flacht schließlich der Bereich um das östliche Ufer etwas ab. Dort steht ein **Gemäuer** ❷ mit einigen Geräten. Eine große Rohrleitung überbrückt kurz darauf den Fluss. Auf der anderen Seite setzt eine Piste an, über die der weitere Weg durch die Schlucht verläuft. 20 Min. darauf zweigt scharf links an einer **Verzweigung** ❸ der spä-

Außer der Kirche ist auf dem Gelände des Klosters Hovhanavank nicht mehr viel erhalten. Im Hintergrund erhebt sich der Ara.

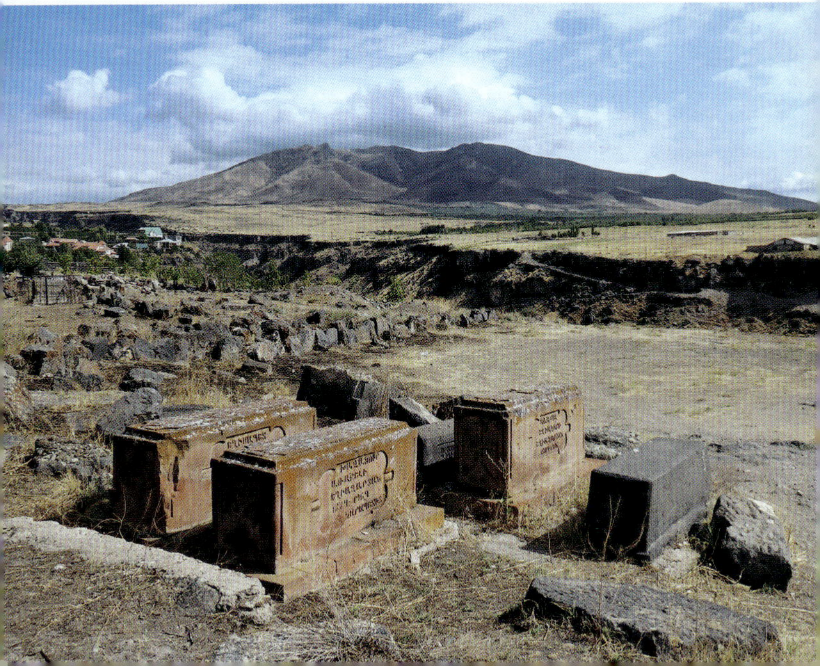

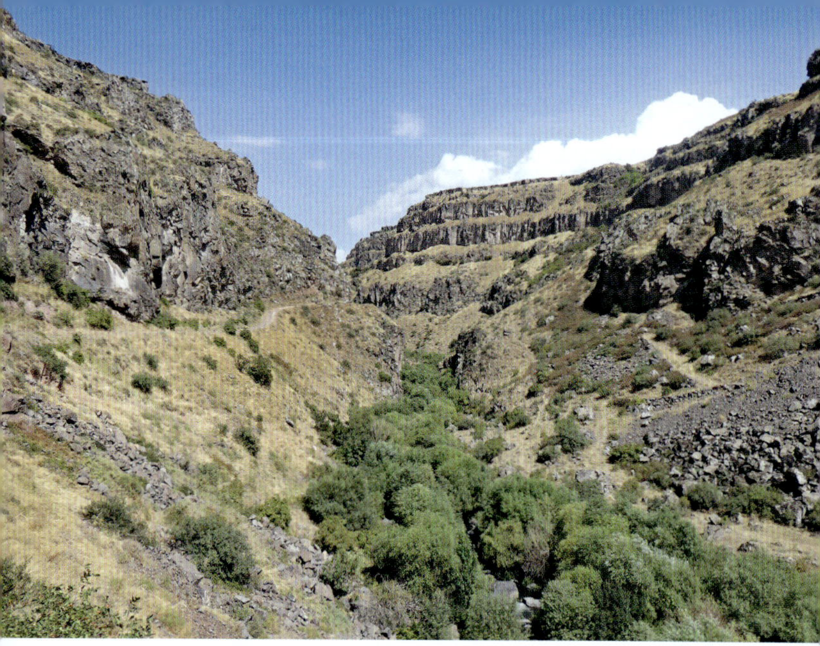

Die Route durch die Kasakh-Schlucht steigt hier aus dem dicht bewachsenen Boden in die westlichen Steilhänge.

tere Aufstiegsweg ab. Aber es lohnt sich, zuvor noch dem weiteren Verlauf der Schlucht zu folgen, denn schon nach wenigen Minuten kann man im gegenüberliegenden Steilhang mehrere Höhlen im Fels entdecken. Blickt man Richtung Norden, dann sieht man bald die Klosteranlage Saghmosavank, die am Rand des Abgrunds thront.

In einigem Auf und Ab bewegt sich die Piste Richtung Norden bis zu einer Verzweigung. Beide Äste sind auch für Fußgänger gesperrt, und so bildet dieser Punkt das **Wegende** 4 und den Umkehrpunkt.

Auf der bekannten Piste geht es zurück bis zur oben erwähnten **Verzweigung** 3. Der ansteigende Weg rechts führt mäßig steil aus der Schlucht heraus. So gelangt man zum **Friedhof** 5 von **Ohanavan**.

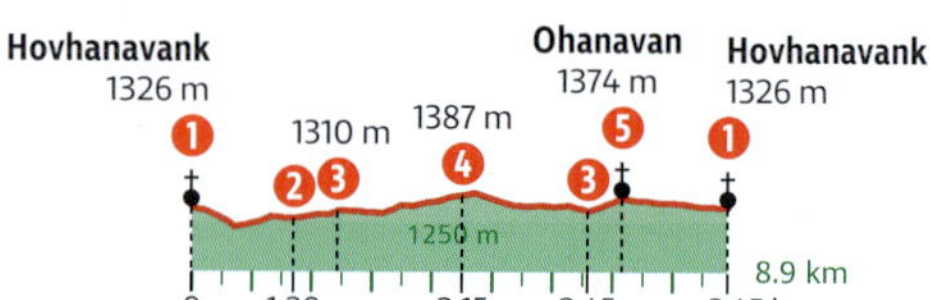

Diesen betritt man am Eingang und macht dann einen großen Rechtsbogen. Auf den meisten Grabsteinen sind – wie im Kaukasus und Zentralasien üblich – die Gesichter der Verblichenen eingraviert, die Anlage ist in einem sehr gepflegten Zustand. Am Südende des Friedhofs kann man das Gelände verlassen und gelangt zu einer Streuobstwiese mit Pfirsich- und Pflaumenbäumen. Geht man in südwestlicher Richtung über die Wiese, dann kommt man zu einem Weg. Über diesen bis zum Ende geradeaus, dann kurz links und sofort wieder rechts gehen.

Nach 150 m wendet man sich nach rechts, wo nach ein paar Schritten ein schmaler Pfad beginnt. Zwischen Zäunen führt dieser Pfad zu einer Straße. Dort biegt man links ab, 200 m weiter an einer Verzweigung ist wiederum der linke Ast der richtige. Am Ende nochmals links abbiegen, **Hovhanavank** 1 ist dann nur noch wenige Schritte entfernt.

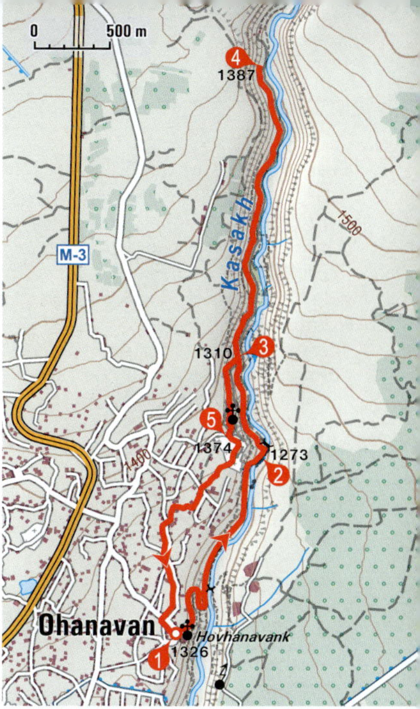

An der Klosterkirche Saghmosavank (»Tipp«) versammelt sich eine Hochzeitsgesellschaft.

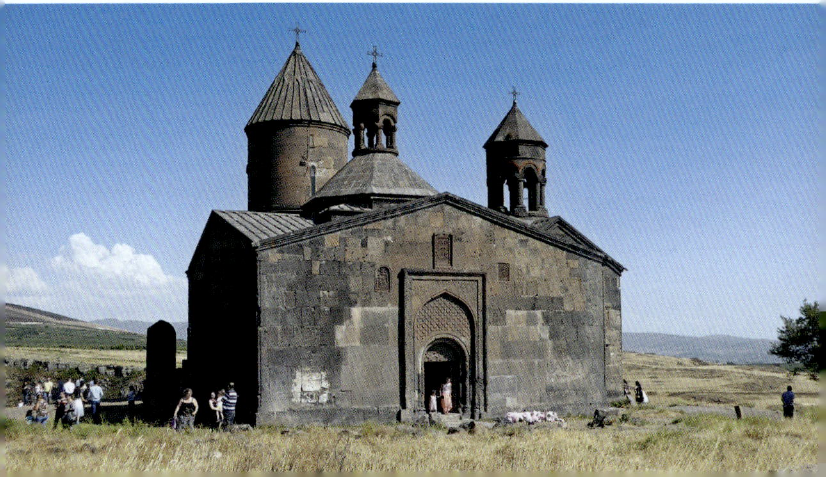

18 Aghavno, 2309 m

2.30 h

Grasberg mit großartiger Aussicht

Sanft geschwungene Hänge, von Almwiesen überzogen, das sind die ersten Eindrücke bei der Besteigung des Aghavno. Vom ersten Schritt bis auf den Gipfel breitet sich im Sommer ein farbenfroher Teppich aus Bergblumen aus. Die Artenvielfalt ist selbst für die armenischen Grasberge außergewöhnlich. Aber der größte Pluspunkt der Tour ist die Aussicht, die ebenfalls für nachhaltige Eindrücke sorgt: Der Blick reicht über den Stausee Kasakh hinweg in die Ostseite des Aragats. Das kolossale Massiv ist in voller Breite detailgenau zu erkennen und scheint zum Greifen nahe.

Ausgangspunkt: Stausee Kasakh, 1858 m. Anfahrt mit dem Pkw ab Jerewan über die M-1 und M-3 Richtung Norden. 1 km hinter dem kleinen Ort Hartavan rechts abbiegen. Nach rund 3 km links über die Mauerkrone des Stausees fahren. Möglicherweise weist zuvor ein Wächter darauf hin, dass die Anlage nicht fotografiert werden darf. Etwa 200 m hinter der Staumauer macht die Straße einen Linksknick; dort parken. Fahrtzeit ab Jerewan ca. 45 Min.
Anforderungen: Gutes Orientierungsvermögen bzw. GPS-Unterstützung für die langen weglosen Abschnitte. Technisch einfache Tour.
Einkehr/Übernachtung: Keine.
Hinweis: Lange Hosen zum Schutz vor dornigen Pflanzen und Insekten sind auf dieser Tour besonders empfehlenswert.
Tipp: Am schönsten während der Blütezeit von Mai bis Mitte Juni.

Vom Startpunkt am **Stausee Kasakh** ❶ *(Kasakh Jrambar)* zweigt in südöstlicher Richtung ein Feldweg ab, der nur leicht ansteigend über die Ausläufer des Westhangs führt. Nach 200 m trifft man auf eine Gabelung, dort hält man sich links. Etwa 600 m weiter mündet der Weg in einen quer verlaufenden Feldweg. Dort zweigt die Route rechts ab und kurz darauf – vor einer Senke mit einem langen Rohr – nach links. Die Steigung nimmt nun allmählich zu, der Weg ist durch die üppige Vegetation streckenweise nur schwer erkennbar.

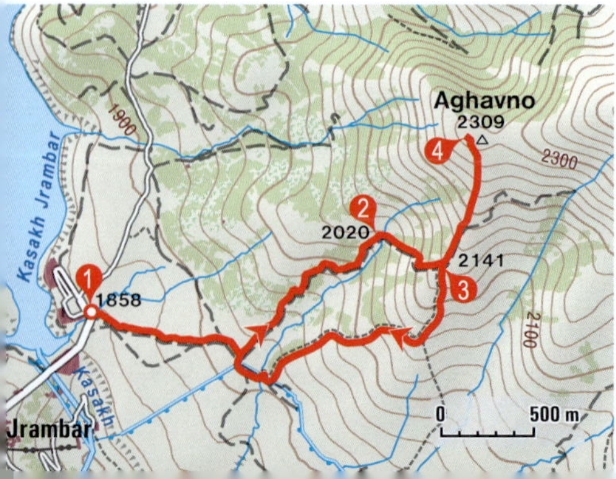

Bei P. 2020 stößt man auf eine alte **Einzäunung** ❷ mit maroden Pfosten. Dort umgeht der Pfad den Zaun bzw. Draht im Uhrzeigersinn. Auf der rechten Seite muss nun kurz ein relativ steiler Hang bestiegen werden. Nach etwa 80 Höhen-

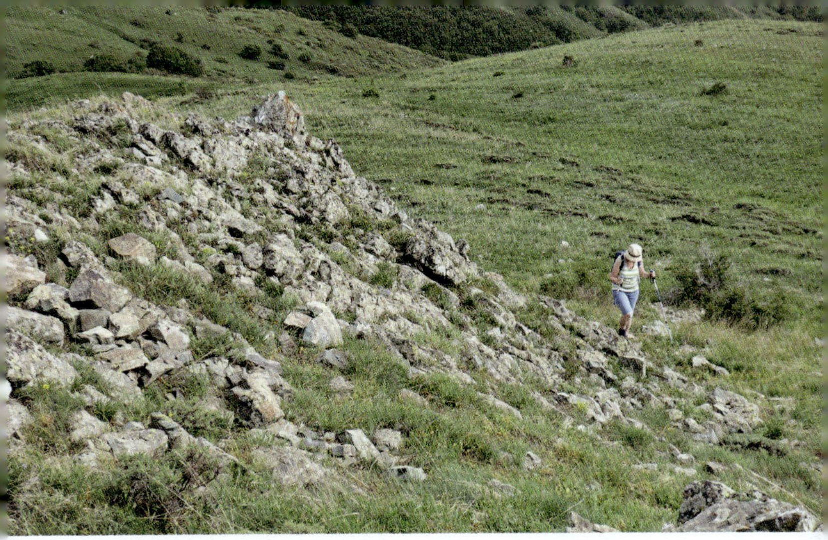

Nur unmittelbar am Gipfel wird nackter Fels sichtbar.

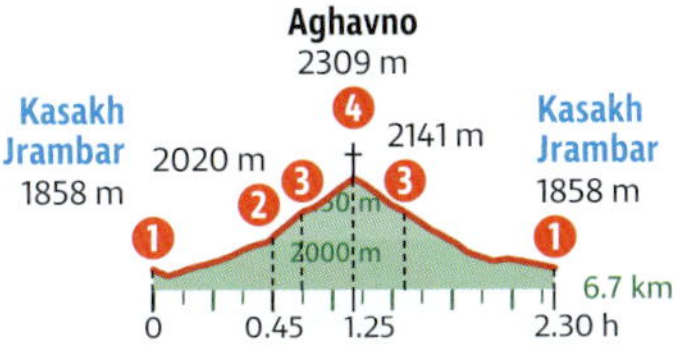

metern folgt nach einem Rechtsknick ein kurzes flaches Stück, dann auf der linken Seite ein weiterer Aufschwung. Schließlich erreicht man eine **Bergschulter** ❸, von der später der Rückweg abzweigt.
Der weitere Weg bis zum Gipfel ist offensichtlich: In einer fast geraden Linie gelangt man über einen weiten Kamm bis zum höchsten Punkt des **Aghavno** ❹. Ein dreifüßiges Metallgestell dient als Gipfelzeichen.
Der Rückweg ist zunächst identisch mit der Aufstiegsroute. Bei der **Bergschulter** ❸ trennen sich dann die Wege. Es geht dort geradeaus weiter auf einem mehr oder weniger deutlich erkennbaren Weg. Bei P. 2060 verlässt man den Weg, orientiert sich nach rechts und wandert über weglose Wiesen den Hang querend einem Bergrücken entgegen.
Über diesen Bergrücken geht es in dem hier gut übersichtlichen Gelände bergab. Nach der Durchquerung eines kleinen Kiefernwaldes steht man vor einem relativ tiefen Graben. Wer mit akrobatischem Talent gesegnet ist, überquert das Hindernis auf einem breiten Rohr. Alle anderen steigen in den Graben hinab und auf der anderen Seite wieder hinauf.
Dahinter verläuft ein Weg, über den man nach wenigen Schritten wieder auf die Aufstiegsroute trifft. Bis zum **Ausgangspunkt** ❶ sind es dann nur noch 10 bis 15 Gehminuten über fast flache Wiesen.

↗ 520 m | ↘ 520 m | 9.9 km

3.00 h

19 Gutanasar, 2300 m

Rundtour durch ein grünes Vulkanmassiv

Ein schön geformter Krater, in dem sich im Sommer ein kleiner See bildet, zeichnet den Vulkanhügel Gutanasar aus. Das komplette Bergmassiv ist begrünt, nur ganz vereinzelt kommt Gestein zum Vorschein. Die unteren Bereiche der Hänge werden von den Bauern zum Anbau von Getreide genutzt. Dabei kommt es ganz offensichtlich nicht zum Einsatz aggressiver Pestizide, denn auch über den Äckern fliegen unzählige Insekten. Auch Schlangen leben in den Hängen, hauptsächlich harmlose Nattern. Aber natürlich kann niemand ausschließen, dass es hier auch giftige Vipern gibt.

Ausgangspunkt: H-1 (Sevan Old Highway), 1840 m. Anfahrt mit dem Pkw ab Jerewan auf die H-1 Richtung Abovyan. Immer auf der H-1 bleiben; etwa 15 km hinter Abovyan ist auf der rechten Seite ein Grundstück mit einem kleinen Funkmast zu sehen. Am Straßenrand parken. Fahrtzeit ab Jerewan 45 Min.

Anforderungen: Relativ steiler Aufstieg über den weglosen Grashang (»blau/rot«); sonst leicht.
Einkehr/Übernachtung: Keine.
Hinweis: Hohe Schuhe und lange Hosen sind zum Schutz vor Schlangen und Insekten bei dieser Tour besonders ratsam.

Vom Startpunkt an der **H-1**, dem **»Sevan Old Highway«** ❶, zweigt ein breiter Weg zum nahen Gelände mit einem Funkmast ab. Diesen umgeht man links; dahinter sind einige Masten zu sehen, die eine Stromleitung bis an

Erst auf dem Gipfel fällt auf, wie präzise die Linien der Ackerflächen gezogen sind. Im Hintergrund steht der Aragats, umgeben von sommerlichen Quellwolken.

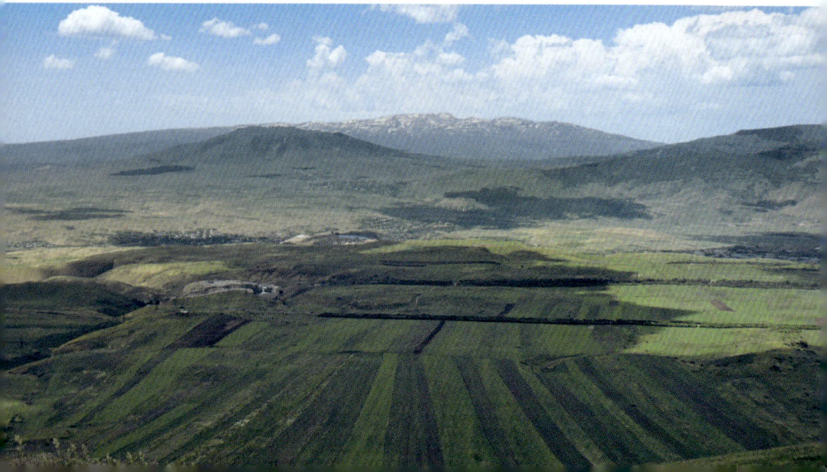

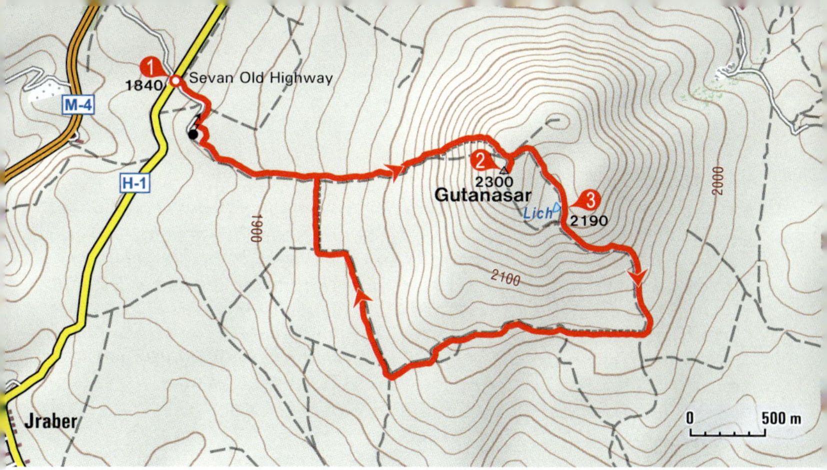

den Fuß des steileren Westhangs fixieren. Dies gibt die Orientierungslinie für den ersten Abschnitt vor. Der auf der OSM-Karte eingezeichnete Weg ist kaum mehr zu erkennen. Hinter dem letzten Mast wird der Hang abrupt steiler. Am einfachsten ist es, nun etwas nach links auszuweichen und in einem leichten Rechtsbogen auf den – von Beginn an sichtbaren – Gipfel zuzugehen. Nach etwa 1.15 Std. ist der **Gutanasar** ❷ erreicht. Von hier ist der Blick in das Aragats-Massiv besonders beeindruckend.
Nun wendet man sich dem Inneren des Kraters zu. Auf beliebiger Route geht es durch den grasbewachsenen Kessel zu dem kleinen **Kratersee** ❸. Dahinter, neben einigen Felsen, führt durch den Südosthang ein breiter Weg hinab. In angenehmem Gefälle folgt man diesem etwa 20 bis 25 Min. Bei P. 2025, rund 150 m vor einer scharfen Linkskurve unseres Weges, zeichnet sich in 500 m Entfernung rechts, im Westen, ein Feldweg ab.
Um diesen zu erreichen, geht man in westliche Richtung in direkter Linie über Gras und Pflanzen. Dem Weg folgt man anschließend – bei Verzweigungen rechts haltend –, bis das Gelände mit dem Funkmast nahe dem Startpunkt sichtbar wird. An geeigneter Stelle muss ein Acker überquert werden, um schließlich wieder auf die vom Aufstieg bekannte Route zu gelangen. Über diese geht es zurück zum **Ausgangspunkt** ❶.

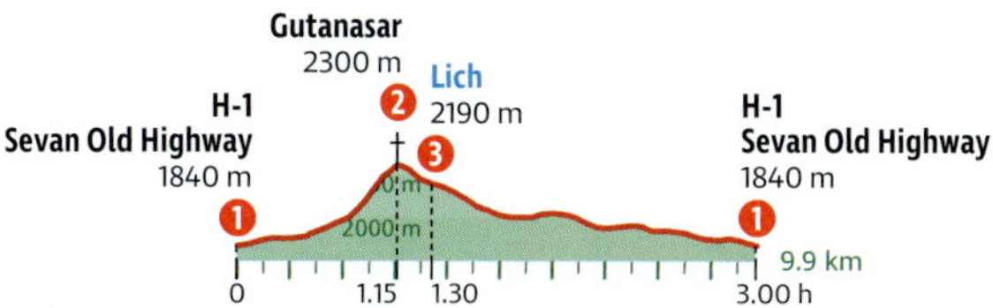

↗ 500 m | ↘ 500 m | 6.5 km

2.45 h

20 Hatis, 2528 m

Wandervulkan bei Jerewan

Im Vergleich zu den Alpen sind die Wanderrouten in den armenischen Bergen fast menschenleer. Am Hatis sind die Chancen jedoch etwas größer, auf Gleichgesinnte zu stoßen. Der erloschene Vulkan unterscheidet sich in mehreren Punkten vom seinem Nachbarn, dem Gutanasar: Da ist zunächst die dominantere Erscheinung, weil der Hatis deutlich höher ist. Allerdings ist bei ihm kein Krater mehr erkennbar. Der obere Bereich des Berges hat einen fast quadratischen Grundriss, der Gipfel sendet Kammlinien in alle Himmelsrichtungen. Das ganze Massiv ist im Sommer begrünt, aber die Vegetation wächst nicht – wie beim Gutanasar – kniehoch, sondern bildet ein angenehm begehbares, flaches Polster.

Ausgangspunkt: Friedhof des kleinen Orts Hatis, 2028 m. Anfahrt mit dem Pkw ab Jerewan über die H-1 bis Abovyan. Dort die erste Straße rechts nehmen (Kotayq Str.) und auf dieser etwa 15 km bleiben. In Hatis nicht dem Linksknick der Durchgangsstraße folgen, sondern geradeaus etwa 300 m weiter fahren. Links ist der Friedhof, Parkmöglichkeiten gibt es reichlich. Fahrtzeit ab Jerewan 45 Min.

Anforderungen: Der Schlussanstieg über den weglosen Grashang ist relativ steil (»blau/rot«); ansonsten ist die Tour leicht.

Einkehr/Übernachtung: Keine.

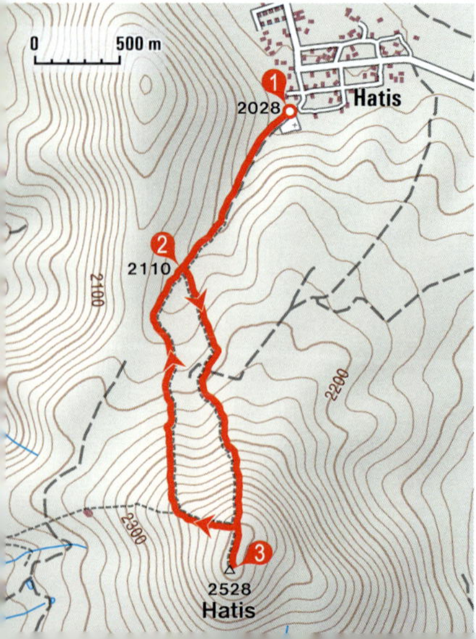

Vom Startpunkt am **Friedhof** *(gerezmanots)* von **Hatis** ❶ geht man in Verlängerung der Straße auf einem anfangs breiten Weg Richtung Südwesten. Auf beiden Seiten ziehen Hänge in die Höhe, ein Bächlein fließt aus dem kleinen Tal. Bald geht der breite Weg in mehrere parallele Pfade über. Nach etwa 20 Min. ist eine lange **Viehtränke** ❷ erreicht. Dort wendet man sich nach links

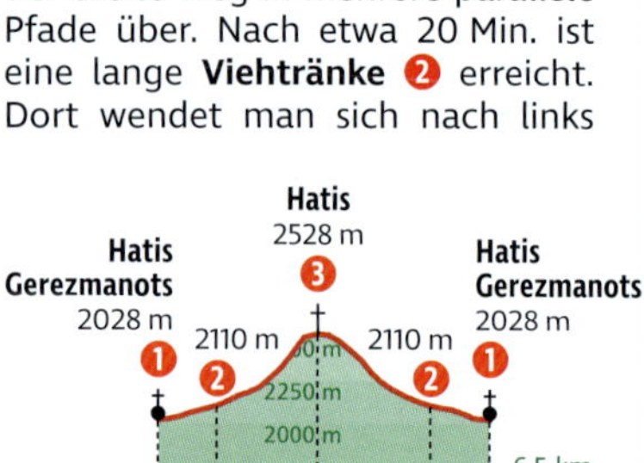

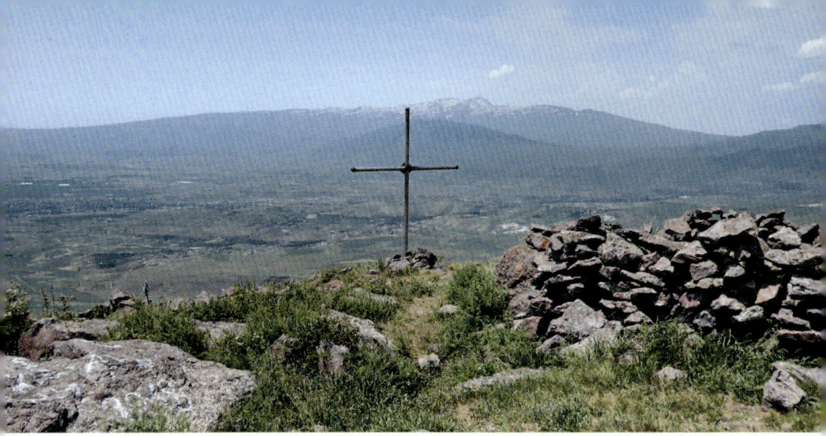

Hinter dem Gipfelkreuz – das 2008 hier aufgestellt wurde – verschwindet die Bergwelt im sommerlichen Dunst. Nur schemenhaft ist der Aragats zu erkennen.

und folgt – falls noch erkennbar – einem schmalen Pfad, der leicht ansteigend durch das zunächst unübersichtliche Gelände zieht. Sobald die Sicht auf den Nordhang des Hatis frei ist, sind zwei ausgeprägte Rampen erkennbar, die durch einen tiefen Einschnitt getrennt sind.

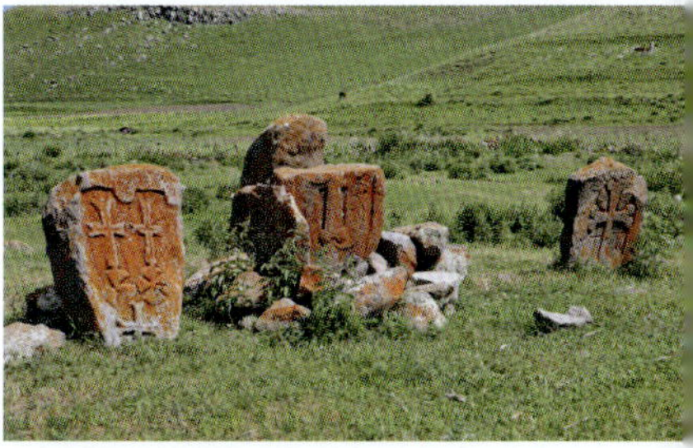

Kreuzsteine am Friedhof von Hatis.

Die etwas steilere Variante für den Aufstieg ist die in Blickrichtung linke Seite. Zunächst ist das Gelände nur leicht geneigt, einige Flächen werden als Acker genutzt. In relativ direkter Linie lässt sich der mit jedem Schritt steilere Hang relativ gut besteigen. Einen Pfad oder Spuren gibt es in diesem Bereich nicht mehr.

Am oberen Rand des Hangs beginnt der breite und relativ flache Gipfelbereich. Jetzt sind es nur noch wenige Schritte bis zum höchsten Punkt des **Hatis** ❸. Ein 2008 aufgestelltes Kreuz steht in Blickrichtung des Aragats.

Der erste, kurze Abschnitt des Rückwegs verläuft über den gleichen Weg. Dort, wo der Hang steiler wird, wendet man sich nach links. Rund 500 m lang geht es über einen breiten Weg bzw. Spuren leicht bergab. An einer nicht zu übersehenden Stelle zweigt nach rechts die Rampe ab, die auf der westlichen Seite des Hangeinschnitts nach unten führt. Die Orientierung ist nun eindeutig. Am Ende der Rampe gelangt man an den Bach, neben dem mehrere Spuren wieder zurückführen. Zunächst an der Viehtränke vorbei, dann auf bekanntem Weg zurück zum **Friedhof** ❶.

↗ 450 m | ↘ 450 m | 6.2 km

21 Mayravank

2.45 h

Über einen mittelalterlichen Weg zu uralten Klosterrruinen

Ein Ort der Ruhe mit einer besonders schönen Aussicht zur Geghama-Bergkette, das war wohl schon für die Menschen im Mittelalter reizvoll. Gut möglich, dass dies vor etwa 900 Jahren die Motivation war, die Kirche Mayravank zu bauen. Sie thront auf einer kleinen Stufe, knapp 500 Höhenmeter über dem Hrazdan-Tal. Die Ursprünge der Klosteranlage gehen auf das 7. Jahrhundert zurück. Der Weg dorthin durch die Talflanke dürfte sich heute nicht sehr von damals unterscheiden. Das Gemäuer der Kirche wartet auf eine Restauration, einzelne Steine mit Ornamenten liegen verstreut auf dem Gras.

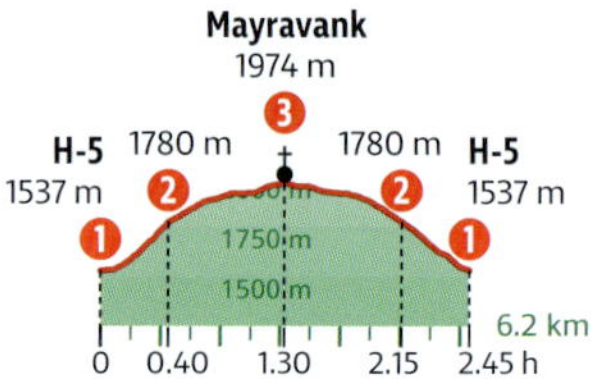

Ausgangspunkt: Im Hrazdan-Tal, östlich von Bjni, 1537 m. Anfahrt mit dem Pkw ab Jerewan über die H-5 Richtung Norden. Über Nor Geghi und Arzakan, dann folgt die H-5 dem Talverlauf. Etwa 4 km hinter Bjni zweigt links ein Seitental ab. An der Abzweigung steht ein Pfosten mit Hinweisen zum Wanderweg. Fahrtzeit ab Jerewan etwa 60 Min.

Anforderungen: Einige mäßig steile Passagen auf den ersten 250 Höhenmetern, anschließend ist die Wanderung leicht.

Einkehr/Übernachtung: Keine.

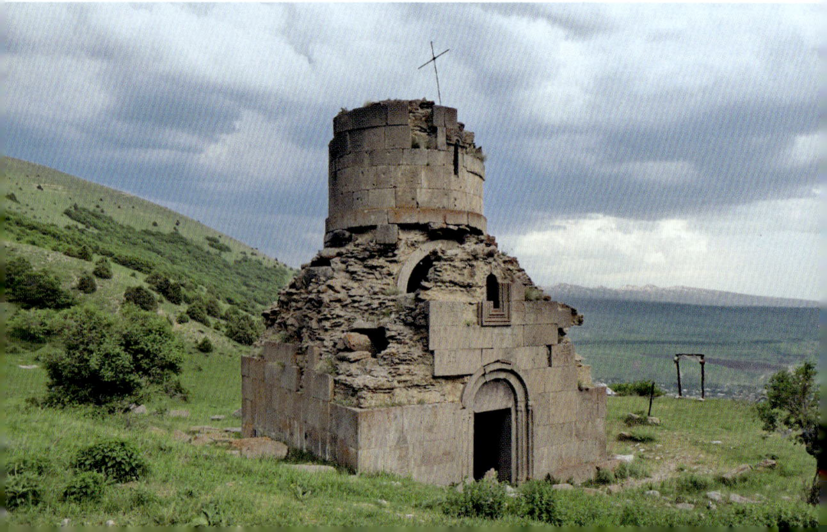

Am Ausgang des Seitentals markiert ein **Wegweiser** ❶ den Ausgangspunkt der Tour. Auf der linken Seite des Bachbetts verläuft eine Spur. Nach rund 400 m wendet man sich nach scharf rechts und steigt den relativ steilen Hang in einigen Kurven bergauf. Gut 200 m weiter dreht die Route nach links, das Gelände gibt hier den Weg vor. In nördlicher Richtung geht es weiter, bis die Steigung etwas nachlässt.

An einer kleinen Abflachung, wo oft Viehherden weiden, steht ein dreifüßiges **Metallgestell** ❷. Falls es nicht mehr dort sein sollte, ist die weitere Wegfindung dennoch kein Problem: Ab etwa P. 1800 verläuft ein klar definierter Weg durch die lange Talflanke. Der überraschend gute Wanderweg führt sicher durch den Hang. Der dichte Thujenbestand verströmt einen angenehmen Duft, manchmal fliegen Schmetterlinge umher. Auf diesem knapp 2 km langen Abschnitt werden nur 180 Höhenmeter gewonnen, wobei kaum Gegenanstiege auftreten.

Schließlich erreicht man einen Kreuzstein und kurz darauf die schon von Weitem sichtbare **Kirche Mayravank** ❸. Ihr Eingang befindet sich auf der abgewandten Seite. Einige Meter weiter kann man die Wasserreserven auffüllen.

Der Rückweg erfolgt analog zur Aufstiegsroute.

Die Vorderseite von Mayravank. Auf den ersten Blick wirkt das Bauwerk marode, es kann aber gefahrlos betreten werden.

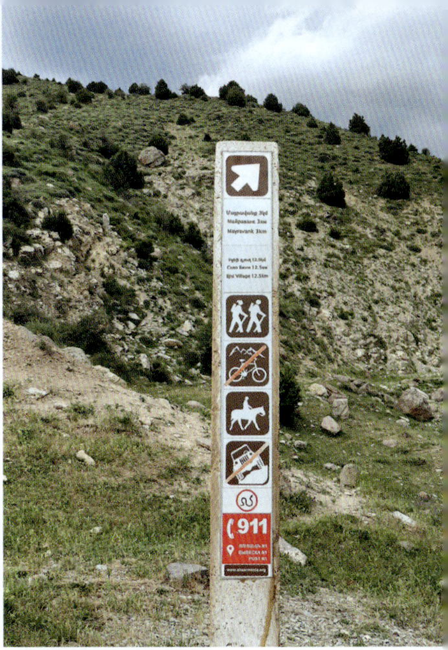

Wegweiser am Beginn der Wanderung; weitere Markierungen folgen allerdings nicht.

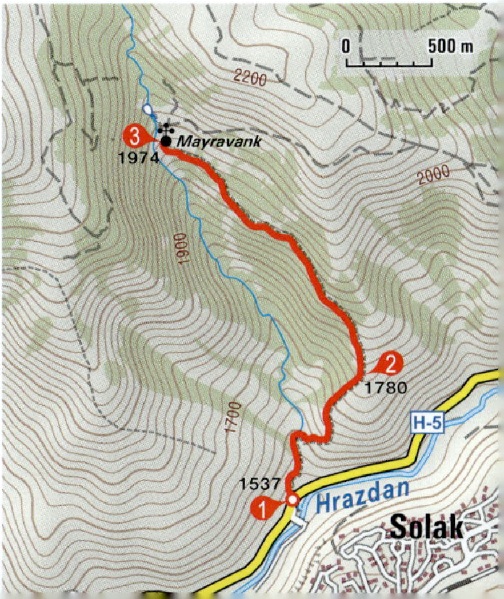

↗ 500 m | ↘ 500 m | 10.2 km

22 Menaksar, 2399 m

3.00 h

Der grüne Aussichtsberg vor der Geghama-Bergkette

Zwischen Jerewan und dem Sewansee steht ein interessanter kleiner Gebirgsstock vulkanischen Ursprungs. Die Kammlinie beschreibt eine Hufeisenform mit mehreren Gipfeln. Auf den grünen Hängen wachsen im Sommer zahllose Blumen, die Aussicht ist vom ersten Schritt an völlig frei und weit. Besonders die nahe Geghama-Bergkette ist vom Menaksar aus detailreich zu erkennen. Die Wanderung ist leicht, der weiche Boden eine Wohltat für die Füße.

Ausgangspunkt: Lernanist, 1963 m. Anfahrt mit dem Pkw ab Jerewan über die M-4 Richtung Sevan. Nach etwa 40 km die Ausfahrt Hrazdan nehmen, dann durch Qaghsi fahren. Danach rechts Richtung Lernanist. Am südlichen Ortsende parken. Fahrtzeit ab Jerewan 1 Std.
Anforderungen: Leichte Bergwanderung; die Wegfindung auf den weglosen Abschnitten ist relativ einfach.
Einkehr/Übernachtung: Keine.

Variante: Rückweg über die gesamte Kammlinie. Hierfür nach dem kurzen Abstieg vom Südgipfel ❹ einfach dem weiteren Kammverlauf folgen. Dabei werden mehrere Erhebungen überschritten, teilweise etwas steiler als auf der Normalroute. Am Ende gelangt man auf einen Feldweg; dort rechts und auf offensichtlichem Weg zurück zum Ausgangspunkt. Zusätzlicher Zeitaufwand: etwa 1–1.30 Std.

Die Hauptstraße von **Lernanist** ❶ geht am Ende in einen Feldweg über. Hinter dem letzten Gebäude verläuft ein Grasweg in südwestlicher Richtung. Dieser macht nach 100 m einen Rechtsknick und trifft nach weiteren 100 m auf einen relativ breiten Weg, der in einer fast geraden Linie

Kleiner Ort mit großen Buchstaben: Lernanist; dahinter der Hausberg Menaksar.

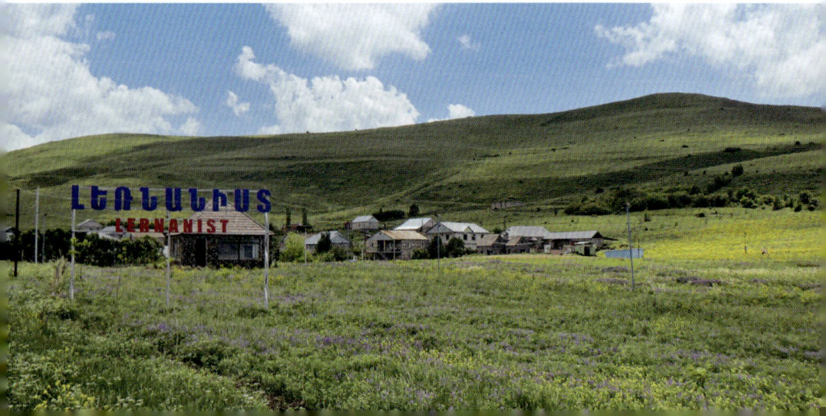

Richtung Süden führt. Das Gelände ist hier fast eben, der Verlauf in Richtung der Nordosthänge des Menaksar ist gut zu überschauen. Nach etwa 45 Min. sowie 2,5 km zurückgelegter Strecke verlässt die Aufstiegsroute vor einer 90°-Linkskurve den breiten Weg und folgt einem Bergrücken in südwestlicher Richtung. Nach einem mäßig steilen Aufschwung flacht der Hang wieder etwas ab. In fast beliebiger Linie – am einfachsten in einem Rechtsbogen – lässt sich der rechts liegende **Menaksar-Nordgipfel** ❷ *(Hyusisayin gagat')* erreichen. Der höchste Punkt ist mit einem quaderförmigen Stein markiert.

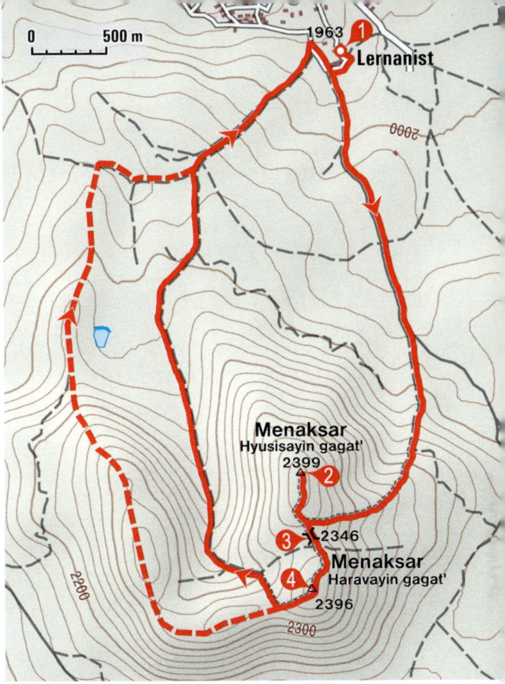

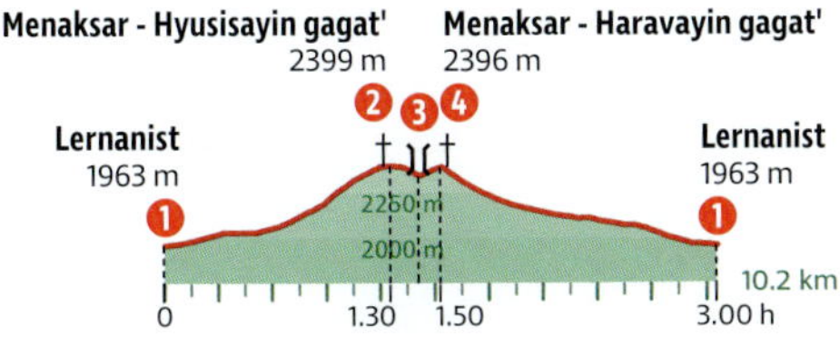

Die Route zum gegenüberliegenden Südgipfel ist weiterhin weglos, aber offensichtlich. Es geht zunächst über den tiefsten Punkt eines **Sattels** ❸, dann in direkter Linie bis zum **Menaksar-Südgipfel** ❹ *(Menaksar – Haravayin gagat')*. Von dort lässt sich sehr schön beobachten, wie die Geghama-Bergkette in weiten, sanft geneigten Hängen Richtung Westen ausläuft.

Zum Abstieg folgt man rund 300 m dem Kammverlauf Richtung Westen und wendet sich in einem breiten Sattel nach rechts. Über Wiesen kann auf beliebiger Route das Innere des Gebirgsstocks erreicht werden. Hier weiden im Sommer Kuhherden. Ein mehr oder weniger stark ausgeprägter Almweg führt Richtung Norden, die Orientierung ist hier eindeutig.

Mehrere Kilometer lang führt dieser Weg durch das kleine Gebirge und schließlich hinab nach **Lernanist** ❶.

↗ 520 m | ↘ 520 m | 6.1 km

2.45 h

23 Arjanots, 2381 m

Aussichtsberg über dem zartblauen »Armenischen Meer«

Über dem Nordwestufer des Sewansees erheben sich mehrere Grasberge, die eine freie Aussicht über den größten See Armeniens und die rund 50 km lange Geghama-Vulkankette ermöglichen. Auf deren Gipfeln liegt bis in den Hochsommer Schnee. Der Aufstieg zum Arjanots über einen breiten Almweg gleicht lange Zeit einem entspannten Spaziergang, bevor der Gipfelanstieg deutlich steiler wird. Selbst in den hohen Lagen überziehen im Frühling bunte Blumenteppiche die Hänge, Schmetterlinge flattern darüber hinweg. Über den Gipfeln kreisen Möwen.

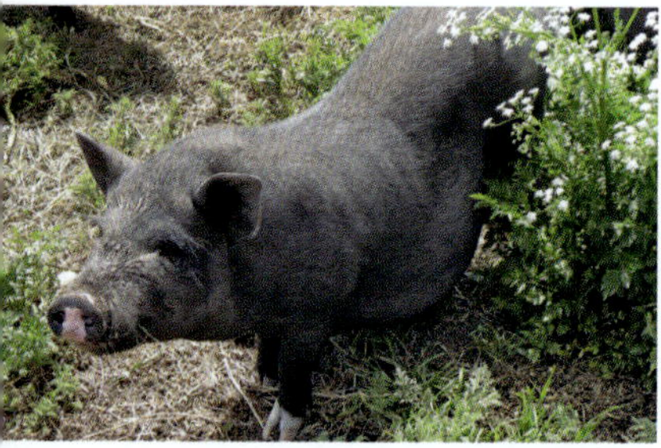

Hängebauchschwein.

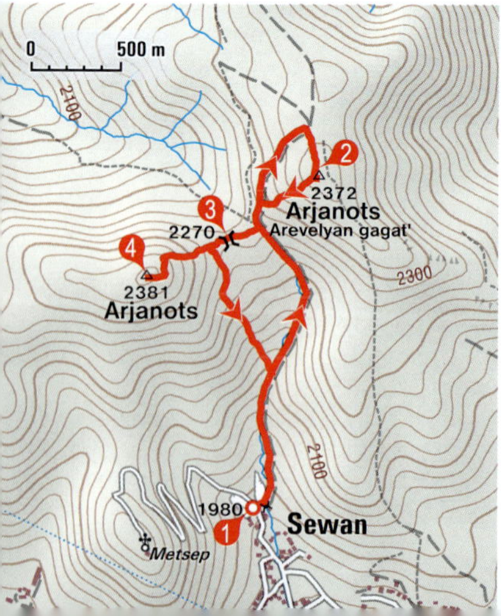

Ausgangspunkt: Friedhof von Sewan, 1980 m. Anfahrt mit dem Pkw ab Jerewan über die M-4 bis Ausfahrt Sewan. Dort der Beschilderung in den Ort folgen. Am ersten Kreisverkehr links, dann am Ende der Straße nach 100 m rechts abbiegen. Nach 300 m an einer Gabelung links halten, 1 km danach links abbiegen. Nun rund 600 m bergauf zum Eingangsbereich des Friedhofs. Davor parken. Fahrtzeit ab Jerewan rund 75 Min.
Anforderungen: Aufstieg vom Sattel zum Arjanots sowie erster Abschnitt des Abstiegs steil und weglos; sonst einfach. Der Aufstiegsweg bis zum Sattel ist Teil des Transcaucasian Trail und markiert.
Einkehr/Übernachtung: Keine.
Tipp: Am schönsten ist die Tour während der Blütezeit von Mai bis Juni.

Auf Höhe des **Friedhofs** ❶ zweigt Richtung Nordosten ein breiter Weg ab. Zunächst leicht bergab, dann in einem Linksbogen ansteigend, führt er durch die östliche Flanke eines begrünten Tals. Knapp 1 Std. dauert es bis zum höchsten Punkt dieses Wegabschnitts. Dort zweigt die Aufstiegsroute rechts ab, um dann auf Gras in einem Rechtsbogen ein weites Gipfelplateau zu erreichen. Spuren führen bis zu einem

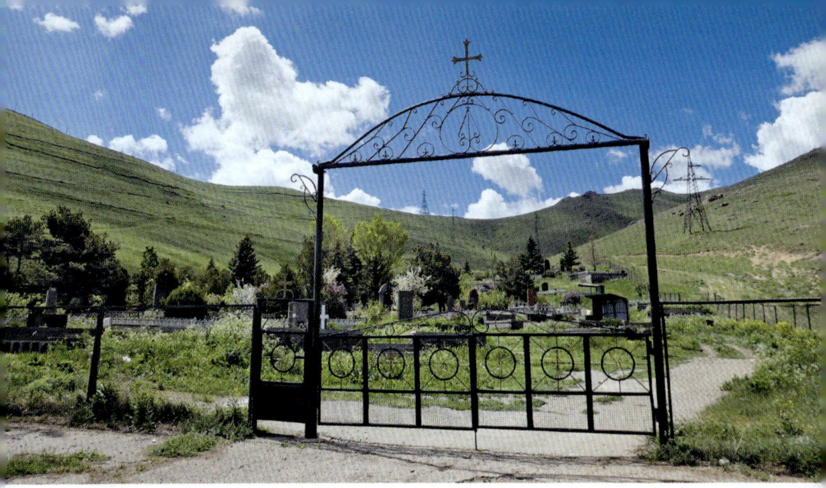

Der Friedhof von Sewan bildet den Ausgangspunkt der Tour.

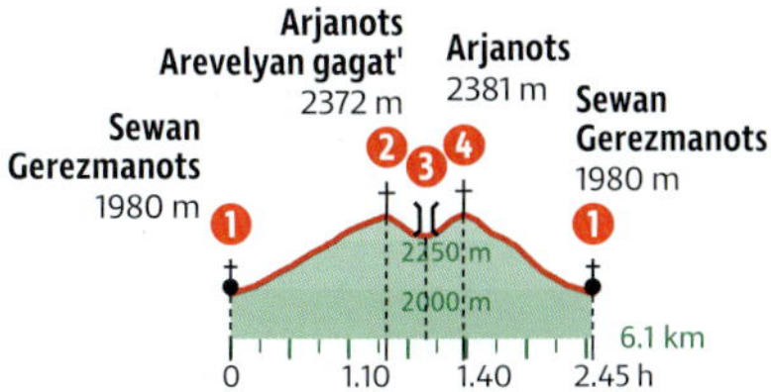

schwach ausgeprägten Sattel nördlich des Gipfels. Die letzten 200 m geht es in südlicher Richtung hinauf zum höchsten Punkt, hier **Arjanots-Ostgipfel** ❷ *(arevelyan gagat')* genannt; eine offizielle Bezeichnung gibt es nicht. Einzelne kleine Felsen mischen sich hier in das übersichtliche Wiesengelände.

Der Übergang zum Hauptgipfel erfolgt über die direkte Linie in südwestlicher Richtung. Nach dem Abstieg vom Gipfelhang geht es ein kurzes Stück über den Aufstiegsweg bergab, anschließend folgt man der Kammlinie weglos bis zum tiefsten Punkt in einen **Sattel** ❸. Der folgende Aufschwung ist steiler als die bisherige Route. Am besten ist es, etwas nach rechts auszuweichen und dann über den mäßig steilen Hang den breiten Gipfelgrat zu gewinnen, über den nach wenigen Schritten der **Arjanots-Hauptgipfel** ❹ erreicht wird. Die Aussicht ist zwar ähnlich wie die auf dem Ostgipfel, jedoch die Perspektive etwas anders.

Der Abstieg erfolgt zunächst auf der bekannten Strecke, aber noch vor dem Sattel wendet man sich nach rechts. In einer nur leicht abfallenden Linie kann so durch die westliche Talflanke nach ein paar Minuten eine breite Rinne erreicht werden. Sie führt leicht schräg Richtung Talmitte. Stellenweise ist das Gelände etwas steiler, und kleine Felsstufen (»blau/rot«) bremsen das Tempo etwas. Bald wird der Aufstiegs-Almweg sichtbar, der sich für die bequeme Abschlussetappe zum **Friedhof** ❶ nutzen lässt.

↗ 100 m | ↘ 100 m | 3.8 km

24 Sevanavank

1.15 h

Halbinsel mit einer bekannten Klosteranlage

Als vor rund 1150 Jahren die Klosteranlage Sevanavank auf einem Hügel gebaut wurde, war dieser noch eine Insel nahe dem Nordufer des Sewansees. Im letzten Jahrhundert sank durch intensive Wasserentnahme der Pegel so weit ab, dass ein breiter Landstreifen vom Ufer bis zum Fuß des Hügels frei wurde. Seitdem lässt sich Sevanavank zu Fuß erreichen. Heute ist der Ort mit seinen hübschen Kirchen und der sommermilden Luft ein beliebtes Ausflugsziel bei Einheimischen und Touristen. Außerhalb der Hauptsaison geht es hier – auf einem der schönsten Plätze am größten See des Kaukasus – ruhiger zu.

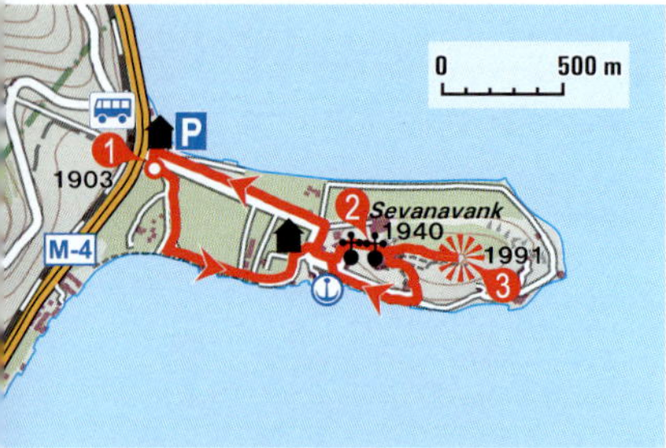

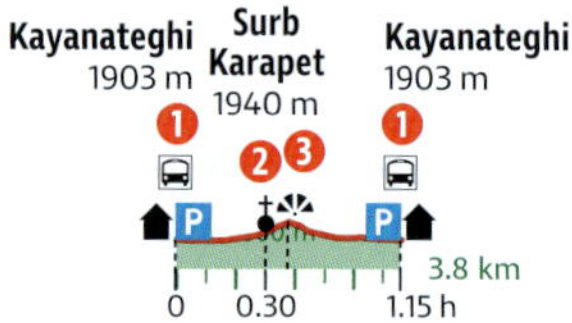

Ausgangspunkt: Parkplatz, 1903 m. Anfahrt mit dem Pkw ab Jerewan über die M-4 Richtung Sewan. An Sewan vorbeifahren, rund 5 km danach zweigt eine Straße nach rechts ab (Schild: »Peninsula«). Nach 100 m ist auf der rechten Seite ein großer, kostenloser Parkplatz. Fahrtzeit ab Jerewan rund 75 Min.
Mit öffentlichen Verkehrsmitteln (Minibusse) ab Jerewan ist die Anfahrt ebenfalls möglich.
Anforderungen: Leicht.
Einkehr/Übernachtung: An der Hauptstraße durch die Halbinsel befindet sich – unweit des Parkplatzes – ein Hotel mit empfehlenswertem Restaurant.

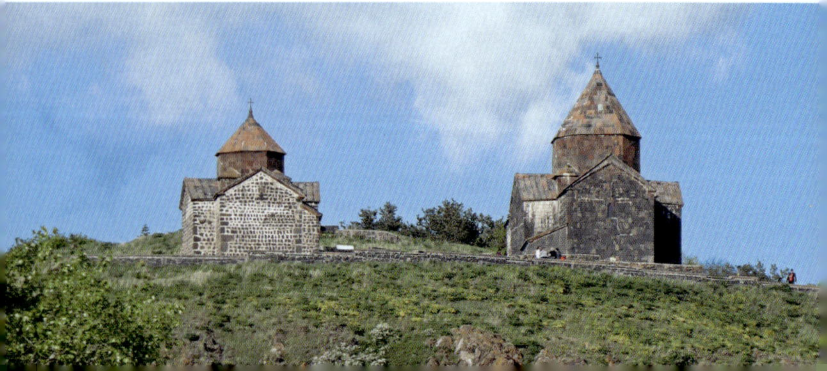

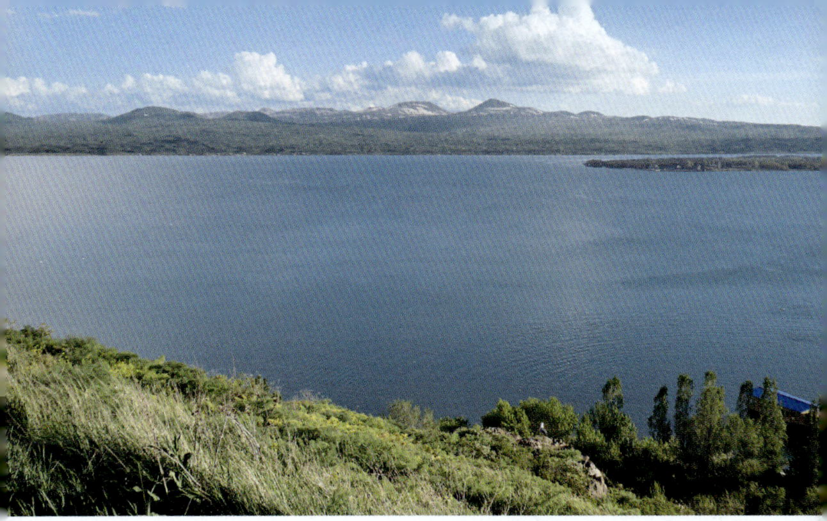

Blick über den Sewansee zur Geghama-Bergkette, deren Gipfel bis in den Sommer schneebedeckt sind.

Am **Parkplatz ❶** *(kayanateghi)* beginnt ein breiter Fußweg Richtung Süden. Nach wenigen Minuten trifft er auf den Sewansee. Dort zweigt man nach links ab und folgt dem Uferweg auf etwa 600 m Länge. Schließlich wird daraus eine Straße, die in einen Linksbogen übergeht und zu einem großen Platz führt. Mehrere Gebäude mit Einrichtungen für Ausflügler und Touristen stehen am Fuß des Hügels. Etwa mittig führt eine Treppe hinauf zu den längst sichtbaren Klosterkirchen von Sevanavank. Die untere Kirche heißt **Surb Karapet** (»Mutter Gottes«) **❷**, die obere **Surb Arakelots** (»Heilige Apostel«). Dahinter verläuft ein Pfad weiter bergauf, an einer Gruppe Kreuzsteine vorbei, und endet am 1991 m hohen **Gipfel der Halbinsel ❸**. Das südöstliche Ende des Sees ist von hier rund 80 km entfernt und selbst bei idealen Sichtbedingungen kaum zu erkennen, dafür aber das Sewan-Gebirge im Osten und die Geghama-Bergkette im Westen.
Zurück geht man zunächst geht man auf gleicher Route bis zur oberen der beiden Kirchen. Auf der linken Seite begrenzt eine Mauer den Weg. Dahinter verläuft ein schmaler Pfad schräg links abwärts in Richtung eines etwas unansehnlichen Gebäudes. Über diesen Pfad erreicht man die Straße in der Nähe des Ufers und biegt dann rechts ab, um in gerader Linie bis zu dem Platz vor den Treppen gelangen.
Auf einem Fußweg neben der breiten Zufahrtsstraße geht es wieder zurück bis zum **Parkplatz ❶**.

Die Klosterkirchen Surb Arakelots (»Heilige Apostel«) und Surb Karapet (»Mutter Gottes«).

TOP

25 Garni: Tempel und Schlucht

↗ 200 m | ↘ 200 m | 4.6 km

1.30 h

Wanderung entlang der schönsten »Orgelpfeifen aus Basalt«

Direkt vor der Abbruchkante der tiefen Azat-Schlucht steht eine der bekanntesten Touristenattraktionen Armeniens: der etwa 2000 Jahre Tempel von Garni. Das Bauwerk mit seinen 24 ionischen Säulen ist ein seltenes Zeugnis hellenischer Einflüsse im Armenischen Hochland. Im 17. Jahrhundert zerstörte ein Erdbeben die antike Stätte, 300 Jahre später wurde sie wieder aufgebaut, sodass er heute wieder sein ursprüngliches Aussehen hat. Auf dem Gelände neben dem Tempel wurden bei Ausgrabungen Bruchstücke einer Festung aus vorchristlicher Zeit entdeckt. Eine geologische Attraktion präsentiert sich in den steilen Hängen der Schlucht unterhalb des Tempels: Dort hat die Natur aus Lavagestein Basaltsäulen erschaffen, die bis zu 50 Meter hoch sind. Tausende dieser Rippen in Form eines Hexagons flankieren den Lauf des Gebirgsflusses Azats.

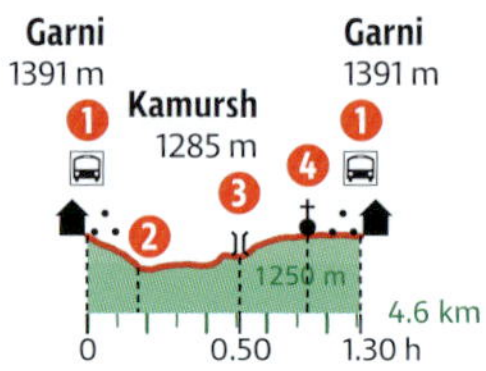

Fast 2000 Jahre alt und unverkennbar im Geiste hellenischer Antike erbaut: der Tempel von Garni.

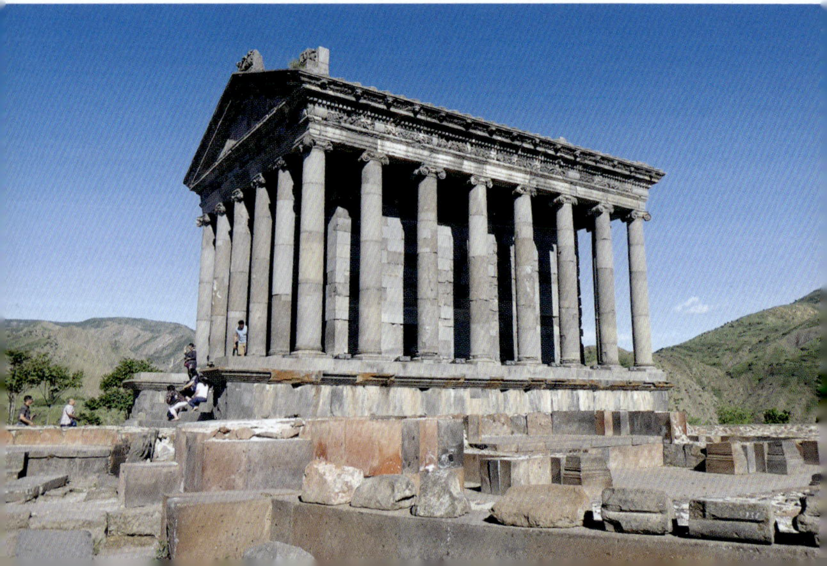

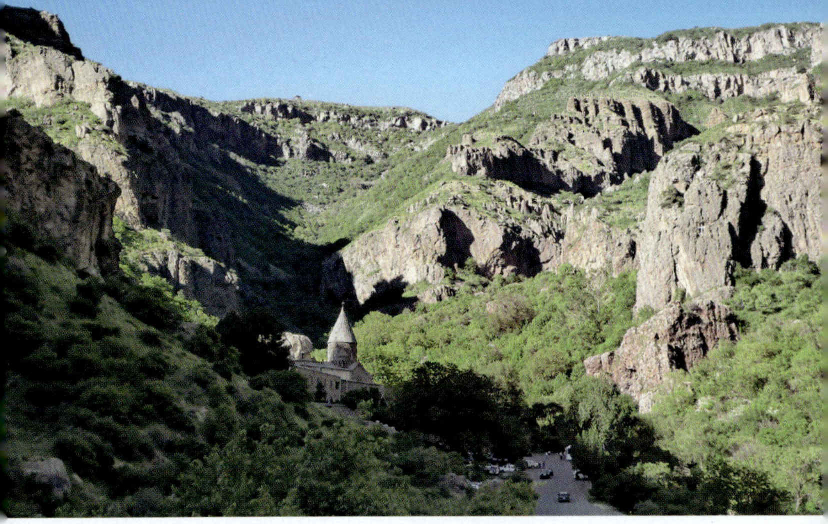

In malerischer Umgebung am Ende eines Tals thront das Kloster Geghard (»Tipp«).

Ausgangspunkt: Garni, 1391 m. Die Anfahrt mit dem Pkw von Jerewan Richtung Südosten ist gut beschildert. Es verkehren täglich mehrere Kleinbusse in den bei Touristen beliebten Ort. Fahrtzeit ab Jerewan 1 Std.
Anforderungen: Der Abstieg vom Tempel in die Schlucht führt über einen schmalen Pfad, der stellenweise etwas Trittsicherheit erfordert. Der restliche Weg ist breit und leicht begehbar.
Einkehr/Übernachtung: Nahe dem Tempel von Garni gibt es mehrere Lokale und kleine Stände.
Tipps: 1. Am schönsten ist es im Frühling; im Hochsommer kann es sehr heiß werden.
2. Vor oder nach der Tour lohnt ein Abstecher zum Kloster Geghard. Die Fahrt mit dem Pkw dorthin dauert rund 15 Min. und ist beschildert.

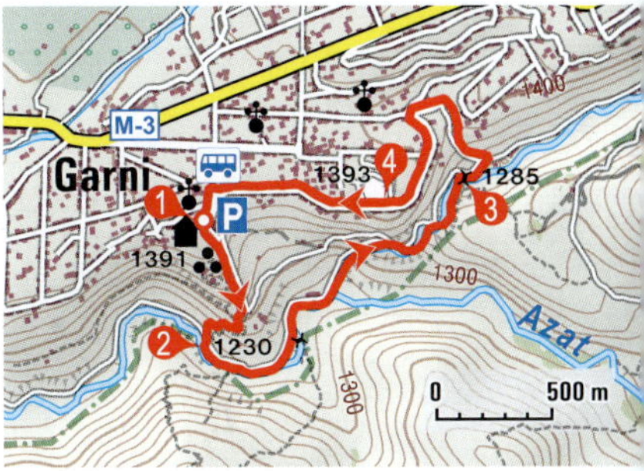

Wenige Meter vor dem Eingang zum **Tempel von Garni** ❶ zweigt in südöstlicher Richtung ein leicht erkennbarer Weg ab, der bald in gerader Linie und asphaltiert bergab führt. Nach 300 m geht der Weg in eine scharfe Linkskurve über. Dort wandert man kurz über Gras geradeaus weiter und vor einem Tor nach rechts, wo ein anfangs etwas undeutlicher Pfad beginnt. Dieser führt im Zickzack hinab in die Schlucht.

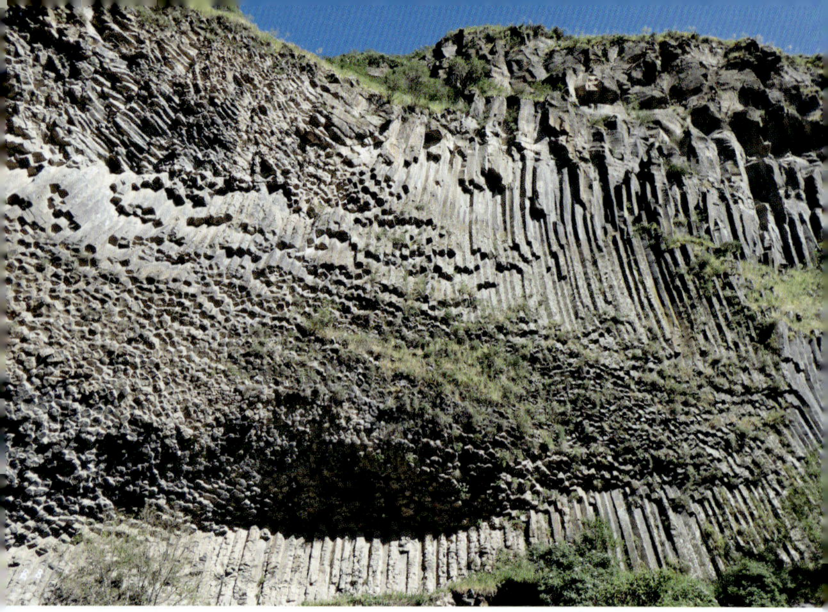

Diese Basaltsäulen in der Südflanke sind die wohl schönsten in der Azat-Schlucht.

Nach rund 20 Min. mündet der Pfad an einer **Wegabzweigung** ❷ auf eine breite Piste, die neben dem rauschenden Azat verläuft. Hier wendet man sich nach links, entgegen der Fließrichtung. Auf beiden Seiten sind bereits Basaltsäulen zu sehen, mit jedem Schritt werden sie größer und eindrucksvoller. Besonders im Frühling ist die Vegetation neben dem Weg dicht und grün: Gras, Brombeersträucher und Schatten spendende Bäume wachsen auf dem flachen Boden. Vereinzelt stehen dort auch Gebäude, die wie Fremdkörper in der Naturidylle wirken.
Nach rund 1,5 km in der Schlucht steht die – bis hierher einzige – **Brücke** ❸. In diesem Bereich begeistern die großflächigsten Basaltformationen, deren Enden teilweise direkt an den Weg reichen. Nur wenige Schritte nach der Brücke (diese nicht überschreiten) zweigt links eine gepflasterte Straße ab, die in mäßiger Steigung bis auf das Plateau von Garni führt. Nach etwa 400 m auf dieser Straße biegt man scharf nach links ab. Der breite und ruhige Dorfweg verläuft nahe der Abbruchkante der Schlucht, die aber leider nie zu sehen ist, weil Häuser die Sicht versperren.
Auf der rechten Seite befindet sich ein **Friedhof** ❹, der abgeschirmt vom Trubel ein Ort der Ruhe ist. Der Weg mündet schließlich in die Zufahrtsstraße zum Tempel. Nun sind es nur noch wenige Schritte nach links, um wieder den **Ausgangspunkt** ❶ zu erreichen.

↗ 440 m | ↘ 440 m | 7.7 km

3.15 h

Tap und Urts 26

Auf mittelalterlichen Spuren im Khosrov-Tal

Am Rande des streng geschützten Khosrov-Naturreservats befinden sich zwei historische Festungen, die unterschiedlicher nicht sein könnten: Tap steht leicht zugänglich auf einem nur sanft geneigten Hang und ist 2008 aufwendig restauriert worden. Die andere, Urts, thront auf einem schwer zugänglichen Felsen auf der gegenüberliegenden Hangseite. Von dem Bau existieren nur noch Fragmente. Zwischen den beiden fließt der Khosrov, der aus Quellen und Schmelzwasser der Geghama-Bergkette gespeist wird.

Ausgangspunkt: Abzweigung der Straße S-2-55 von der S-2-54, 1160 m; etwa 6 km nordöstlich von Urtsadzor. Anfahrt mit dem Pkw ab Jerewan über die M-2 Richtung Süden. Bei Vedi abfahren; durch den Ort hindurch und bis kurz vor Urtsadzor. Dort links (Schild »Khosrov Forest State Reserve«) und der Straße 6 km folgen bis zur Verzweigung. Dort parken. Fahrtzeit ab Jerewan gut 1 Std.
Anforderungen: Guter Orientierungssinn. Nur der Weg zur Festung Tap ist leicht zu finden, anschließend ist das Gelände oft weglos. Querungen von Bewässerungsgräben und des Khosrov, Brücken gibt es keine. GPS-Unterstützung z.B. mit der Rother App ist bei dieser Tour sehr zu empfehlen.
Einkehr/Übernachtung: Keine.
Hinweise: 1. Im Hochsommer kann es sehr heiß werden, daher die Wanderung eher im Frühjahr oder Herbst unternehmen.
2. Wasserfeste Trekkingsandalen erleichtern die Überquerung des Flusses Khosrov.

Im Inneren der Festungskapelle haben Gläubige Gemälde aufgehängt und aufgestellt.

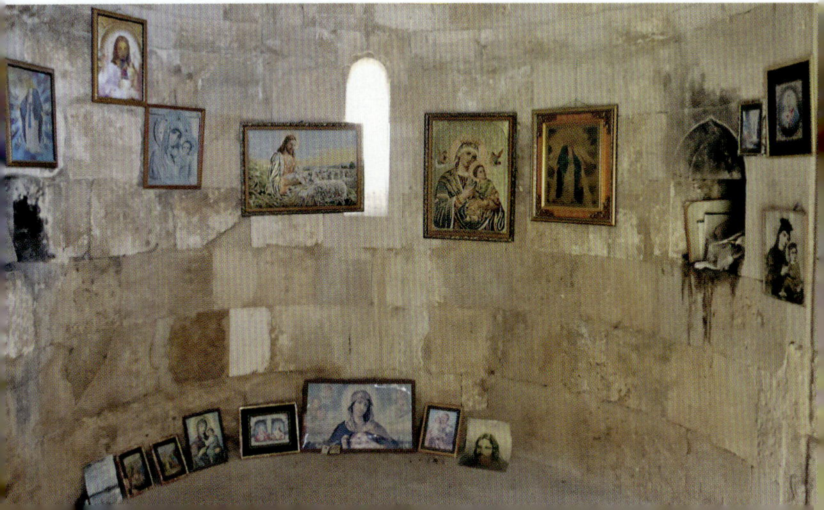

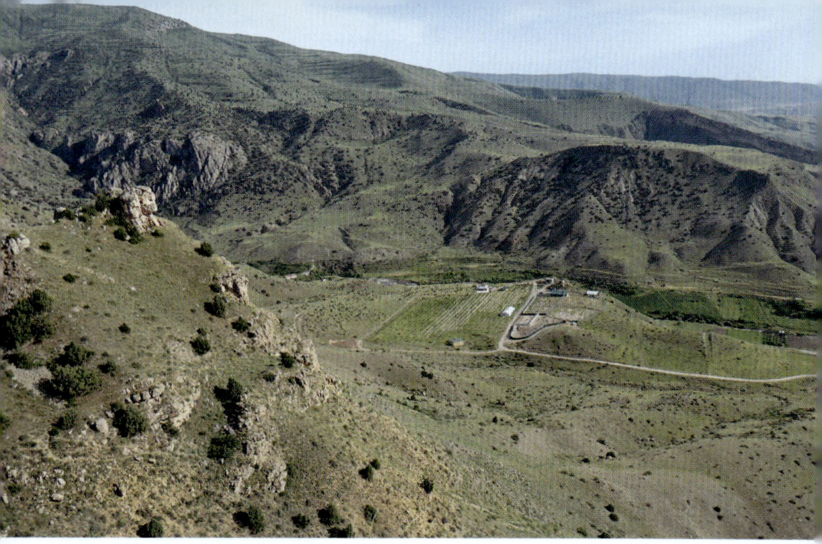

Das Besondere an der Festung Urts ist der schöne Ausblick in das Tal, mit dem Zusammenfluss von Khosrov und Vedi.

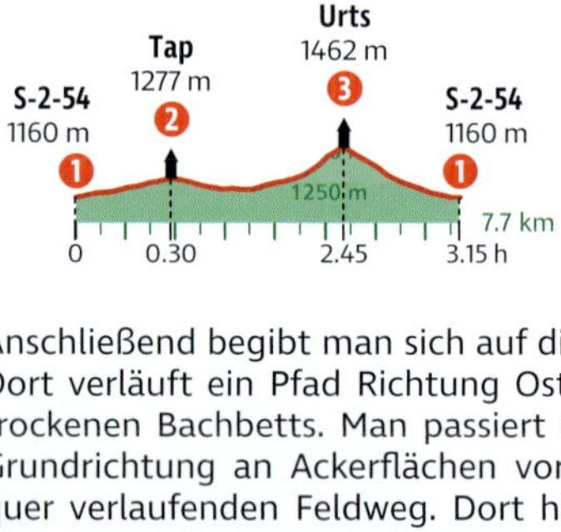

An der **Straßenverzweigung** ❶ führt der linke Ast über eine breite Piste Richtung Nordwesten. Nach etwa 900 m zweigt links ein Weg ab. Leicht ansteigend gelangt man über ihn zur **Festung Tap** ❷. Im Inneren der Anlage steht eine restaurierte Kapelle.

Anschließend begibt man sich auf die nördliche Seite der Festungsanlage. Dort verläuft ein Pfad Richtung Osten, zunächst entlang eines meistens trockenen Bachbetts. Man passiert eine Viehtränke und geht in gleicher Grundrichtung an Ackerflächen vorbei. Schließlich trifft man auf einen quer verlaufenden Feldweg. Dort hält man sich kurz rechts und an geeigneter Stelle wieder links, über einen Bewässerungsgraben hinweg. An Obstbäumen vorbei geht es weiter in Richtung der Talmitte. Ein weiterer Weg wird überquert. Durch teilweise dichte Vegetation wandert man bis kurz vor das Ufer des Khosrov. Die beste Stelle, den Fluss zu überqueren, befindet sich rund 100 m weiter flussaufwärts.

Danach verläuft die Route kurz den Hang hinauf, bald darauf trifft man auf einen selten genutzten Feldweg. Wer ohne GPS-Unterstützung wandert, folgt diesem Weg rund 1000 m und biegt dann auf einen breiten Weg links ab. Etwas direkter ist die weglose Variante: Nach 500 m auf dem erwähnten Feldweg muss hierfür auf einen links abzweigenden Weg abgebogen werden, dann geht es neben einer Ackerfläche den Hang rund 100 m bergauf. Hier biegt man rechts ab, um durch Büsche, Bäume und entlang eines Grabens an ein Haus zu gelangen; hier trifft man wieder auf den Feldweg.

Von dort geht es in nordöstlicher Richtung weiter bergauf, in ein kleines Tälchen. In dem – wiederum meistens trockenen – Bachbett zieht die Route leicht bergauf, bis rechts eine breite Rinne sichtbar wird. Über sie gelangt man auf etwas rutschigem Grund zu einer Abflachung. Dahinter erhebt sich quer ein Bergrücken mit dem letzten Aufschwung vor dem Ziel. Über schmale Pfade erreicht man am Ende des Bergrückens schließlich die **Festung Urts** ❸, von der nur noch Mauerreste zu sehen sind. Umso lohnender ist die Aussicht in das Tal.

Auf gleicher Route geht es zurück bis zu dem Haus und anschließend über den breiten Weg leicht bergab. Dieser trifft auf eine befahrbare Straße. Dort zweigt man rechts ab; der **Ausgangspunkt** ❶ befindet sich nur wenige Gehminuten weiter.

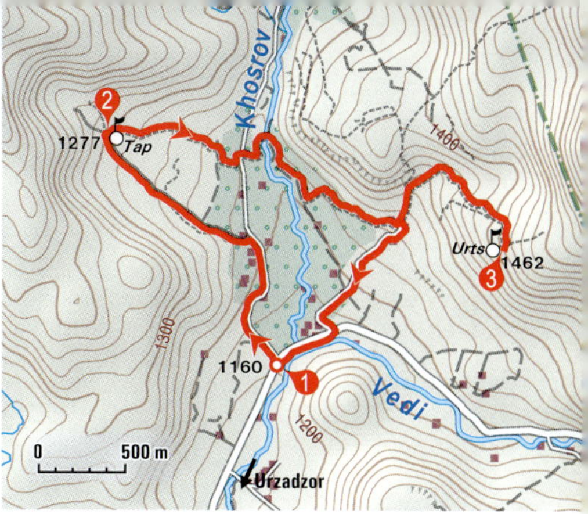

Nasse Füße: Das eiskalte Schmelzwasser aus der Geghama-Bergkette speist den Khosrov im Frühsommer. Die Querung des Flusses kann nach starken Regenfällen heikel sein.

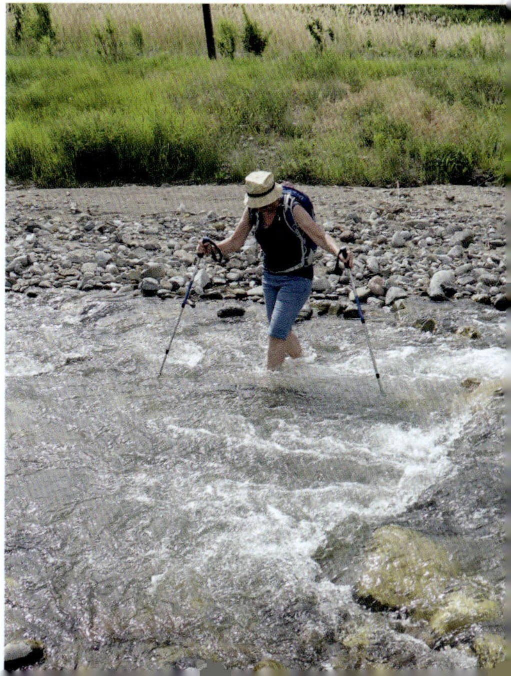

↗ 700 m | ↘ 700 m | 10.5 km

3.45 h

27 Tasanord, 2530 m

Ruhige Bergtour mit Ararat-Blick

Der Tasanord ist ein Berg, dessen Gestalt sich erst im Laufe der Besteigung erschließt. Das Massiv ist aus gewellten Hängen mit einzelnen Geländerippen und kleinen Anhöhen geformt. Felsig sind nur die mittleren Lagen, darunter und darüber wächst auf fruchtbarem Boden Gras. Über die Wege flitzen grüne Eidechsen, kräftig gebaute Rinder weiden auf den weitläufigen Wiesen. Wandergruppen wird man hier nur selten antreffen, obwohl allein die Blicke zum Ararat und in die Bergwelt der gleichnamigen Provinz den Aufstieg lohnen.

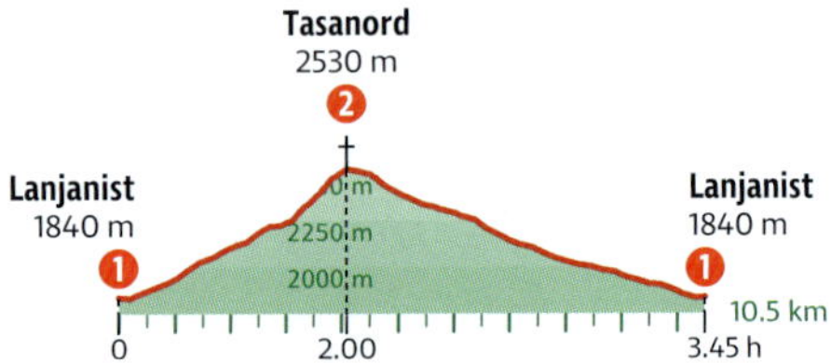

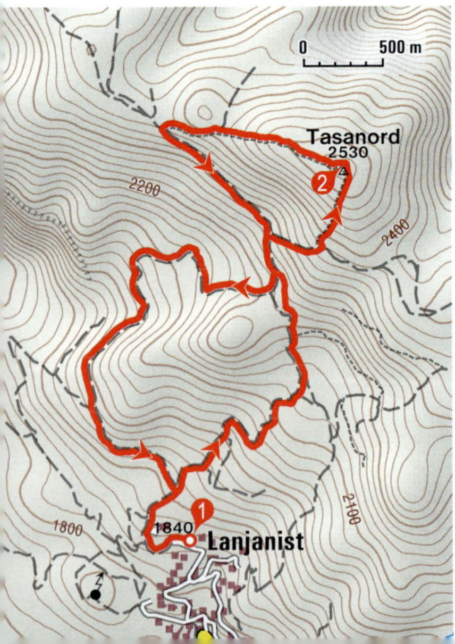

Ausgangspunkt: Lanjanist, 1840 m. Anfahrt mit dem Pkw ab Jerewan über die M-2 Richtung Süden. Nach 50 km bei Vedi die Schnellstraße verlassen und über die H-2 durch den Ort fahren; 25 km weiter in Lanjanist in einer Rechtskurve geradeaus auf eine Piste wechseln und dieser etwa 800 m bergauf folgen. Am oberen Ortsrand parken. Fahrtzeit ab Jerewan 75 Min.
Anforderungen: Überwiegend leichte Wanderung auf breiten Bergwegen; die letzten 250 Höhenmeter des Aufstiegs sind weglos und teilweise steil.
Einkehr/Übernachtung: Keine.

Vom oberen Ortsrand von **Lanjanist** ❶ aus folgt man dem weiteren Verlauf der Piste, dabei tritt bald der Ararat mitten ins Blickfeld. Nach einem weiten Rechtsbogen gabelt sich der Weg, hier hält man sich rechts. 5 Min. später zweigt die Rou-

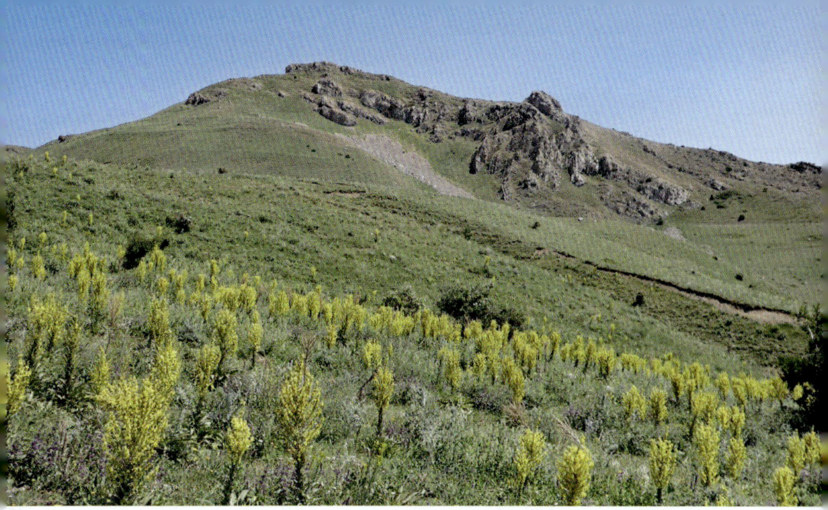

Königskerzen stehen in größeren Gruppen in Hanglagen um 2000 m Höhe.

te auf einen etwas undeutlichen, leicht zu übersehenden Weg nach links ab. Mit konstantem Höhengewinn geht es weiter den Hang hinauf. Etwa 30 Min. nach der letzten Abzweigung erreicht man eine kleine Abflachung. Hier verläuft die Route weiter in nördlicher Richtung, kurzzeitig kann der Weg etwas undeutlich sein.

Kurz nach P. 2200 trifft man auf eine kleine Passhöhe. Hier geht es nicht wieder bergab, sondern über den rechts verlaufenden Pfad, der nach wenigen Minuten auf einen breiten Weg stößt. Knapp 300 m weiter verlässt man diesen und steigt nun weglos nach rechts den Hang hinauf. Nach rund 80 relativ steilen Höhenmetern lässt die Steigung etwas nach. Dort wendet man sich nach links, um in einer direkten Linie über mit Gras und Geröll durchsetztes Gelände den anstrengenden Schlussanstieg zu bewältigen. Die letzten Meter zum höchsten Punkt des **Tasanord** ❷ verlaufen dann fast flach.

Für den Abstieg empfiehlt sich die weniger steile Route über den breiten Westkamm: In mäßig steilem Gefälle geht es über den breiten Bergrücken Richtung Westen. Nach knapp 30 Min. stößt man auf eine kleine Erhebung, die sich links umgehen lässt. Nun ist auf der linken Seite deutlich ein breiter, steiniger Weg zu sehen. Über ihn erfolgt der weitere Abstieg. Bei P. 2260 vereinen sich für ein kurzes Stück Auf- und Abstiegsroute. Bevor es links leicht bergauf zu dem kleinen Pass vom Hinweg geht, folgt man in einem Rechtsbogen dem konstant abwärts verlaufenden Weg. Dieser führt über Weideflächen schließlich in einem weiten Linksbogen wieder auf die Piste in Richtung des Ausgangspunkts in **Lanjanist** ❶.

TOP

28 Armaghan, 2828 m

↗ 600 m | ↘ 600 m | 9.9 km

3.00 h

Vulkan mit Überraschungen auf dem Krater

Schon vom Südufer des Sewansees aus fällt dieser mächtige Vulkanhügel auf. Wenn im Juni die letzten Schneereste geschmolzen sind, dann strahlt der Armaghan mit seinen sattgrünen Hängen in einem weiten Umkreis. Doch seine schönste Seite zeigt er nur denjenigen, die ganz oben stehen. Denn im Krater bildet sich im Sommer ein kreisrunder See, und auf dem Rand steht die bestens erhaltene Kirche Armaghani Srbutyun. Auch das Panorama begeistert: Im Süden erstreckt sich der Sewansee, im Osten das Wardenis-Gebirge.

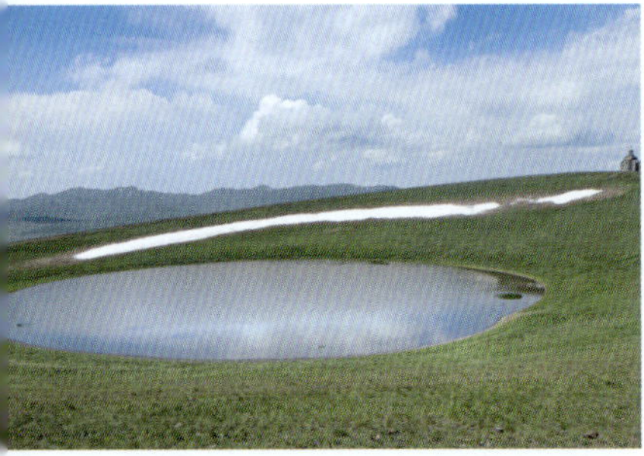

Foto oben: Der Kratersee am Armaghan.

Ausgangspunkt: Etwas außerhalb von Madina, 2260 m. Anfahrt mit dem Pkw ab Martuni am Südufer des Sewansees über die M-10 Richtung Süden, nach 4 km links nach Vetin Getashen abbiegen. Durch den Ort und weiter bis Madina. Am hinteren Ortsausgang endet die asphaltierte Straße. Noch gut 1 km auf der Piste, dann zweigt rechts ein Almweg ab. Dort parken. Fahrtzeit ab Martuni rund 20 Min.
Anforderungen: Steiler Aufstieg über den weglosen Grashang, etwas Trittsicherheit ist nötig (»rot«). Abstieg über breite Wege (»blau«).
Einkehr/Übernachtung: Keine.

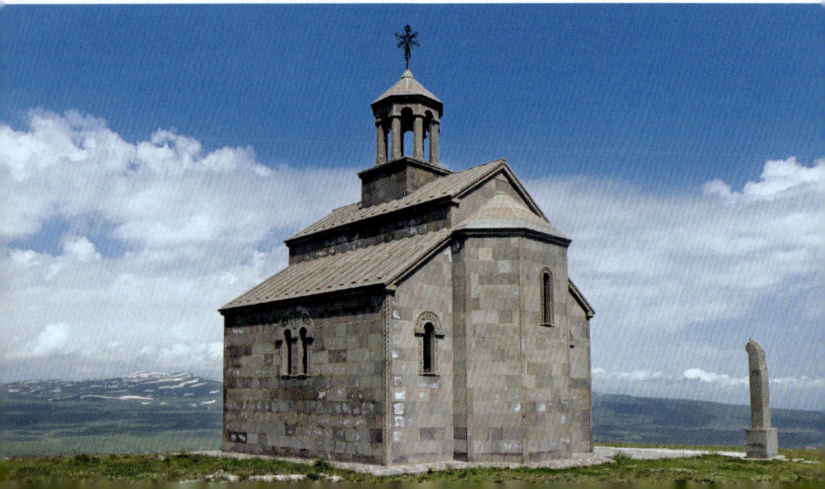

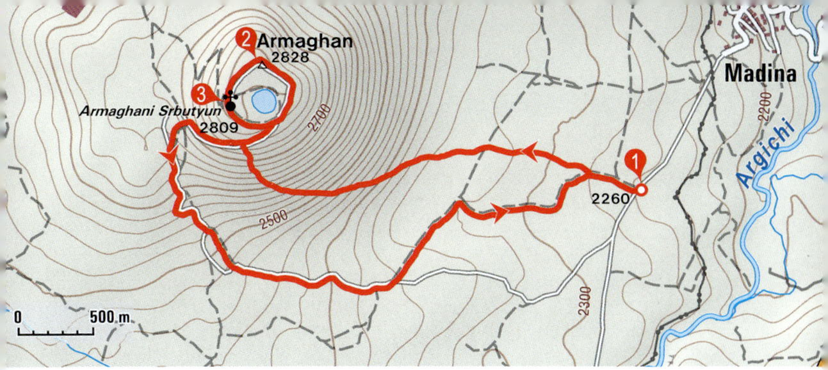

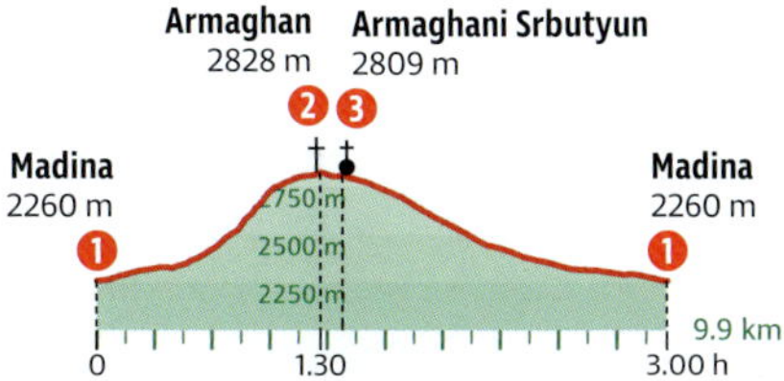

Vom Startpunkt bei **Madina** ❶ aus zieht ein breiter Weg in Richtung des breiten Vulkanmassivs und macht nach 400 m einen leichten Linksknick. An dieser Stelle geht es geradeaus weiter. Etwa 30 Min. lang nähert sich die Route über sanft geneigtes Wiesengelände dem steilen Hang, dann wird es ernster. Die Steigung nimmt rapide zu. Es ist vorteilhaft, sich eher links zu halten, wo der Hang etwas weniger steil ist. Mit zunehmender Höhe liegt immer mehr feines Geröll auf der Route, die Vegetation bleibt aber bis zum Gipfel erhalten.

Schließlich trifft man etwa bei P. 2750 auf einen Versorgungsweg. Dieser führt innerhalb weniger Minuten auf den Kraterrand. Der Blick über den See und die Kirche ist vom ersten Moment an beeindruckend. Auf dem Rand verläuft ein breiter Weg. Über ihn ist schnell der höchste Punkt des **Armaghan** ❷ erreicht. Etwa 300 m weiter steht die **Kirche Armaghani Srbutyun** ❸.

Für den Rückweg empfiehlt sich eine etwas weniger steile Variante. Dazu geht man wieder zurück zum Versorgungsweg und folgt diesem etwa 15 Min. Dann zweigt eine breite Spur nach links ab, die zu einem ebenfalls breiten Weg führt. Hier biegt man links ab, dann geht es in einem leichten Linksbogen in mäßigem Gefälle weiter. Knapp 10 Min. darauf verzweigt sich der Weg, die Route verläuft über den linken Ast. Weitere gut 20 Min. später folgt neuerlich eine Verzweigung, auch dort geht es nach links. In einigem Abstand sind Strommasten zu erkennen. Der Weg bewegt sich auf den nächstgelegenen zu. Nach knapp 800 m wechselt man auf den rechts abzweigenden Weg, der zurück zum **Ausgangspunkt** ❶ führt.

Die Kirche Armaghani Srbutyun befindet sich in einem ausgezeichneten Zustand.

↗ 400 m | ↘ 400 m | 9.6 km
2.30 h

29 Gandzaqar, 2650 m

Zu den versteckten Felsgravuren im Sevqar-Massiv

Aus dem grünen Hochland im Süden des Sewansees erheben sich die Dreitausender des Wardenis-Gebirges. Hier haben die Menschen vor mehreren Tausend Jahren Spuren für die Nachwelt hinterlassen: Am Fuß des Sevqar liegen Felsen mit prähistorischen Felsgravuren, sogenannte Petroglyphen. Der Weg dorthin führt über sanft geneigte Grashänge. Der Gipfel, der auf dem Rückweg überschritten wird, heißt Gandzaqar und ist trotz seiner Höhe von rund 2600 m nur eine unscheinbare Gestalt angesichts des dahinter aufragenden Bergmassivs.

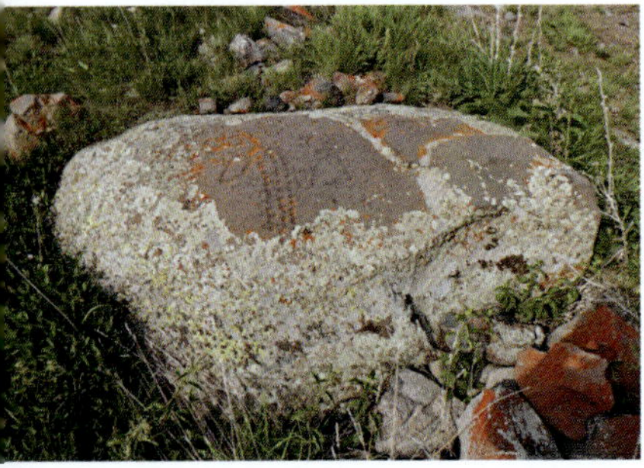

Ausgangspunkt: Straße M-10, 2304 m. Anfahrt mit dem Pkw von Martuni am Südufer des Sewansees auf die M-10 Richtung Süden. Nach etwa 12 km am Straßenrand parken. Fahrtzeit ab Martuni 15 Min.
Anforderungen: Leicht.
Einkehr/Übernachtung: Keine.

Von der **Straße M-10** ❶ führt ein breiter Weg in südöstliche Richtung. Tatsächlich gibt es in relativ engem Abstand mehrere Wege, die infrage

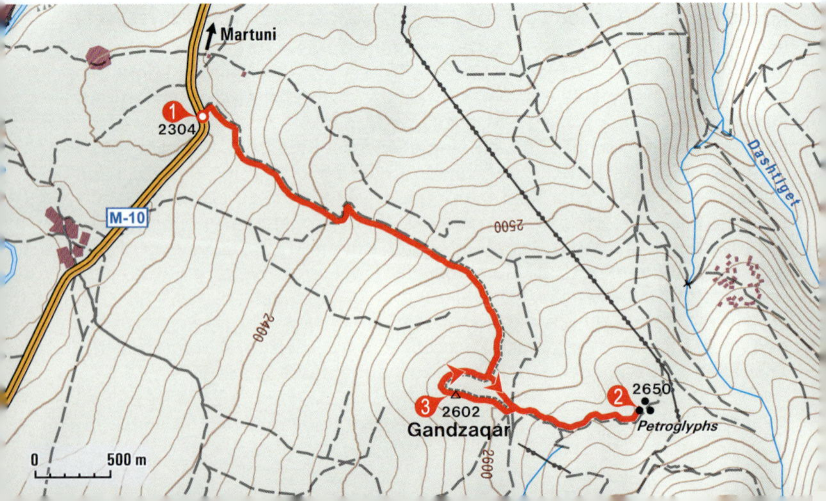

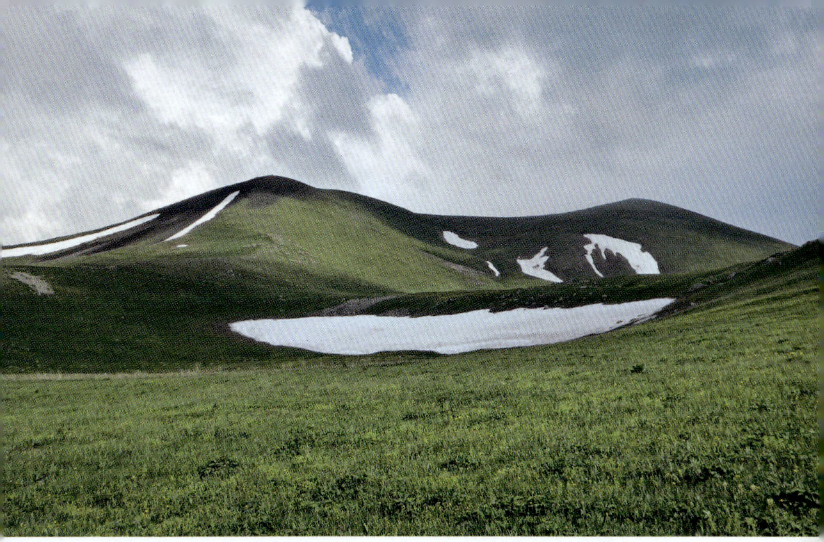

Foto oben: Bei den Petroglyphen kommt man dem Sevqar ganz nahe.
Links: Die Felszeichnungen (Petroglyphen) am Ausläufer des Sevqar-Nordhangs.

kommen. Mitten im Blickfeld ist das breite Bergmassiv des Sevqar. Schräg rechts ist bald die Anhöhe mit dem Gandzaqar zu sehen. Nach 25 Min. verzweigt sich der Weg. Der linke Ast steigt kurz bergauf und geht dann in einen engen Rechtsbogen über. In der Folge bleibt man immer auf diesem Weg. Er wendet sich nach weiteren 20 Min. in einem weiten Bogen nach rechts, den kleinen Gipfel des Gandzaqar lässt man dabei zunächst rechts liegen.

Ein kurzes Stück geht man – immer demselben Weg folgend – auf den Sevqar zu, der Gandzaqar bleibt dabei im Rücken. Schließlich wird schräg links eine Senke sichtbar. Auf deren gegenüberliegender Seite erkennt man bereits einige Felsen mit den **Petroglyphen** ❷, wobei diese nicht einfach zu finden sind. Man muss die verstreut liegenden Steine einzeln absuchen, es gibt keine Schilder. Anschließend wandert man ein Stück auf der bekannten Strecke wieder zurück. An beliebiger Stelle verlässt man den Weg und gelangt über Gras mit einem ganz kurzen Aufstieg zum höchsten Punkt des **Gandzaqar** ❸.

Wiederum weglos geht es von dort in östlicher Richtung weiter, bis man wieder auf die Aufstiegsroute trifft, über die der weitere Rückweg verläuft.

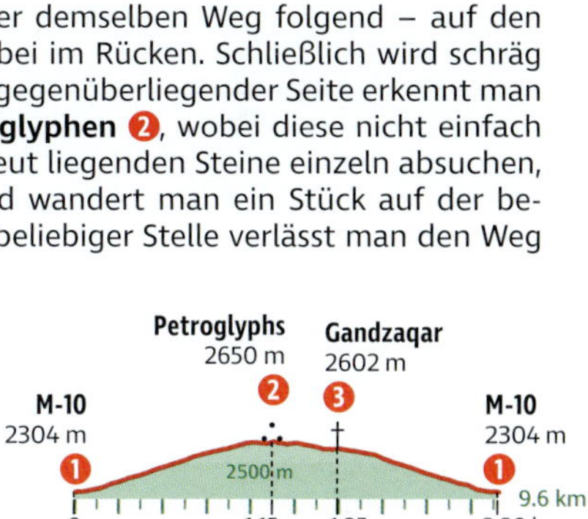

↗ 750 m | ↘ 750 m | 10.4 km

4.00 h

30 Sevqar, 3063 m

Wanderdreitausender am Rande des Wardenis-Gebirges

Zwischen dem Sewansee und der Region Wajoz Dsor erhebt sich das einsame Wardenis-Gebirge. Im Frühsommer sind die Hänge von sattgrünen Blumenwiesen überzogen, Schneereste liegen in den Schattenlagen. Ein relativ leicht erreichbarer und dennoch hoher Gipfel ist der Sevqar. Über mäßig geneigte Hänge lässt sich der lange Bergrücken ohne größere Probleme erreichen. Im Westen dominiert der Vulkan Armaghan (Tour 28) die Landschaft, im Osten die Riesen der Gebirgsgruppe, kulminierend im namensgebenden Wardenis mit einer Höhe von 3522 Metern.

Ausgangspunkt: Piste, 2360 m. Anfahrt mit dem Pkw über die M-10 von Martuni am Südufer des Sewansees Richtung Süden. Nach etwa 18 km vor dem kleinen Ort Nshkhark links auf eine Piste abbiegen und dieser so weit wie möglich folgen. Fahrtzeit ab Martuni 30 Min.
Anforderungen: Lange weglose Abschnitte; etwas Orientierungssinn oder GPS-Unterstützung ist ratsam. Einige Passagen sind etwas steil, ansonsten ist die Tour relativ leicht.
Einkehr/Übernachtung: Keine.

Hinweis: Die Piste lässt sich zumindest ein gutes Stück lang mit jedem Pkw befahren. Mit einem geländegängigen Fahrzeug käme man noch etwas weiter.
Tipp: Bei der Weiterfahrt auf der M-10 Richtung Süden steht nach der zweiten Kurve südlich des Vardenyats-Passes die Orbelian-Karawanserei direkt neben der Straße. Das lang gestreckte Gebäude war einst eine Unterkunft für Reisende auf der Seidenstraße. Die rund 700 Jahre alte Herberge präsentiert sich in einem guten Zustand, ein Halt lohnt sich.

Aus der Ferne übersichtlich, aus der Nähe nicht unbedingt: die welligen Westhänge des Sevqar in spätsommerlicher Farbe.

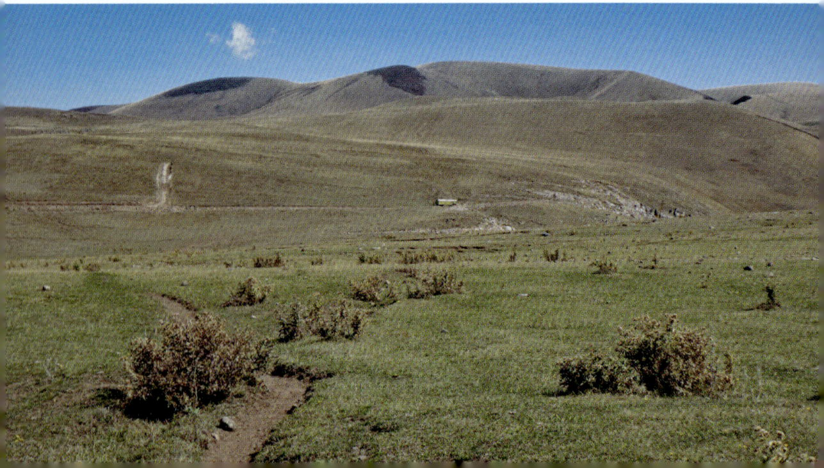

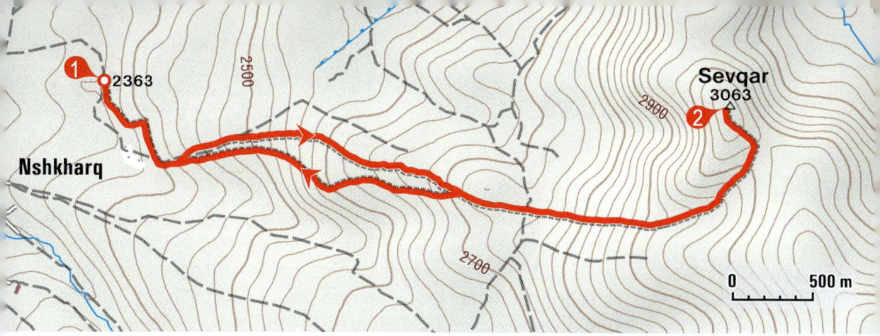

Vom Ausgangspunkt auf der **Piste** ❶ *(wask'uchi)* folgt man dieser bis kurz vor eine Linkskurve bei P. 2400. Dahinter befindet sich ein kleiner Taleinschnitt.

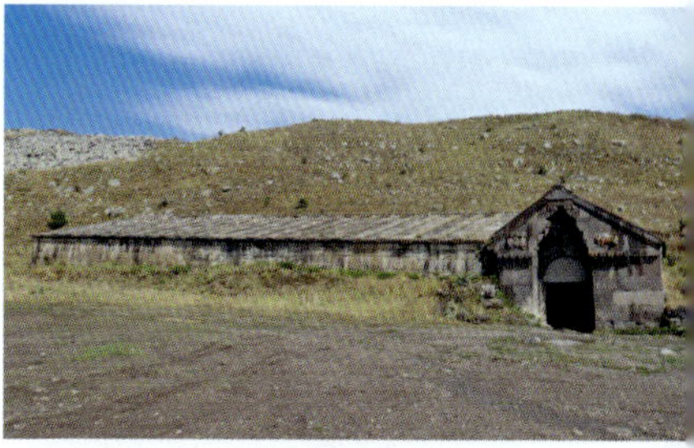

Die Orbelian-Karawanserei (»Tipp«).

Nur wenige Meter vor dieser Linkskurve steigt man den Grashang in östlicher Grundrichtung bergauf. Mäßig ansteigende Abschnitte wechseln mit fast ebenen Passagen. Die auf der OSM-Karte verzeichnete Piste ist kaum mehr zu erkennen. Stattdessen zeichnet sich abschnittsweise ein deutlicher Pfad ab, der einer günstigen Route folgt. Etwa bei P. 2700 wird der Blick zum Bergkamm mit dem Sevqar frei. Die Route verläuft nicht durch den halb offenen Kessel mit den steilen Hängen, sondern rechts davon. Der anschließende Aufstieg zum Kamm erfolgt über eine breite Rinne, die in nordöstlicher Richtung mäßig steil bergauf führt. Schließlich erreicht man einen kleinen Pass, von dem aus nach links nur noch 50 Höhenmeter fehlen, um den **Sevqar** ❷ zu erreichen. Vom Gipfel erkennt man auch den rund 5 km entfernten Großen Sevqar, 3393 m.
Der Abstieg verläuft im Prinzip über die bekannte Route. Unterhalb von P. 2700 kann auf fast beliebigem Weg in westlicher Richtung abgestiegen werden. Am Ende trifft man wieder auf die **Piste** ❶.

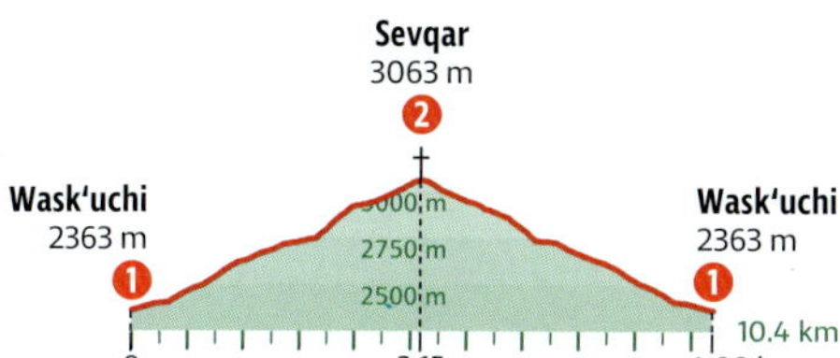

TOP

31 Partam, 2660 m

↗ 950 m | ↘ 950 m | 13.5 km

5.15 h

Abwechslungsreiche Tour in einer Dolomitenkulisse

Was für eine Vielfalt an Landschaften: Im Norden liegt das Hochland mit den sanft geschwungenen Riesen des Wardenis-Gebirges, während die schroffen Berge von Wajoz Dsor ein völlig anderes Bild abgeben. Sie zeigen viel nackten Fels in warmen Rottönen, ähnlich wie in den Dolomiten. Die Besteigung des Partam wird bereichert durch den Hors-See, der in ein Becken in den Nordhängen der Bergkette eingebettet ist. Bis zum Gipfel bedecken Gras und Blumen den Untergrund, die vegetationslose Zone beginnt erst in etwas höheren Lagen, was die benachbarten Berge Tsolasar (2771 m) und Qarkatar (2950 m) eindrucksvoll demonstrieren.

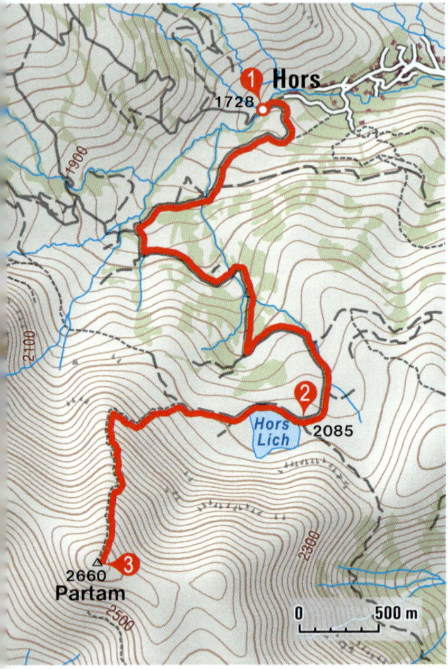

Ausgangspunkt: Hors, 1728 m. Anfahrt mit dem Pkw ab Yeghegnadzor kurz auf der M-2 Richtung Jerewan und nach wenigen Kilometern rechts auf die M-10 Richtung Martuni/Sewan abzweigen. Nach genau 12,3 km links abbiegen nach Hors. Eventuell fehlt an der Verzweigung das Schild. Bis nach Hors sind es noch knapp 8 km. Dort in der Ortsmitte scharf rechts und sofort wieder links fahren. Nun der Piste bis an das Ortsende folgen. Vor einer Linkskurve mit dem Schild »Visitor Center of Hors Conservation Area« parken. Fahrtzeit ab Yeghegnadzor rund 20 Min.
Anforderungen: Leichte Wanderung bis zum See, ein rund 1000 m langer Abschnitt ist markiert. Der Anstieg zum Gipfel ist weglos; Orientierungsvermögen und etwas Trittsicherheit sind von Vorteil.
Einkehr/Übernachtung: Keine.

Vor der Linkskurve hinter dem Ortsende von **Hors** ❶ beginnt die Tour. Zunächst orientiert man sich einfach am Verlauf des breiten Weges. Naturbelassene Wiesen mit vereinzelten Bäumen prägen die nähere Umgebung, eine felsige Gebirgskette bildet den Hintergrund. Das Gipfelziel, der Partam, ist auch schon gut zu erkennen. Nach 25 Min. weist ein weiteres Schild – ähnlich wie das am Startpunkt – nach rechts. An dieser Stelle folgt

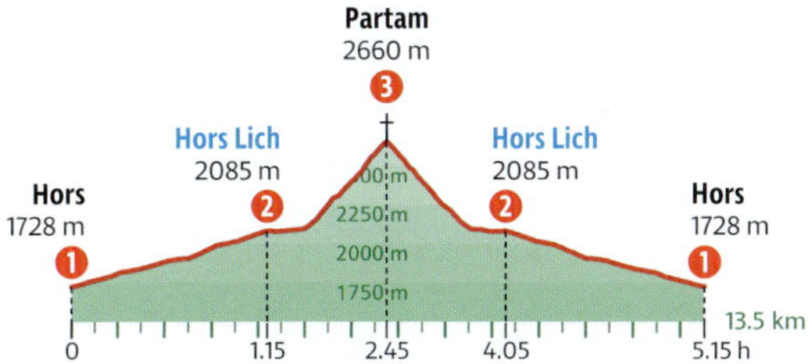

man aber nicht dem Schild, sondern geht geradeaus weiter. Mit nur leichtem Höhengewinn wendet sich der Weg der Bergkette mit dem Partam zu. In einem weiten Rechtsbogen nähert man sich dem See. Dabei nimmt an einer Verzweigung – nach 1 Std. Gehzeit – die Route den rechten Zweig, 10 Min. darauf wiederholt sich dies noch einmal. Nun sind es nur noch wenige Schritte zum Ufer des relativ großen **Hors-Sees** ❷, wo sich oft Viehherden aufhalten. Wanderer trifft man nur selten.

Der weitere Weg führt am Nordufer des Sees entlang. Anschließend bleibt man noch etwa 10 Min. auf diesem Weg, dann wendet man sich nach links. Der nun folgende Abschnitt ist nicht leicht zu finden; das nächste Etappenziel ist der rampenartige Bergrücken, der bis zum Gipfel hinaufzieht. Doch der kurze Abschnitt bis zu diesem Bergrücken ist stellenweise sehr steil.

Kühle Erfrischung für den Kopf an heißen Tagen: Der Brunnen spendet kühles Wasser, das aber nicht unbedingt zum Trinken geeignet ist.

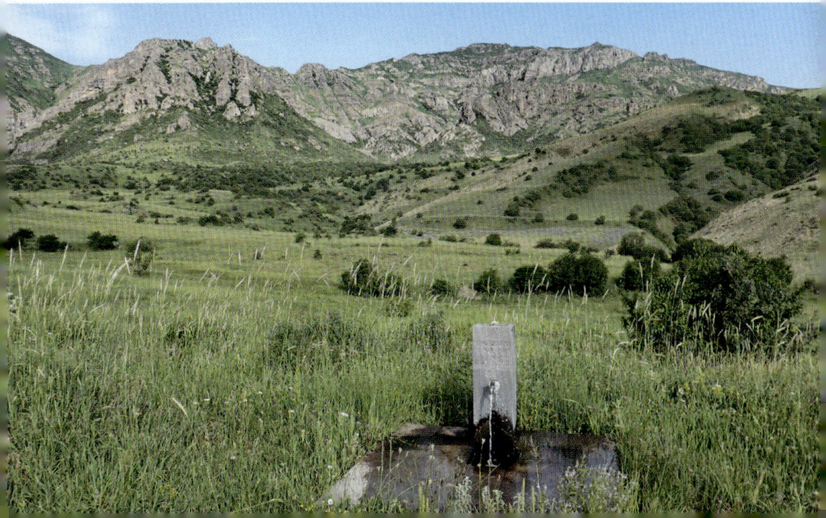

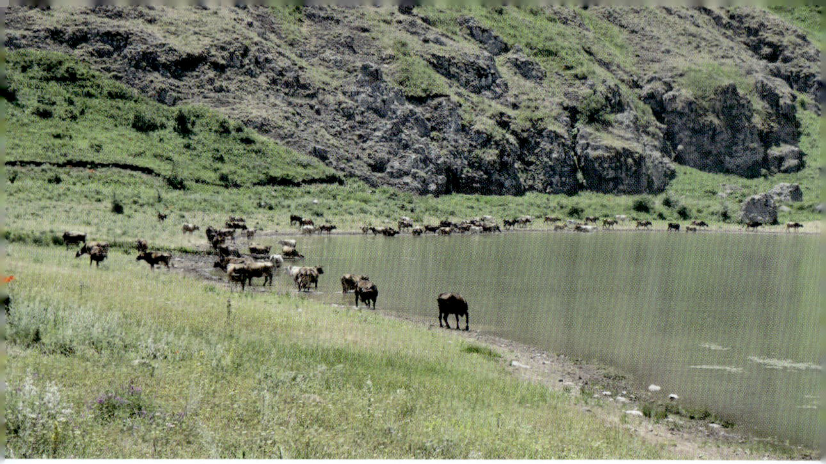

Tierischer Durst: Eine große Kuhherde geht im Hors-See baden und stillt ihren Durst.

Zunächst quert man in westlicher Richtung den Hang, wo Blumen, Gras und Sträucher wachsen. Die Steigung nimmt zu, bis der lange Bergrücken erreicht ist.

Von nun an ist die Wegfindung einfach. Eine sperrende Gruppe Felsen lässt sich leicht links umgehen, anschließend führt die beste Route mittig dem Gipfel entgegen. Ein letzter steiler Aufschwung, nur ein paar Meter lang, dann steht man auf dem höchsten Punkt des **Partam** 3. Die beste Aussicht zur Aufstiegsseite mit dem See hat man aber ein paar Schritte vorher. Der Rückweg erfolgt über die bekannte Route.

Blick vom Gipfel zur Aufstiegsroute.

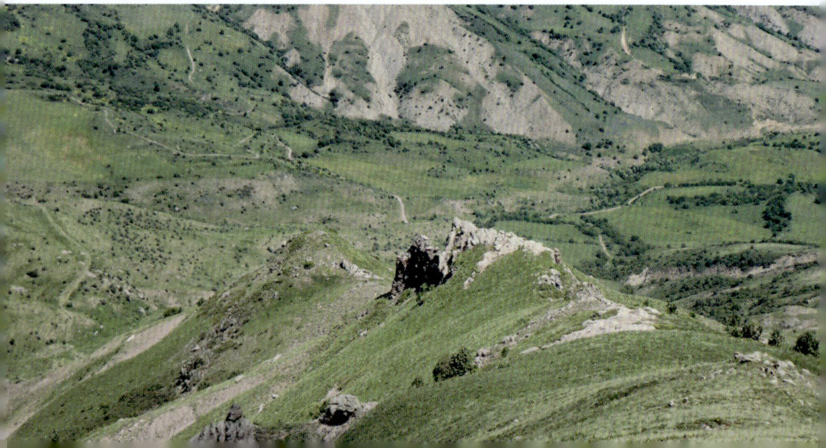

↗ 560 m | ↘ 560 m | 10.6 km

3.15 h

Smbataberd und Tsaghatskar 32

Gut erschlossene Route zu zwei unterschiedlichen historischen Stätten

Ein kleiner Bergzug, auf dem die Überreste einer alten Festungsanlage liegen, das ist das erste Ziel dieser landschaftlich sehr ansprechenden Wanderung. Doch die Idylle hat eine blutige Geschichte. Sie geht bis in das 5. Jahrhundert zurück, als sich Armenier und Perser bekämpften. Eine Informationstafel am Eingang der Festung Smbataberd klärt über die bewegte Vergangenheit auf. Die Wurzeln der Klosteranlage Tsaghatskar – die mehr als eine Gehstunde entfernt auf einem felsigen Hang steht – reichen ebenfalls rund 1500 Jahre zurück. Offenbar war es damals die Aufgabe der Kirche, die Gefallenen als Märtyrer zu glorifizieren und dem Gedenken an diese Opfer einen Ort zu geben. Heute sind vom Kloster vor allem die Kirche Surb Karapet und die Heiligkreuz-Grabkirche Surb Nshan erhalten geblieben. Trümmer aus anderen Gebäuden liegen verstreut auf dem Boden.

Ausgangspunkt: Artabuynk, 1652 m. Anfahrt mit dem Pkw ab Yeghegnadzor kurz auf der M-1442 Richtung Jerewan, dann rechts auf die M-10 Richtung Martuni wechseln. Nach 10 km rechts abbiegen, die Smbataberd-Festung ist ab hier ausgeschildert. Nach 3,3 km schräg links abbiegen, später durch den Ort Artabuynk hindurch, dort an einer Gabelung rechts. Etwa 1 km nach dem Ort weist ein Schild auf den Wanderweg zur Festung hin. Dort parken. Fahrtzeit ab Yeghegnadzor 25 Min.; ab Jerewan 2.20 Std.
Anforderungen: Leichte Wanderung, beschildert.
Einkehr/Übernachtung: Kurz vor dem Startpunkt bietet das Ayrarat Guest House Übernachtungsmöglichkeiten an. Info: ayraratguesthouse@mail.ru.

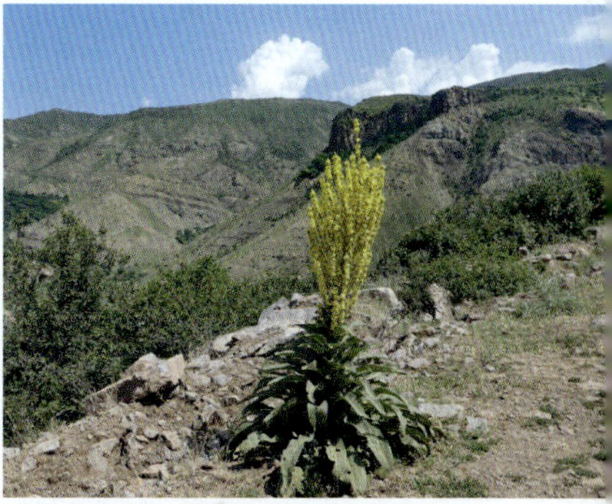

Eine einzelne Königskerze am Wegesrand. Die Blütezeit der imposanten Pflanzen reicht von Mai bis Juni.

Die ersten Meter des Wanderweges oberhalb von **Artabuynk** ❶ verlaufen leicht abwärts in Richtung eines Bergbachs. Dieser wird auf einer Brücke überquert. Der anschließende Weg macht eine Rechts- und eine Linkskurve, dann geht es in mäßiger Steigung den Hang hinauf. Ein **Wegweiser** ❷ bzw. ein Schild zeigt bei einer Verzweigung zwei Optionen auf: Nach links geht es zum Kloster, nach rechts zur Festung.
Das nähere Ziel ist die Festungsanlage, also geht man rechts auf dem steinigen Weg weiter. Bei P. 1840 beschreibt der Weg eine aufsteigende

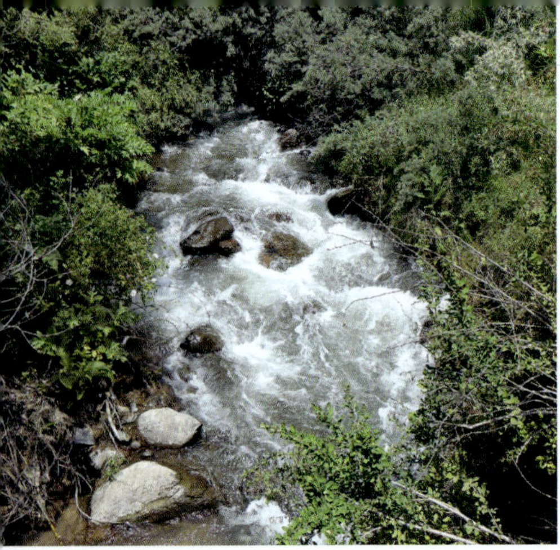

Der rauschende Bergbach Yeghegis.

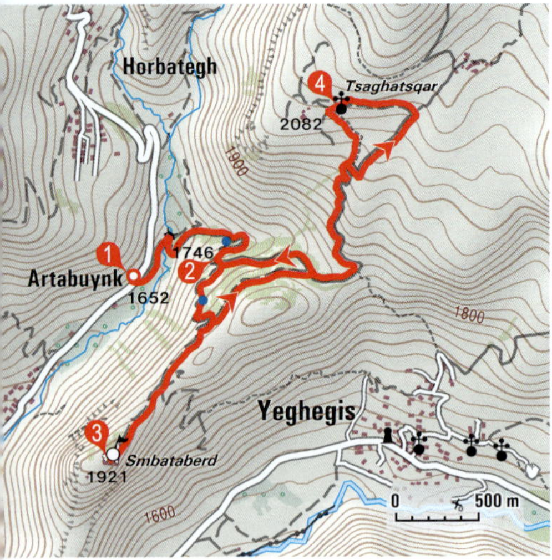

180°-Rechtskurve. Dort zweigt später der – von hier aus – günstigere Weg zum Kloster ab. Folgt man aber der Rechtskurve, dann gelangt man auf nun fast ebenem Gelände bis vor die Festung. Nur auf den letzten Metern nimmt die Route noch einmal etwas Steigung auf. Das großflächige Gelände der **Festung Smbataberd** ❸ lässt erahnen, wie viele Menschen hier im Mittelalter stationiert waren.

Anschließend geht es auf der gleichen Route wieder zurück bis zur **180°-Kurve**. Dort nimmt man jetzt die nordöstlich abzweigende Route und folgt ihr fast eben durch den Hang des Bergzugs. Schließlich gelangt man mit etwas Höhenverlust auf einen von links kommenden Weg an einer V-förmigen Gabelung, hier hält man sich rechts und wandert auf der steinigen Piste durch eine Linkskurve in einen steiler werdenden Hang. Die Klosteranlage steht auf einem felsigen Steilhang weiter nördlich.

In mäßiger Steigung geht es dem Kloster entgegen. Der Wanderweg führt unterhalb des Klosters vorbei und biegt dann an einem Wegweiser links ab. Die Vegetation nimmt in dieser Höhe wieder zu und versteckt zunächst die Anlage. Kurz darauf steht man am oberen Rand des **Klosters Tsaghatsqar** ❹. Vom unteren Ende des Klostergeländes führt ein deutlicher Pfad bergab über die Wiese. So kann

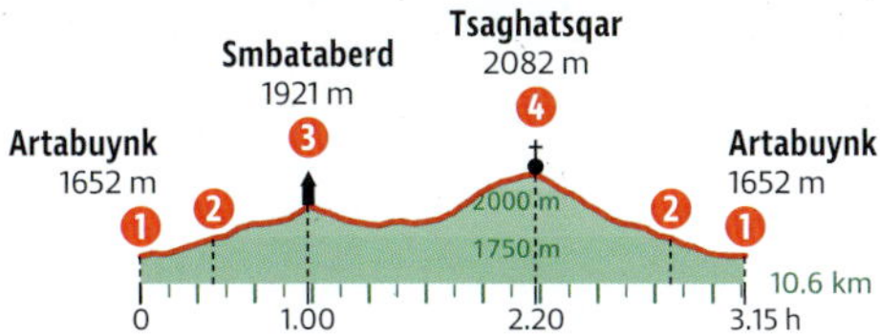

man relativ einfach die Route abkürzen, um wieder auf den bekannten Weg zu gelangen. Über ihn geht es weiter bis zu der V-förmigen Gabelung. Dort hält man sich rechts, um wieder dem Tal entgegenzugehen.
Etwa 15 Min. darauf trifft man wieder auf die **Verzweigung 2** mit dem Schild. Von dort geht es über die Aufstiegsroute wieder zurück zum **Ausgangspunkt 1**.

Der Grundriss der Festungsanlage ist noch klar definiert, aber nur wenige Gebäude sind erhalten geblieben.

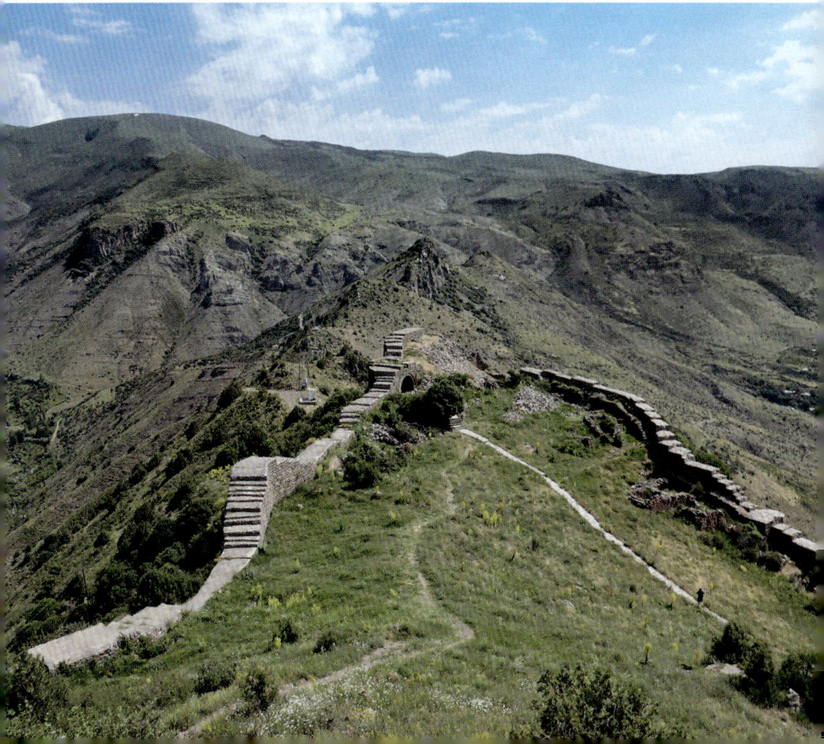

TOP

↗ 600 m | ↘ 600 m | 8.6 km

33 Spitakavor

3.30 h

Beliebte und lohnende Tour zu einer Klosteranlage

Die abgelegenen mittelalterlichen Klöster und Kirchen sind oft in einem wesentlich gepflegteren Zustand als die Wohnhäuser in den Städten. Spitakavor ist ein Paradebeispiel für den Umgang Armeniens mit seinem kulturellen Erbe. Die Anlage steht auf einem Hang, der nur schwer zugänglich ist. Völlige Ruhe und Abgeschiedenheit war schon den Erbauern vor 700 Jahren wichtig. Trotzdem sieht das Kloster heute aus wie neu, auch wenn die Mauern nicht ganz so weiß sind, wie es der Name (»spitak« heißt auf Deutsch »weiß«) erwarten lässt. Die Tour führt auf einem schmalen Pfad durch die abschüssigen Hänge einer Schlucht. Vermutlich war dies schon vor Jahrhunderten der Weg, den die Gläubigen genutzt haben. Hinter der Schlucht wird das Gelände gutmütiger, über eine markierte Route lässt sich das versteckte Kloster erreichen.

Oberhalb von Vernashen ist das Tal noch breit, der Übergang zu einer Schlucht erfolgt abrupt.

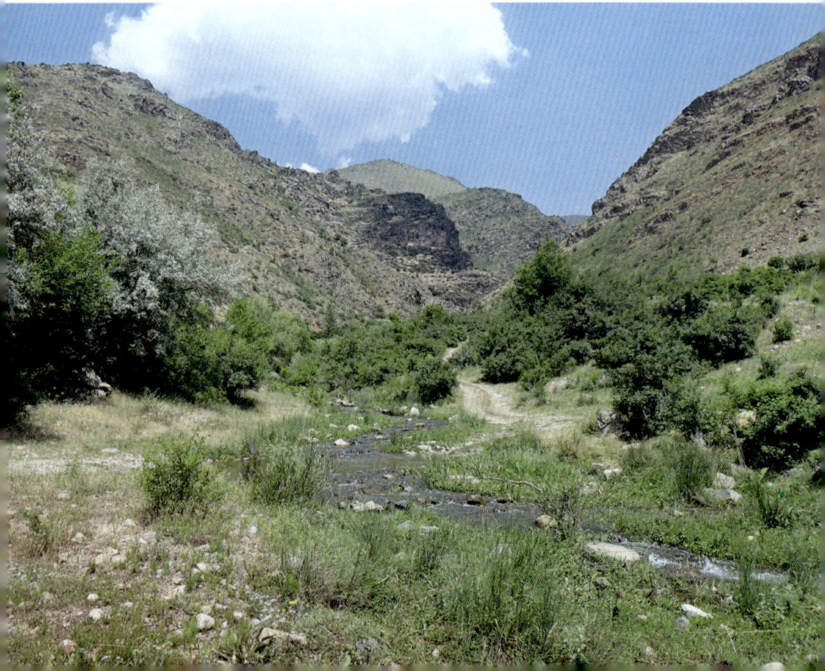

Ausgangspunkt: Vernashen, 1594 m. Anfahrt mit dem Pkw ab Yeghegnadzor Richtung Norden über Gladzor nach Vernashen. Dort vor einer 90°-Rechtskurve nach links abbiegen. Ein Schild weist auf den Weg zum Kloster Spitakavor hin. Hier endet der Asphalt. Nach etwa 1000 m macht die Straße eine scharfe Linkskurve. An dieser Stelle geradeaus weiterfahren, nach 100 m gibt es eine Wende- und Parkmöglichkeit. Fahrtzeit ab Yeghegnadzor 15 Min.; ab Jerewan 2.30 Std.
Anforderungen: Etwas Trittsicherheit für den schmalen Pfad in der Schlucht; der Hinweg ist markiert, Orientierungsvermögen ist aber für den ersten Abschnitt des Abstiegs nötig.
Einkehr/Übernachtung: Keine.
Variante: Wer die Tour etwas verlängern möchte, steigt noch auf den Hügel mit der Festungsruine Proshaberd. Die Erhebung östlich des Klosters ist von der Abstiegsroute aus deutlich zu sehen. Dazu einfach dem breiten Weg bis an den – in Blickrichtung – linken Fuß des Hügels folgen. Dort beginnt ein Pfad, der bis vor die verfallenen Mauern führt (»rot«). Zusätzlicher Aufwand: 250 Höhenmeter; rund 90 Min. auf und ab.
Hinweis: Bei allen Touren muss mit Schlangen gerechnet werden, hier scheint es aber besonders viele zu geben, auch giftige Vipern.

Von der Parkbucht am oberen Ende von **Vernashen** ❶ führt die Route noch ein paar Schritte an der Straße entlang, macht den Linksknick mit und zweigt unmittelbar danach rechts ab. Ein Steinmännchen markiert diese Stelle.
Von nun an ist die Wegfindung einfach, denn der schmale Pfad ist ab hier klar definiert. Er steigt langsam an, das Tal verengt sich dabei mit jedem Schritt. Nach knapp 30 Min. beschreibt die Schlucht eine Links-

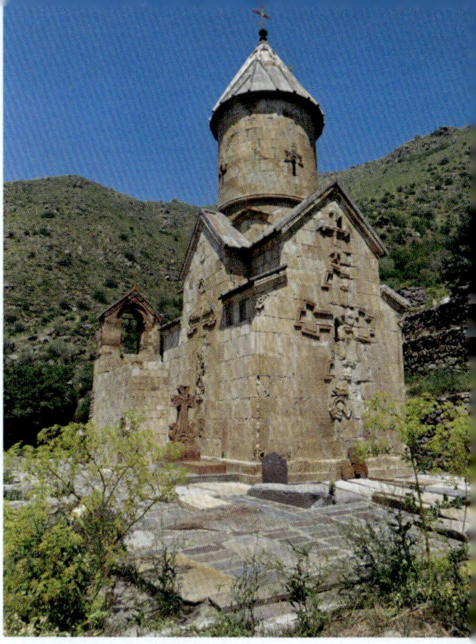

Die perfekt restaurierte Klosterkirche.

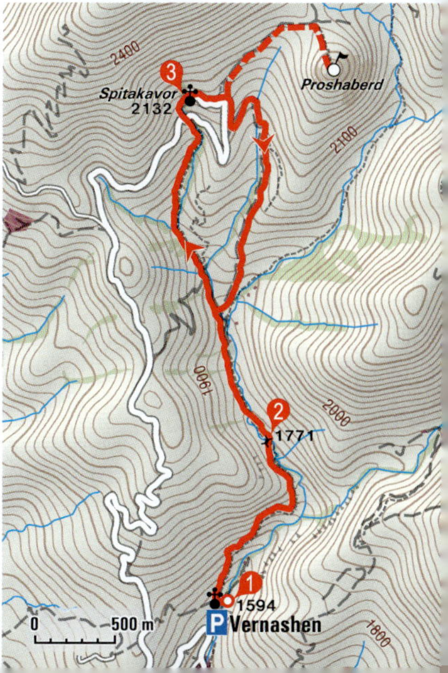

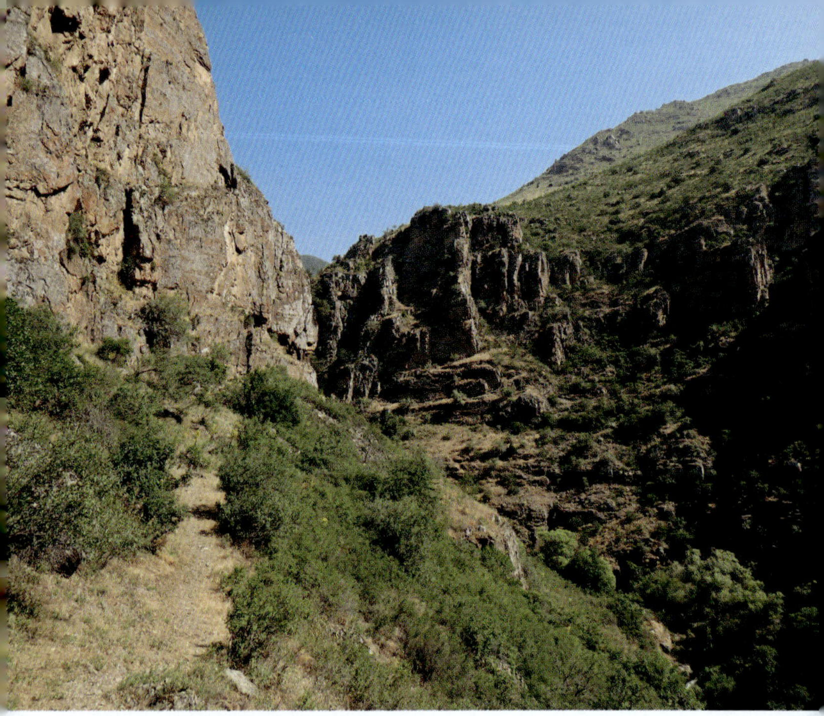

Der Weg durch die Schlucht von Vernashen wurde vermutlich schon im Mittelalter genutzt, um das Kloster zu erreichen.

biegung; über ein Felsband gelangt man dort unkompliziert bis zum Talboden mit einem Gebirgsbach. Bäume spenden hier Schatten, für den Rückweg bietet sich der Bereich für eine Rast an.

Der Pfad überquert zweimal den Bach: zuerst komfortabel über eine **Holzbrücke** ❷, kurz darauf über einige Steine. Auf dem nun etwas breiteren Talboden wird ein eingezäuntes Gelände als Ackerfläche genutzt. Der Weg führt links daran vorbei und mündet in eine breite Piste. Über diese geht es kurz in der gleichen Grundrichtung weiter. In einer scharfen Linkskurve steht ein Wegweiser.

Hier beginnt ein wiederum schmaler Pfad, der geradeaus durch dichte Vegetation den Schlussanstieg zum Kloster ermöglicht. Die Wegfindung ist einfach, bis nach etwa 1.45 Std. das **Kloster Spitakavor** ❸ erreicht ist. Daneben steht eine überdachte Sitzmöglichkeit für eine ganze Gruppe. Wesentlich interessanter ist natürlich die Anlage selbst. Auf Tafeln erfährt man mehr über die Geschichte dieses besonderen Ortes.

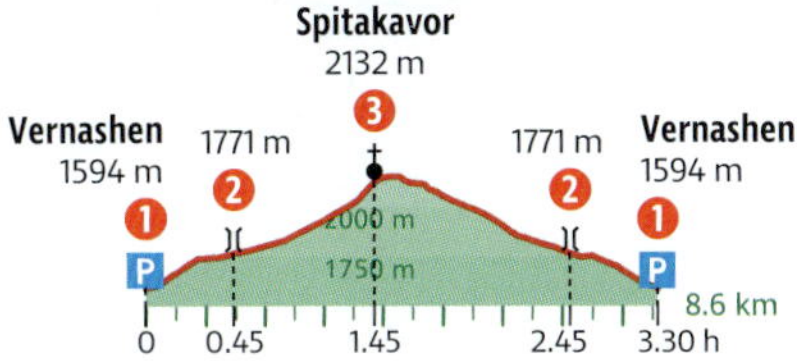

Anschließend steigt man die Treppe neben dem Kloster hoch, ein breiter Weg führt dann in östliche Richtung. Der Hügel mit der Festungsruine Proshaberd tritt eindrucksvoll ins Blickfeld. Dazwischen liegt ein kleines Tal, das sich gut für den Abstieg eignet.
Zunächst geht man ein paar Schritte nach rechts über eine Geländerippe mit einem kleinen Felshügel, dann wendet man sich dem Tal zu. An einer geeigneten Stelle steigt man weglos bis in die Mitte des Talbodens hinab. Auf der in Blickrichtung linken Talseite gibt es einen aufgelassenen Weg, dessen Verlauf aber noch erkennbar ist. Durch eine schmale Gasse zwischen kniehohen Sträuchern wandert man in moderatem Gefälle Richtung Süden. Dort, wo es etwas steiler wird, hält man sich links und erreicht so einige einfache Häuser. Dahinter trifft man wieder auf die Aufstiegsroute, über die es zurück nach **Vernashen** 1 geht.

Auf dem Gipfel dieser Erhebung thront die Ruine der Festung Proshaberd (Variante). Das Tal darunter dient als Abstiegsweg.

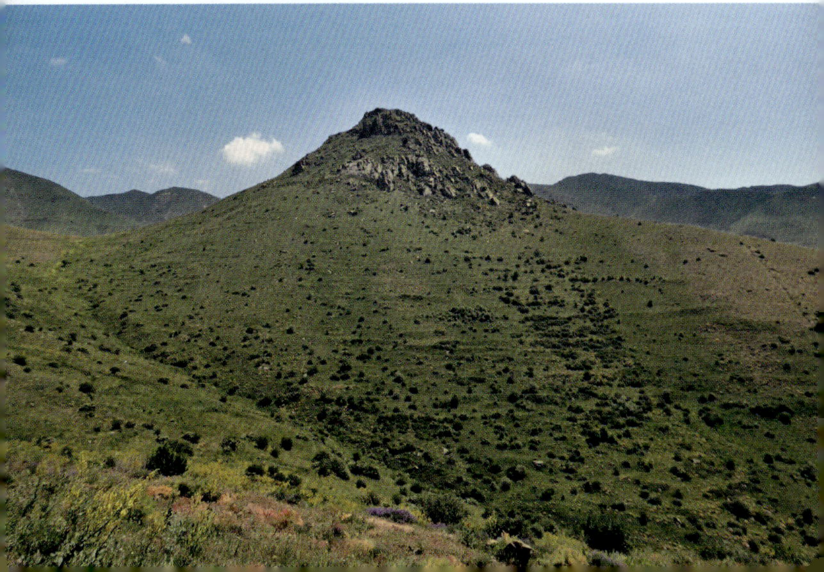

↗ 1050 m | ↘ 1050 m | 18.5 km

34 Theqsar, 2898 m

6.00 h

Langer Aufstieg auf einen unauffälligen Riesen

Ohne sich der Landschaft aufzudrängen, erhebt sich mit dem Theqsar das höchste Massiv in dieser Region. Sanft geschwungene Hänge mit üppiger Vegetation prägen das Bild des Berges. Der Aufstieg über breite Wege erfolgt in einer gleichförmigen Bewegung, die nie besonders anstrengend wird. Wer bereit ist, sich auf diesen Rhythmus einzulassen, kann die Ausblicke und die Besonderheiten der montanen Tier- und Pflanzenwelt genießen. Ständig raschelt es am Wegesrand. Oft sind es die Östlichen Riesen-Smaragdeidechsen, manchmal auch Schlangen. Besonders im Juni blüht die Vegetation eindrucksvoll auf und verleiht den Hängen rote, blaue und gelbe Farbtupfer.

Die kleine Kirche Tanahat steht fast direkt an der Zufahrtsstraße – der kleine Abstecher lohnt sich!

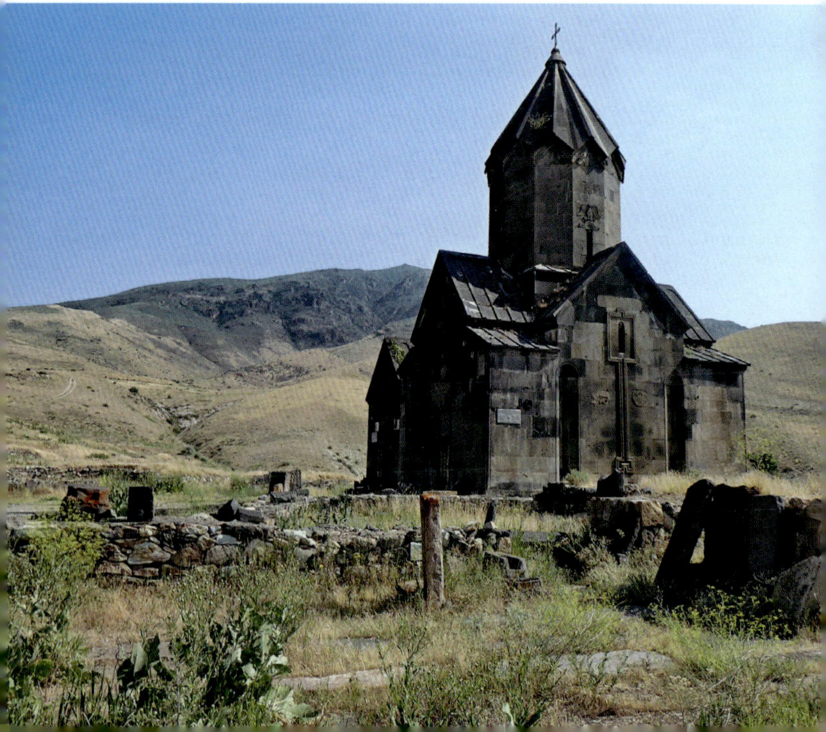

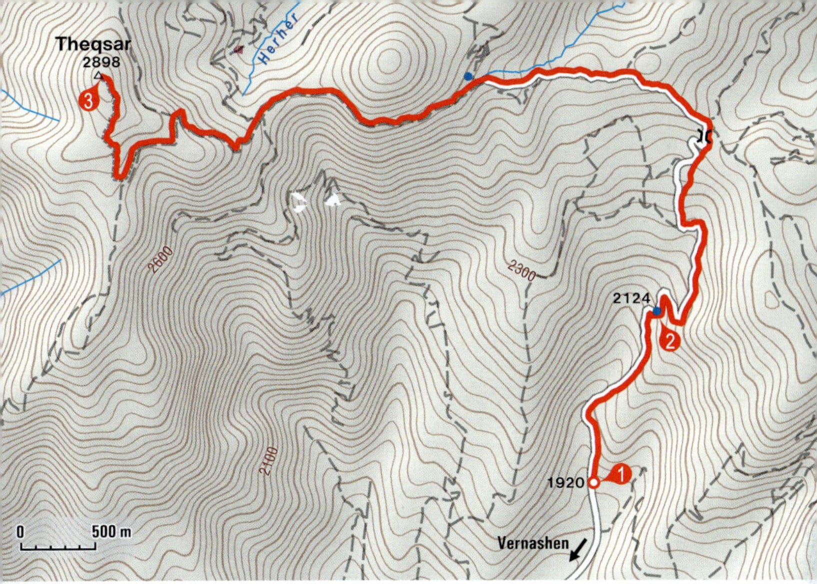

Ausgangspunkt: Piste, 1920 m, oberhalb von Vernashen. Anfahrt mit dem Pkw ab Yeghegnadzor Richtung Norden über Gladzor und Vernashen. Dahinter führt die Straße an einem Friedhof vorbei, dann an der kleinen Kirche Surb Stepanos, einige Minuten später an der Kirche Surb Khach (»Heiliges Kreuz«). Aus der Straße wird anschließend eine Piste. Mit einem Pkw ist es sinnvoll, spätestens bei P. 1920 zu parken. Dort gibt es eine gute Wendemöglichkeit. Fahrtzeit ab Yeghegnadzor 30 Min.; ab Jerewan 2.45 Std.
Anforderungen: Etwas Kondition für die 18,5 km lange Tour; technisch leicht.
Einkehr/Übernachtung: Keine.
Tipp: Vor allem die erste der beiden Kirchen, die am Rande der Zufahrtsstraße stehen, lohnt einen Besuch. Das Kloster Tanahat mit der Kirche Surb Stepanos stammt aus dem frühen Mittelalter, vermutlich aus dem 8. Jh., und hatte früher eine große Bedeutung für die Region.

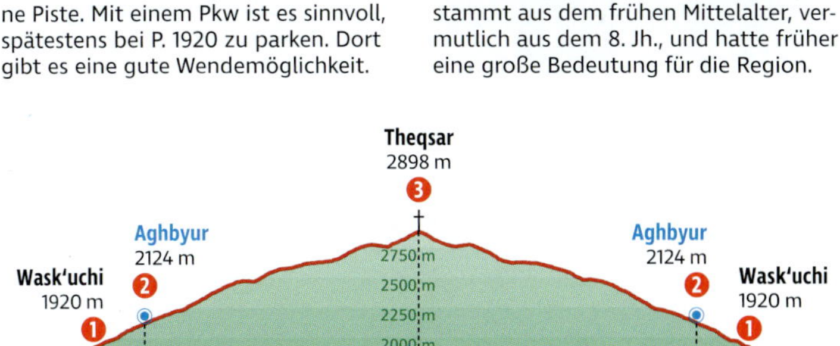

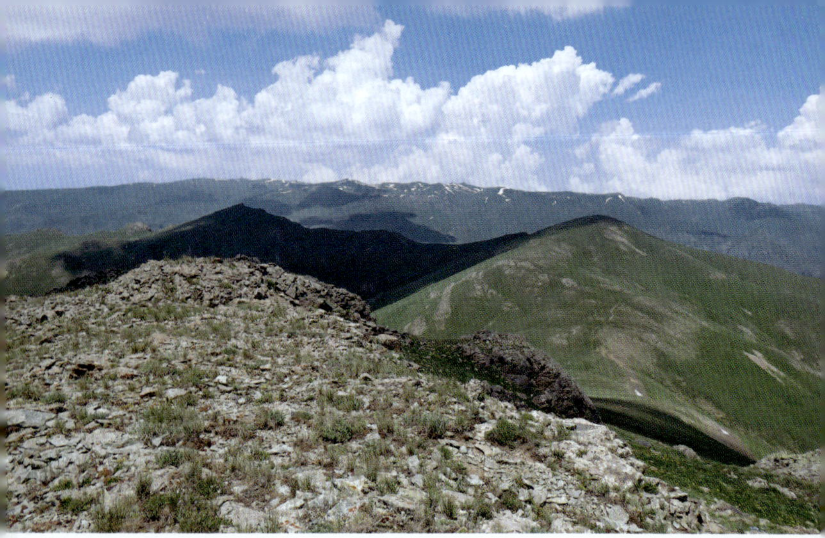

Foto oben: Vom Gipfel reicht der Ausblick bis in das Wardenis-Gebirge. – Unten: Kleine Felsstufen unterbrechen das sanft geschwungene Bergmassiv mit seinen Grashängen.

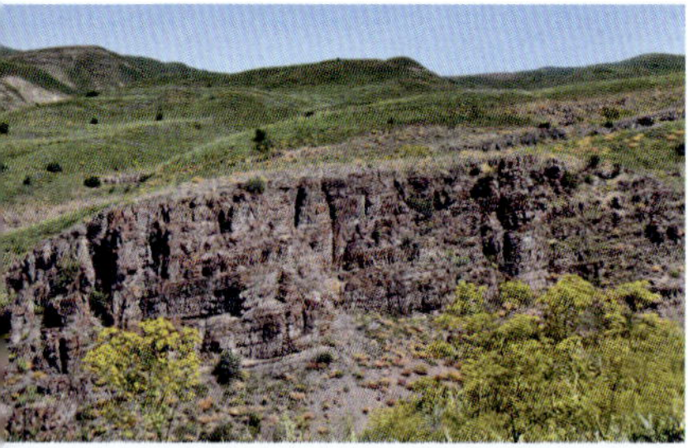

Ganz gleich, an welcher Stelle der **Piste** ❶ *(wask'uchi)* das Auto zurückgelassen wird, der weitere Weg verläuft in leichter bis mäßiger Steigung auf genau dieser Route. Bei P. 2124 passiert man eine **Quelle** ❷ *(aghbyur)* am rechten Wegesrand.
Mehrfach kommt es zu Verzweigungen, wobei die jeweiligen Äste kurz darauf wieder aufeinandertreffen. Bei P. 2380 erreicht man eine Kammhöhe. Blickt man nach links, erkennt man eine auffällige Erhöhung, den Gaz. Die Route umgeht diesen Berg durch seinen Südhang, erst danach wird die Sicht frei auf das lang gestreckte Massiv des Theqsar. Der Weg dorthin ist zunächst offensichtlich. Im Zickzack führt ein Weg bis auf den Kamm des Theqsar. Dann geht es aber nicht über diesen – mit Felsen besetzten – Südostkamm direkt zum Gipfel, sondern auf der dahinter liegenden Seite ein Stück bergab. Der Weg macht eine Linkskurve und bewegt sich auf eine Schulter im Südkamm hin. Von dort – oder abkürzend schon davor – lässt sich der bald sichtbare Gipfel des **Theqsar** ❸ über Gras einfach erreichen.
Der Abstieg erfolgt analog zur Aufstiegsroute.

↗ 600 m | ↘ 600 m | 14.3 km

4.00 h

Vayots Sar, 2586 m

35

Vulkan mit einem Bilderbuchkrater

Was für ein Krater! Kreisrund und mit einem Durchmesser von einem halben Kilometer. Der tiefste Punkt des Kessels liegt 120 Meter unter dem breiten Rand. Der Vulkan ist im Sommer vollständig mit grüner Vegetation überzogen, gesprenkelt mit Farbtupfern der zahlreichen Blumen. Nicht nur unzählige Insekten leben hier, sondern auch Eidechsen und Schlangen. Mit etwas Glück – natürlich nicht für alle Beteiligten – kann man beobachten, wie ein Greifvogel mit seinen Krallen eine Schlange fängt und mit ihr davonfliegt. Der letzte Ausbruch des Vayots Sar liegt wohl knapp 3000 Jahre zurück und muss verheerend gewesen sein. Vielleicht trägt er deswegen den Namen »Berg der Sorgen«.

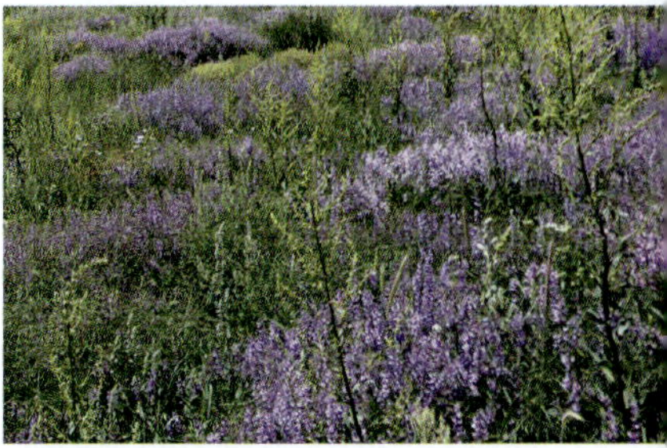

Im Frühsommer blühen auf den Hängen montane Pflanzen.

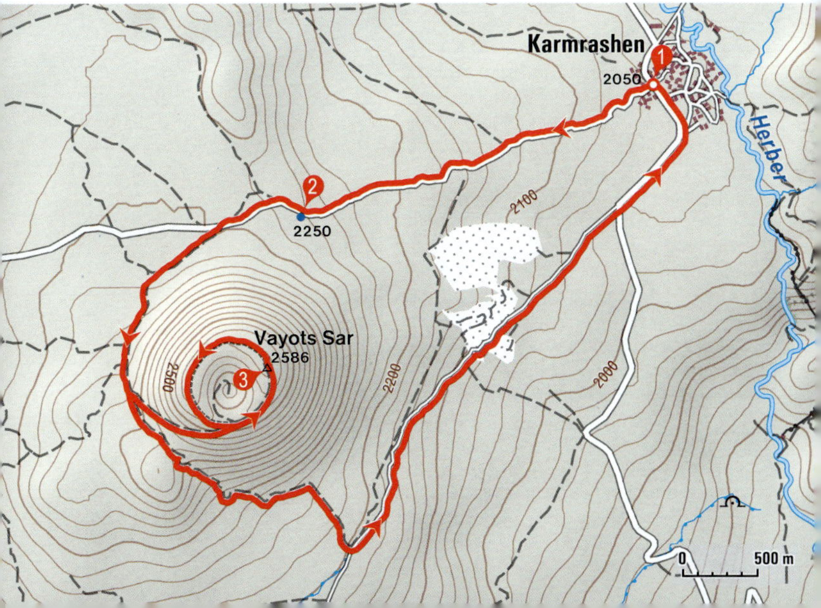

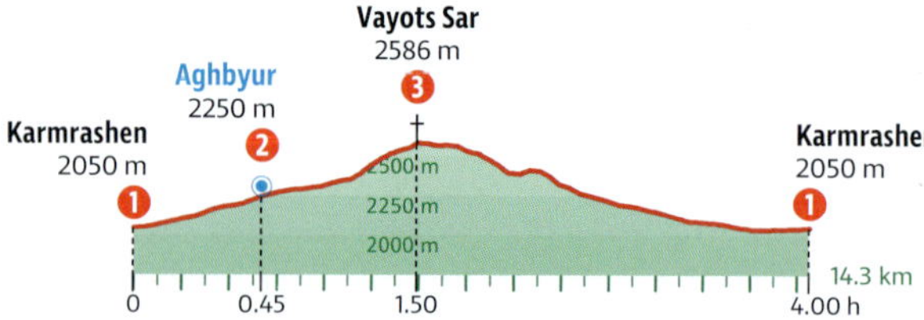

Ausgangspunkt: Karmrashen, 2050 m. Anfahrt mit dem Pkw ab Yeghegnadzor über die M-2 Richtung Goris. An Vayk vorbei, 5 km darauf zweigt links eine – für armenische Verhältnisse – sehr gut ausgebaute Straße ab (Schild »Herher«). Sie führt an einem Stausee vorbei bis zum Ort Herher. Danach ist die Straße in einem schlechten Zustand. Etwa 5 km hinter Herher ist der kleine Ort Karmrashen. Vor dem Ort der Linkskurve folgen und dann an der zweiten Straße nach links parken, Fahrtzeit ab Yeghegnadzor rund 50 Min.; ab Jerewan knapp 3 Std.
Anforderungen: Relativ leichte Tour.

Einkehr/Übernachtung: Keine.
Tipp: Nach der Tour lohnt sich ein Abstecher zum Kloster Surb Sion. Die Anlage aus dem frühen Mittelalter steht auf einem Felshügel, knapp 1000 m nordöstlich von Herher. Mit dem Pkw kann man sich auf einer schmalen Gasse der Anlage nähern. Dann geht es zu Fuß über den Gebirgsbach und auf einem Pfad bergauf zum Kloster.

Von der Durchgangsstraße in **Karmrashen** ❶ zweigt man links ab und geht zunächst an einigen Häusern vorbei. In Richtung des längst sichtbaren Vulkans verläuft ein breiter Weg. Er ist mit feinkörnigem Vulkangestein bedeckt, was das Gehen recht angenehm macht. Mit nur langsamem Höhengewinn nähert man sich der rechten Seite des Hügels. Nach etwa 45 Min. steht ein Unterstand mit Sitzgelegenheit am Wegesrand, daneben ist eine **Quelle** ❷ *(aghbyur)*.
Wenige Minuten später erreicht der Weg ein Plateau am Fuß des steilen Nordhangs. Man trifft auf eine Verzweigung, dort links halten. Leicht steigend zieht sich der Weg um den Hügels herum. An einer weite-

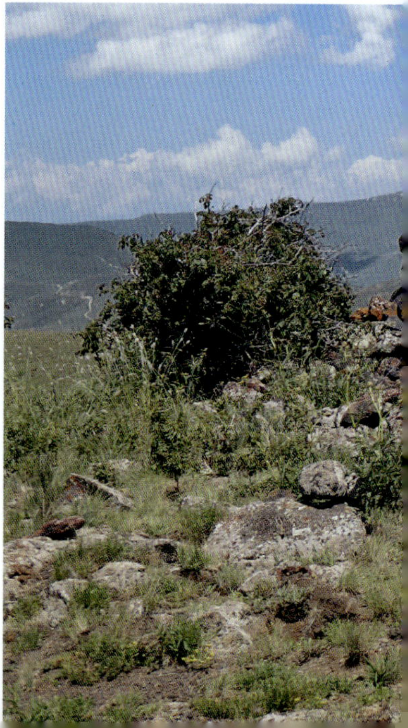

ren Verzweigung hält man sich wiederum links und folgt einem mit Gras bewachsenen Weg. Gut 5 Min. darauf zweigt nach links in nun stärkerer Steigung ein steiniger Weg ab, der die nächsten 150 Höhenmeter bis zum Kraterrand ansteigt. Dort ist das Gelände übersichtlich. Eine breite Spur zieht sich bis zum tiefsten Punkt des weiten Kessels, auf dem Rand verläuft ebenfalls eine deutliche Spur, über die der höchste Punkt des **Vayots Sar** 3 erreicht wird. Ein vierbeiniges Metallgestell und einige Steinmännchen sind die Gipfelzeichen des Vulkans.
Nach der Umrundung des Kraterrands geht man die 150 Höhenmeter über den steinigen Weg wieder bergab und zweigt am unteren Ende scharf links ab. So gelangt man in einigen Windungen an den Fuß des Südosthangs. Mehr als 2 km bleibt man dem Weg treu, dann stößt er auf eine quer verlaufende Piste. Dort nach links abbiegen. In meistens leichtem Gefälle bewegt sich diese kaum befahrene Piste Richtung Nordosten; schon bald ist Karmrashen zu sehen. Für den letzten Abschnitt zum **Ausgangspunkt** 1 nutzt man die ebenfalls selten befahrene Straße.

Am Gipfel des Vayots Sar. Den Hintergrund dominieren die schneebedeckten Berge des Wardenis-Gebirges.

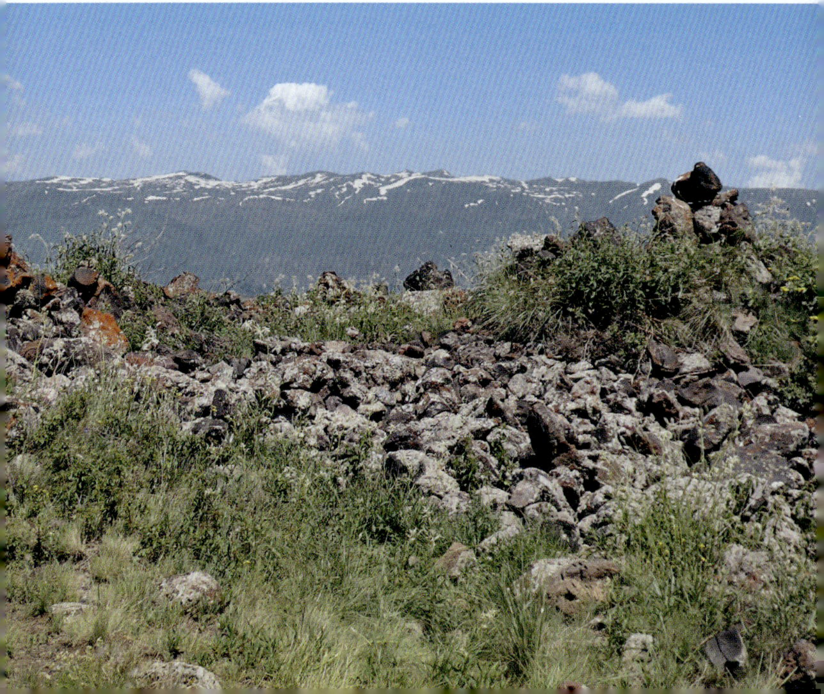

↗ 150 m | ↘ 150 m | 5.2 km

36 Thermalquelle von Jermuk

1.45 h

Heiße Quelle im feuchten Tal

Jermuk ist ein – für armenische Verhältnisse – eleganter Luftkurort mit Skibetrieb im Winter. Im Sommer ist Wasser das bestimmende Element: In einer Schlucht fließt unterhalb des kleinen Städtchens der Arpa, ein großer Teich zieht die Besucher an, der vielleicht schönste Wasserfall des Landes stürzt hier in die Tiefe, und es gibt eine Thermalquelle. Die allerdings befindet sich etwas außerhalb von Jermuk, in einem Seitental. Sportlich weniger motivierte Gäste lassen sich mit einem Geländewagen dorthin fahren. Ihnen entgeht ein interessantes Erlebnis, weil die Wanderung durchaus reizvoll ist. Spätestens ab dem Schild »Vorsicht! Bären in dieser Gegend« wird es spannend.

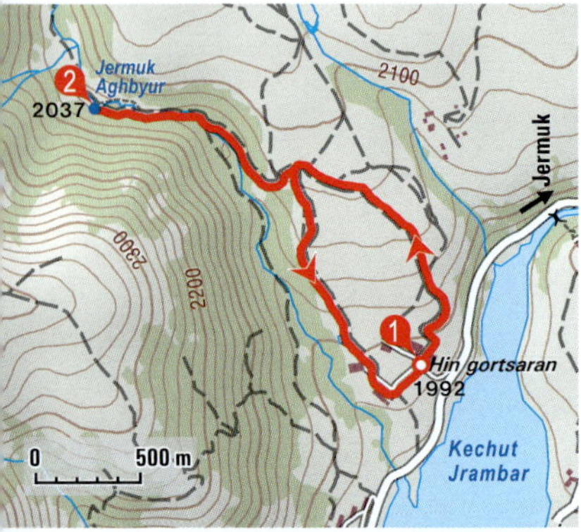

Ausgangspunkt: An einer alten Fabrik, 1992 m, oberhalb des Westufers vom Ketschut-Stausee. Anfahrt mit dem Pkw: Von der Nord-Süd-Achse M-2 etwa 20 km westlich des Worotan-Passes beschildert Richtung Jermuk abfahren. Dort am großen Kreisverkehr links und über die Brücke ins Zentrum. An der Ampel links abbiegen und der Straße folgen, die bald nahe dem Stauseeufer nach Süden führt. Knapp 5 km ab der Ampel schräg rechts auf eine Piste abbiegen. Nach einer Rechtskurve trifft man auf die alte Fabrik. Davor parken. Fahrtzeit ab Jerewan 3 Std., ab Goris 2 Std.
Anforderungen: Leicht. Im Tal kann die Route an mehreren Stellen überflutet sein, dann ist etwas Improvisationsvermögen bei der Wegfindung gefragt.
Einkehr/Übernachtung: Unterwegs keine. In Jermuk relativ großes Angebot an Unterkünften und Restaurants.
Hinweis: Wasserfeste Trekkingsandalen sind bei dieser Tour besonders nützlich.
Tipp: Der Jermuk-Wasserfall in der Arpa-Schlucht unterhalb des Ortszentrums. Er gehört zu den schönsten Armeniens und sollte auf keinen Fall ausgelassen werden. Zufahrt: Mit dem Pkw im Kreisverkehr Richtung Osten fahren. In Serpentinen in die Schlucht hinab und vor einer Brücke links abbiegen. Am Ende der Straße parken und die letzten 200 m zu Fuß gehen.

Vom Startpunkt an der **alten Fabrik** ❶ *(hin gortsaran)* zieht ein Feldweg leicht ansteigend in nördliche Richtung. Auf den Wiesen weiden im Sommer Viehherden. Bald werden im Hintergrund die Dreitausender der Wardenis-Gruppe sichtbar. Unter einer Stromleitung hindurch erreicht man

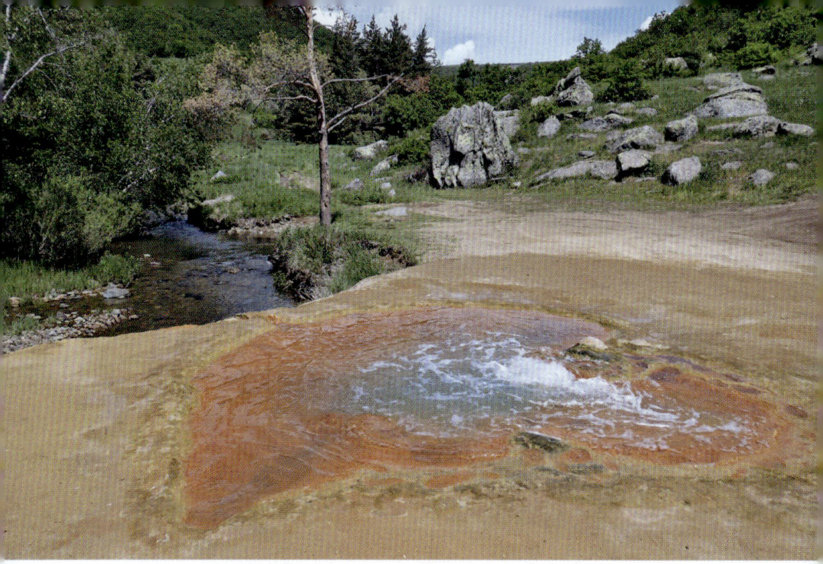

Es blubbert ständig in dem etwa drei Meter breiten Loch der Jermuk-Thermalquelle.

nach knapp 30 Min. einen Punkt, wo sich der Weg kurz gabelt und dann wieder vereint. Vor dieser **Gabelung** zweigt nach Süden ein weniger deutlicher Weg ab, über den später wieder abgestiegen wird.
Auch das oben erwähnte Hinweisschild, es könne zu Begegnungen mit Bären kommen, steht in diesem Bereich. Einige Meter weiter geht es hinab in ein kleines Tal; das Rauschen des Baches wird bald deutlicher. Besonders nach Regenfällen kann es vorkommen, dass abfließendes Wasser den Weg abschnittsweise flutet.
In der Senke verläuft die Route auf der nördlichen Seite des Gebirgsbaches. Ein schmaler Pfad zieht sich durch die dichte Vegetation. Welche Route die beste ist, hängt vom aktuellen Zustand der Wege ab. Bei einer weiten Lichtung erreicht man schließlich die **Jermuk-Thermalquelle** ❷. Aus einem großen Loch im Boden sprudelt eisenhaltiges, warmes Wasser.
Auf gleicher Route geht es wieder zurück bis zu der **Gabelung**, wo Richtung Süden ein etwas weniger deutlicher Weg abzweigt. Über ihn gelangt man in knapp 20 Min. auf die westliche Seite des Fabrikgeländes. An dessen Ende führt eine Straße nach links und trifft nach wenigen Minuten wieder auf den **Ausgangspunkt** ❶.

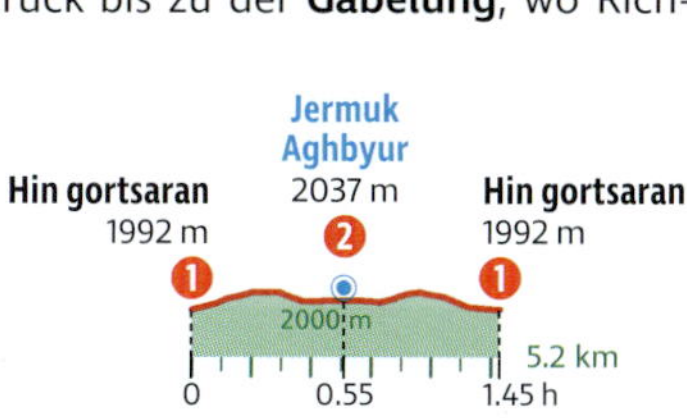

↗ 550 m | ↘ 550 m | 8.4 km

3.00 h

37 Parakatar, 2529 m

Grasberg nahe dem Worotan-Pass

Die Tour zum Parakatar bietet sich als willkommene Unterbrechung der Fahrt auf der Nord-Süd-Achse von Jerewan nach Sjunik an. Der grüne Berg ist von Weitem sichtbar. Die erste Etappe bis an den Fuß der steilen Hänge ist leicht zu finden, danach geht es weglos weiter. Im Sommer wächst die Vegetation so üppig, dass man sich in den unteren Lagen durch hüfthohe Gräser bewegen muss. Mit zunehmender Höhe wird der Grasbewuchs flacher und die Aussicht weiter.

Ausgangspunkt: Ughedzor, 2020 m. Anfahrt mit dem Pkw ab Yeghegnadzor über die M-2 Richtung Meghri. Nach 40 km rechts abbiegen auf eine Piste (Schild »Ughedzor«). Von dort sind es noch 3 km bis in den Ort. Fahrtzeit ab Yeghegnadzor 50 Min.; ab Jerewan 3 Std.

Anforderungen: Etwas Orientierungsvermögen für den weglosen Abschnitt bis zum Gipfel (»blau/rot«) ist erforderlich.

Einkehr/Übernachtung: Keine.

Hinweis: Lange Hosen zum Schutz vor Dornen und Insekten tragen!

Leicht bergauf geht es durch die kleine Siedlung **Ughedzor** ❶, die wegen mehrerer verlassener Häuser einen wenig erbaulichen Anblick bietet. Die Straße ist nicht asphaltiert, festgetretene Steine bilden den Belag. Nach 15 Min. hält man sich bei einer Verzweigung rechts, 500 m weiter an einer weiteren Gabelung geradeaus. Der Weg bewegt sich über ein leicht gewelltes Gelände auf den Nordwesthang des Parakatar zu, an einigen Stellen sind jedoch nur undeutliche Spuren im Gras erkennbar.

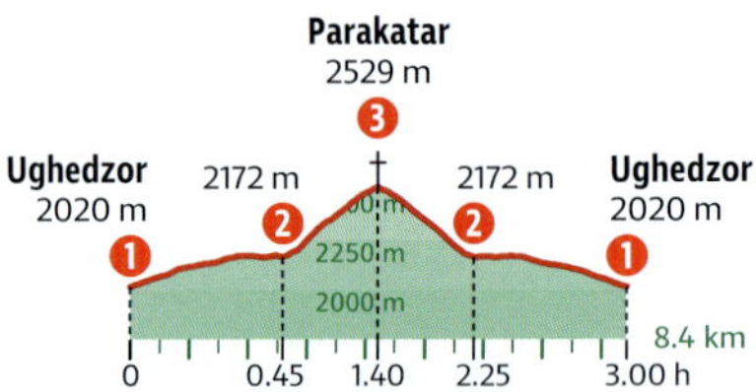

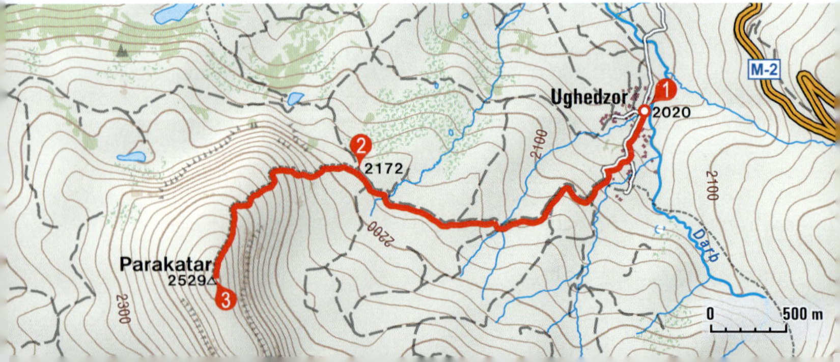

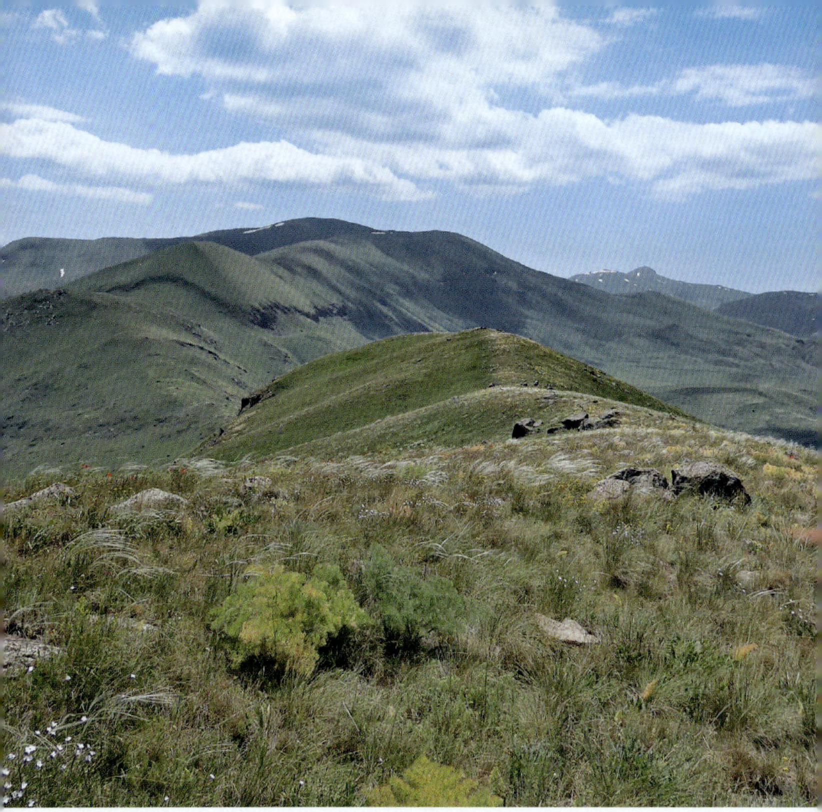

Blick vom Gipfel nach Norden, wo sich – in gut 30 km Entfernung – das Wardenis-Gebirge erhebt.

Nur wenige Minuten nach der vorigen Verzweigung geht es mit leichtem Höhenverlust zu einem kleinen Bach, dann zweigt man nach rechts ab. Relativ eben nähert sich der Weg dem Hang, dann muss noch einmal etwas Höhenverlust in Kauf genommen werden. Bei **P. 2172** verlässt man an einer schlecht erkennbaren **Abzweigung** ❷ den Weg und hält auf den Hang zu. Der erste Aufschwung ist etwas steiler, dann geht es in einem Linksbogen über eine geeignete Route bis auf den breiten Rücken des Berges. Dort ist das Gehen – bis auf eine kleine steilere Stufe – relativ einfach. Der breite Rücken verjüngt sich schließlich zu einem Kamm und führt problemlos zum höchsten Punkt des **Parakatar** ❸.
Für den Abstieg empfiehlt sich die gleiche Route.

↗ 400 m | ↘ 400 m | 10.5 km

38 Felsbogen von Kapuyt

3.30 h

Zum Basalt-Felsbogen im Zaritap-Tal

Zwei Besonderheiten überraschen in diesem landschaftlich ausgesprochen schönen Tal: Zum einen besonders gut erhaltene Felsgravuren mit Motiven, wie sie sonst vor allem auf den in Armenien weit verbreiteten Kreuzsteinen zu sehen sind. Der zweite Höhepunkt dieser Tour ist nicht von Menschen, sondern durch die Kräfte der Natur geformt: ein malerischer Felsbogen, durch den ein kleiner Bachlauf führt.

Blick durch den Felsbogen ins Tal.

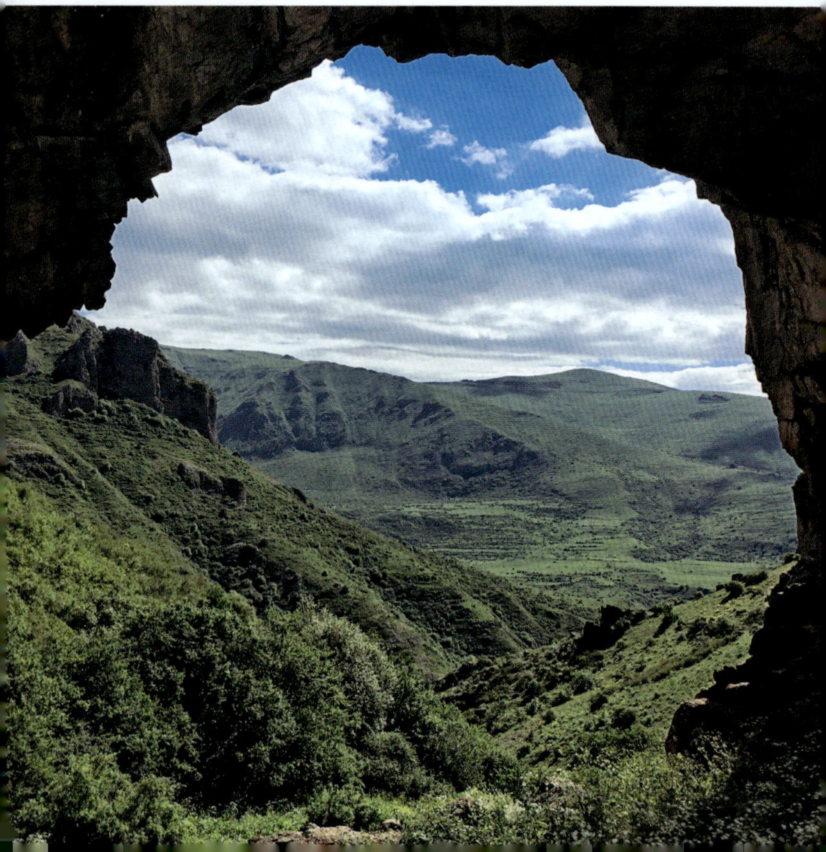

Ausgangspunkt: Gomk, 1911 m. Anfahrt mit dem Pkw ab Yeghegnadzor über die M-2 Richtung Meghri. Rund 3 km hinter Vayk rechts Richtung Zaritap abbiegen. Mehrere Hundert Meter nach dem Ortsschild beschildert nach links Richtung Kapuyt fahren. An einer Verzweigung in Zaritap links halten, nicht auf den zentralen Platz fahren! Der etwas ramponierten Straße bis nach Gomk folgen und dort am Ortseingang an einem Brunnen parken. Gegenüber stehen zwei Kreuzsteine. Fahrtzeit ab Yeghegnadzor 40 Min.; ab Jerewan 2.45 Std.
Anforderungen: Nur der letzte Anstieg zum Felsbogen auf einem schmalen Pfad ist etwas steiler, ansonsten ist die Tour einfach. Abschnittsweise markiert.
Einkehr/Übernachtung: Benson Tour Guest House in Gomk auf halbem Weg zwischen der Kapelle und der Straße nach Kapuyt: einfache Unterkunft mit 7 Zimmern, Gemeinschaftsbädern und -küche. Kontakt: benson.armenia@gmail.com.
Variante: Rückweg durch das Tal (Teil des Transcaucasian Trail): Auf dem Rückweg kurz vor dem Ortsende von Kapuyt rechts auf einen breiten Weg abbiegen und diesem bergab folgen. Nach rund 1000 m in der Talmitte zweigt links ein Weg ab. Über diesen geht es wieder bergauf nach Gomk, wo man nahe der Kapelle ❷ auf die bekannte Route stößt.
Tipp: Die beschilderten und markierten Wege hinter der Abzweigung zum Felsbogen führen die steilen Hänge hinauf bis nach Artavan und weiter nach Ughedzor nahe der Straße M-2. Wer sich dort abholen lässt, kann die Tour so deutlich verlängern und aufwerten.

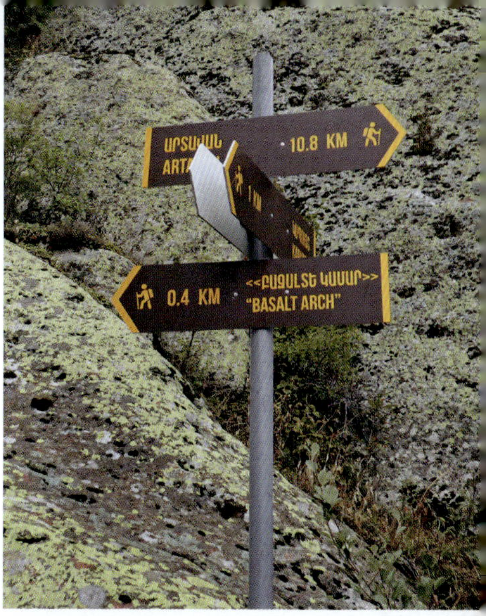

Foto oben: Beschilderung der Wanderwege in Wajots Dsor. – Unten: Kreuzstein in Gomk.

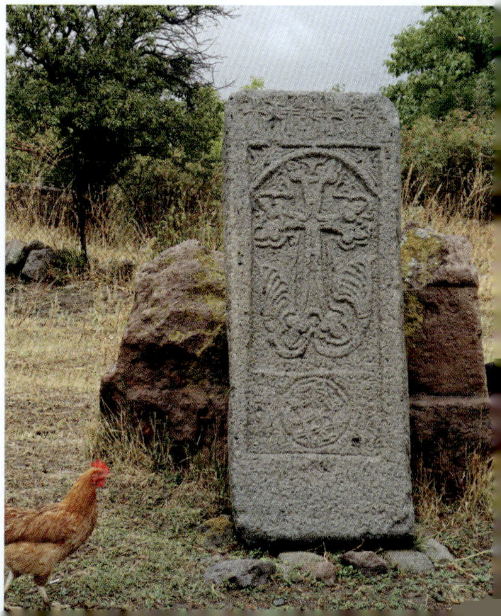

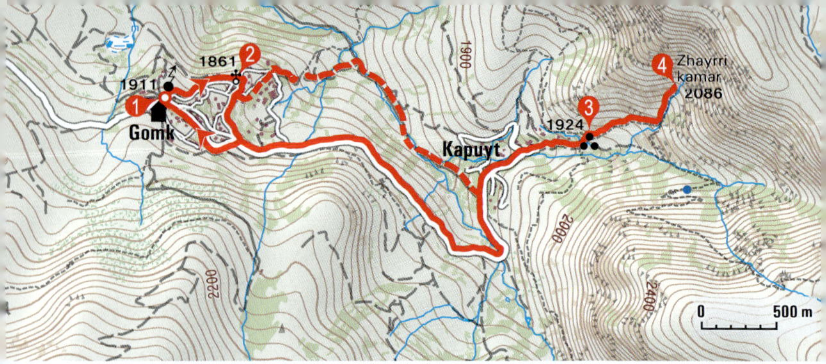

Am Ortseingang von **Gomk** ❶ stehen an der hier breiten Durchgangsstraße ein Brunnen und auf der gegenüberliegenden Seite zwei alte Kreuzsteine. Geht man wenige Schritte Richtung Osten, dann zweigt links eine Gasse ab. Diese führt mit etwas Höhenverlust innerhalb weniger Minuten zu einer **Kapelle** ❷, vor der sich ein Kreuzstein an seinen Sockel lehnt. Nun nicht gegenüber der Kapelle, sondern wenige Meter danach nach rechts gehen – so gelangt man wieder auf die Durchgangsstraße von Gomk. Auf diese wenig befahrene Straße nach links abbiegen und ihr in leichtem Auf und Ab folgen, dabei ergeben sich schöne Talblicke.

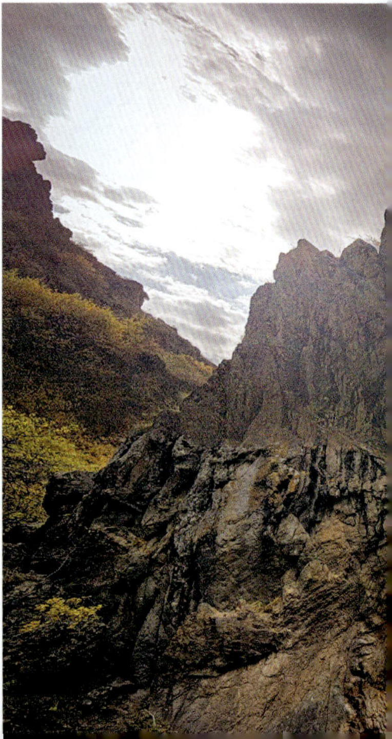

Rund 2 km nach dem Ortsende von Gomk überquert die Straße den Talbach auf einer Brücke. Auf der anderen Seite führt die Route links weiter in den kleinen Ort **Kapuyt**.

Dort folgt man zunächst der Hauptstraße und ignoriert ein nach rechts weisendes Schild für Wanderer. Stattdessen geht es rund 10 Min. durch den Ort, bis zu einer kleinen Brücke. Dahinter führt der weitere Weg nach rechts. Mäßig ansteigend zieht sich die markierte Route entlang der letzten Häuser, bis auf der linken Seite am Fuß des steilen Hangs die **Felsgravuren** ❸ zu sehen sind.

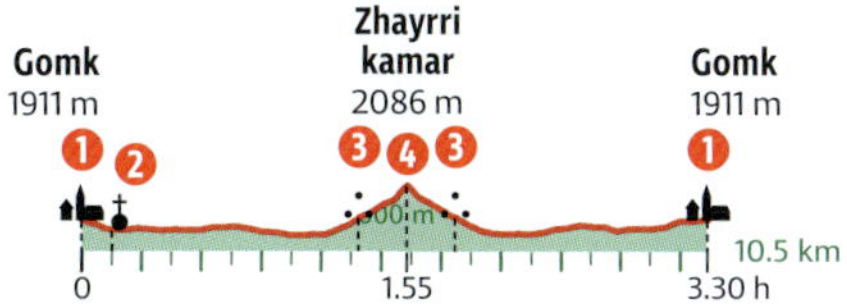

Farbmarkierungen helfen bei der weiteren Wegfindung durch das Gelände, die Grundrichtung bleibt weiterhin die gleiche. Knapp oberhalb der 2000-m-Marke steht ein Wegweiser, der nach links den restlichen Aufstieg vorgibt. Nun sind es nur noch gut 10 Min. entlang eines Wasserlaufs bis zum Ziel der Wanderung, dem **Felsbogen** ❹ *(zhayrri kamar)* von **Kapuyt**. Der Rückweg nach **Gomk** ❶ verläuft über die bekannte Route, nur am Ende kürzt man den Abstecher zur Kapelle ab, indem man einfach auf der Durchgangsstraße bleibt. Oder man geht von Kapuyt – wie als Variante beschrieben – durch das Tal zurück.

Der durch geologische Kräfte und Witterung geformte Felsbogen von Kapuyt.

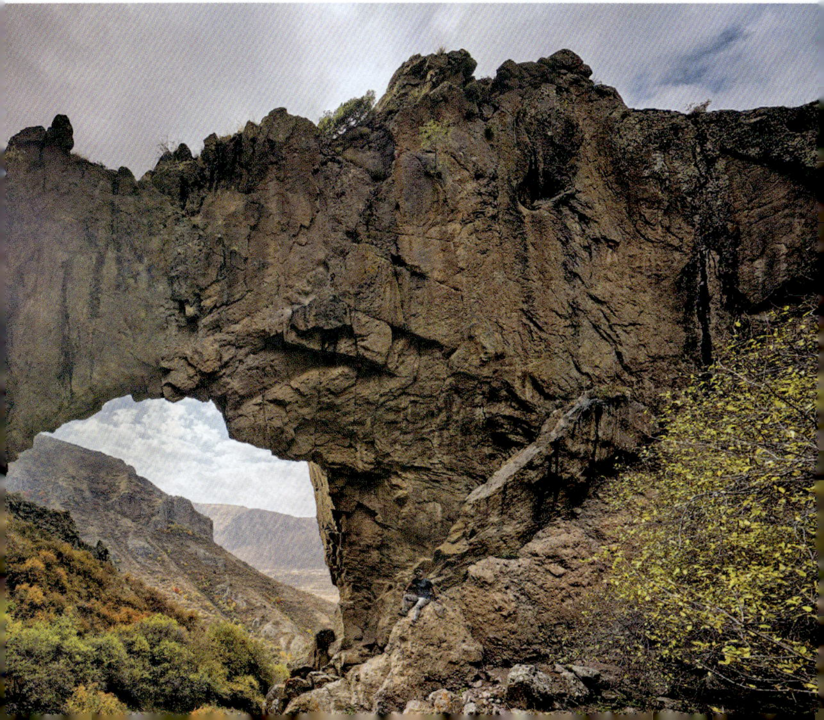

39 Chimoi-See

3.00 h

Zu einer Höhlenkirche und zwei Bergseen

Der erste Höhepunkt dieser Tour, das alte Kloster des heiligen Astavatsin, wirkt auf den ersten Blick unscheinbar. Erst wenn man durch eine Tür in die Grotte tritt, erkennt man den vor knapp 750 Jahren in den Fels geschlagenen Gebetsraum. Ein kleines Loch in der Decke sorgt für etwas Licht. Wie die gesamte Klosteranlage aussah, kann nur noch erahnt werden. Mehrere Kreuzsteine stehen auf dem Gelände, aus einer Quelle sprudelt Wasser. Nur selten kommen Besucher hierher, deswegen strahlt der Ort eine besondere Ruhe aus. Die nächsten Ziele – zwei Bergseen – verstecken sich nicht, sondern fügen sich harmonisch in die Gebirgslandschaft ein.

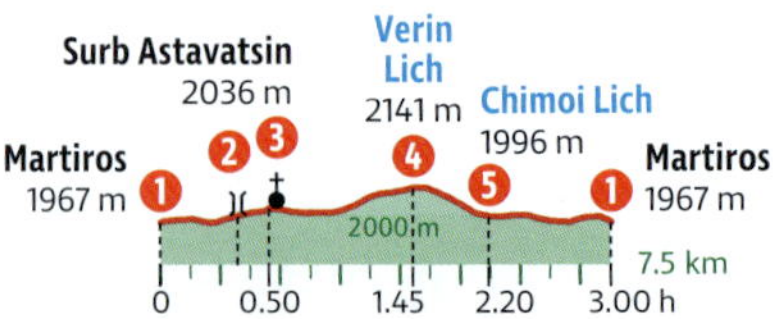

Ausgangspunkt: Martiros, 1967 m. Anfahrt mit dem Pkw ab Yeghegnadzor über die M-2 Richtung Meghri. Rund 3 km hinter Vayk rechts Richtung Zaritap abbiegen. Die Straße führt an dem Ort vorbei; 3 km danach links Richtung Martiros abzweigen. Am oberen Ortsrand macht die Straße eine Rechtskurve. Dort links auf eine Piste abbiegen und dieser rund 1000 m folgen. An einer Kreuzung mit Hinweisschildern zu der Kirche am Wegesrand parken. Fahrtzeit ab Yeghegnadzor 40 Min.; ab Jerewan 2.45 Std.

Anforderungen: Technisch einfache Tour, abschnittsweise mit Markierungen versehen.

Einkehr/Übernachtung: Keine.

Chimoi-See.

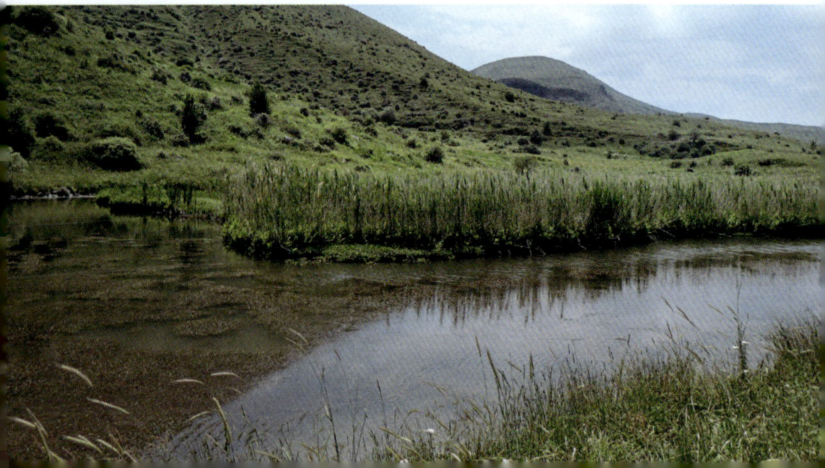

An der Kreuzung oberhalb von **Martiros** ❶ geht man geradeaus auf dem unebenen Weg weiter und nähert sich in südöstlicher Richtung einem Bach, der durch einen Taleinschnitt fließt. Kurz vor dem Bach wird die Route weglos. Dort sucht man sich den besten Weg durch das grasbestandene Gelände, immer in der Nähe des Taleinschnitts.

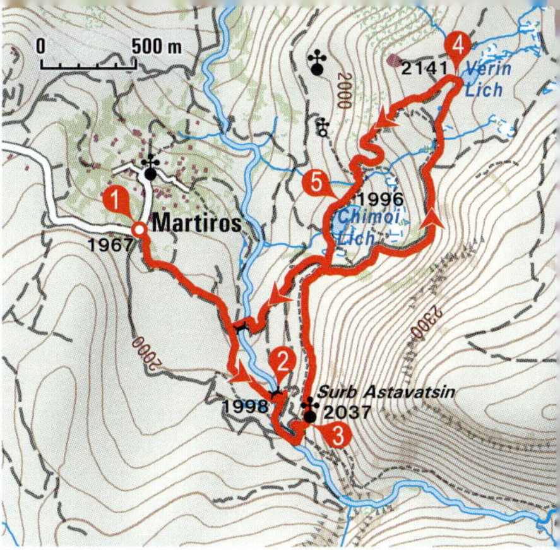

Nach gut 30 Min. bietet eine **Brücke** ❷ die Möglichkeit, die Seite zu wechseln. Dahinter führen Spuren bis auf einen deutlichen Weg, über den man innerhalb weniger Minuten **Sankt Astavatsin** ❸ erreicht. Der Kern dieser historischen Anlage ist die Grotte mit dem großen Gebetsraum. Im Außenbereich gibt es eine überdachte Sitzgelegenheit.

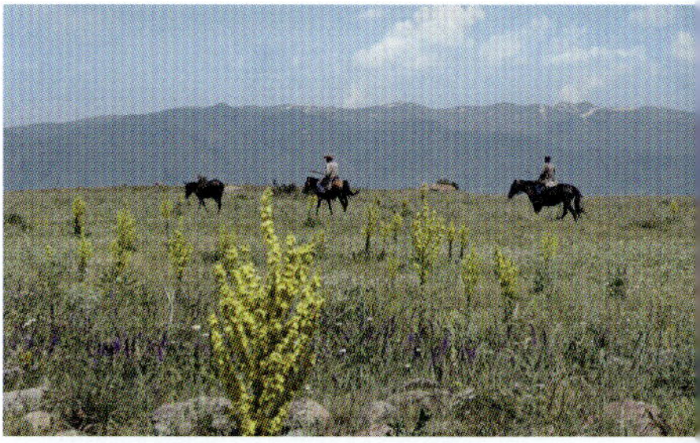

Pferde sind in den Bergen des Kaukasus noch immer beliebte Nutztiere.

Vom nördlichen Ende des kleinen Plateaus führt ein markierter Pfad durch den Hang. Über ihn lässt sich aussichtsreich und bequem ein längerer Abschnitt begehen. Schließlich mündet der Pfad – weiterhin mit rot-weißen Markierungen versehen – in einen breiten Weg. Auf diesem geht es rund 100 Höhenmeter bergauf. An einer Verzweigung – beide Äste sind markiert – steht ein Steinmännchen. Dort links haltend gelangt man einige Minuten später an den **Verin-See** ❹. Das relativ flache Gewässer ist Lebensraum für Frösche und Libellen.

Größer und schöner ist jedoch der tiefer liegende See. Um ihn zu erreichen, wandert man wenige Meter in westlicher Richtung. Durch den Hang führt ein gut angelegter, markierter Pfad. Sobald der Einstieg gefunden ist, geht es problemlos hinab zum weithin sichtbaren **Chimoi-See** ❺.

Am westlichen Ufer führt ein Pfad vorbei, der sich danach in der dichten Vegetation etwas verliert. Als Orientierungsmarke dient ein eingezäuntes Gelände. Dahinter trifft man auf den bereits bekannten breiten Weg, dort rechts abbiegen. Nach wenigen Minuten zeigt ein Wegweiser »Martiros« an. Man erreicht wieder den Taleinschnitt, überquert über Steine den Bach und folgt dann rechts dem Weg zurück zum **Ausgangspunkt** ❶.

TOP

40 Shaki-Wasserfall

↗ 360 m | ↘ 360 m | 12.6 km

4.00 h

Durch die Worotan-Schlucht zu einem der schönsten Wasserfälle

Aus einem kleinen Seitental der langen Worotan-Schlucht stürzt der Shaki-Bach über eine 18 m hohe Felsstufe aus Basalt in die Tiefe. Dazwischen krallen sich Sträucher und kleine Bäume an den Fels. Die vielen Rundungen des Gesteins verleihen dem Wasserfall etwas Elegantes und Formschönes. Der Legende nach stammt der Name von einer Frau namens Shake, die auf der Flucht vor ihren Verfolgern den Fels hinabstürzte. Wie durch ein Wunder überlebte sie, fortan bildete sich der Wasserfall. Die meisten Besucher parken nur wenige Hundert Meter von dort. Tatsächlich gibt es jedoch einen sehr reizvollen längeren Weg durch die Worotan-Schlucht, in die von dem verschlafenen Ort Angeghakot ein Weg hinabführt. Der Rückweg durch die Hänge bietet eine interessante Perspektive auf den Shaki-Wasserfall.

Ausgangspunkt: Angeghakot, 1824 m. Anfahrt mit dem Pkw von Jerewan bzw. Yeghegnadzor auf der M-2 Richtung Meghri. Rund 30 km östlich des Worotan-Passes rechts Richtung Angeghakot abbiegen. Im Ort über erdige Straßen bis ins Zentrum. Fahrtzeit ab Jerewan 3.30 Std.; ab Yeghegnadzor 1.30 Std.; ab Goris 1 Std.

Anforderungen: Mehrere kurze Passagen über Fels auf dem Hinweg; ein Abschnitt während des Rückwegs durch die abschüssige Talflanke ist weglos, dort ist etwas Orientierungsvermögen vorteilhaft. Der Weg durch die Schlucht ist Teil des Transcaucasian Trail und markiert.

Einkehr/Übernachtung: Keine.

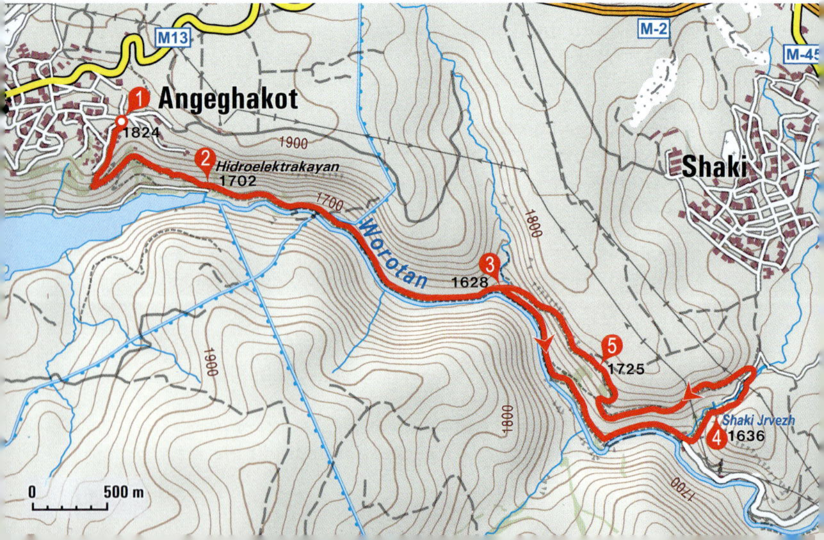

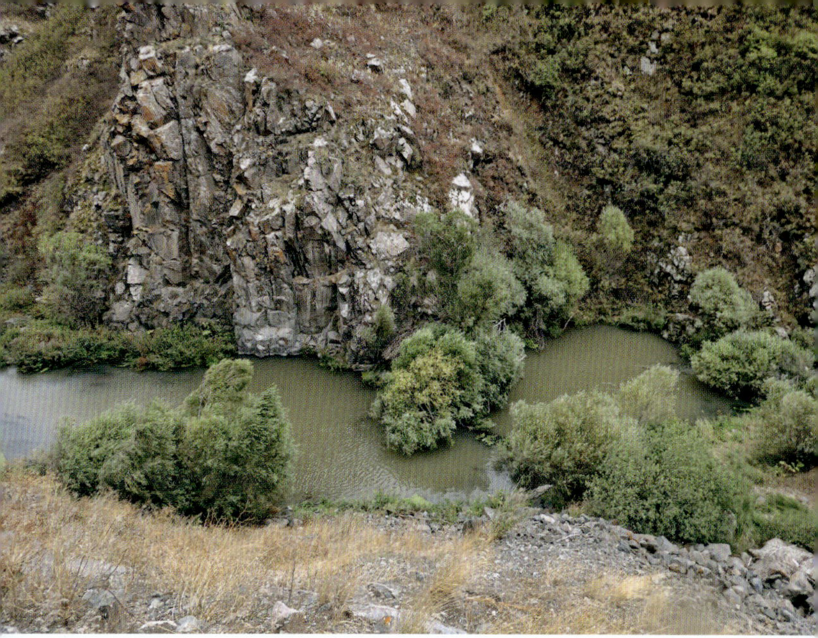

An einigen Stellen verengt sich die Worotan-Schlucht, der Pfad weicht dort in die Flanke aus.

Vom Zentrum von **Angeghakot** ❶ geht man zum südlichsten Punkt des Ortes, wo Spuren zwischen Felsen die ersten Meter hinab in die Schlucht führen. Nach wenigen Minuten wird der Weg deutlicher. In mäßigem Gefälle gelangt man so bis zum Boden, am Kopf einer Staustufe mit einer **Wasserkraftanlage** ❷ *(hidroelektrakayan)*. Von dort ist der weitere Weg flussabwärts vorerst offensichtlich. Der Boden ist lange Zeit relativ breit und flach, über weiches Gras lässt es sich angenehm entlang des linken Flussufers wandern.
Nach etwa 1 Std. zweigt links ein kleines Seitental ab, dort treffen hinter einer **Bachquerung** ❸ Hin- und Rückweg aufeinander. Die Schlucht verjüngt sich nun, der Weg weicht mehrfach etwas in die Flanke aus, zum Teil

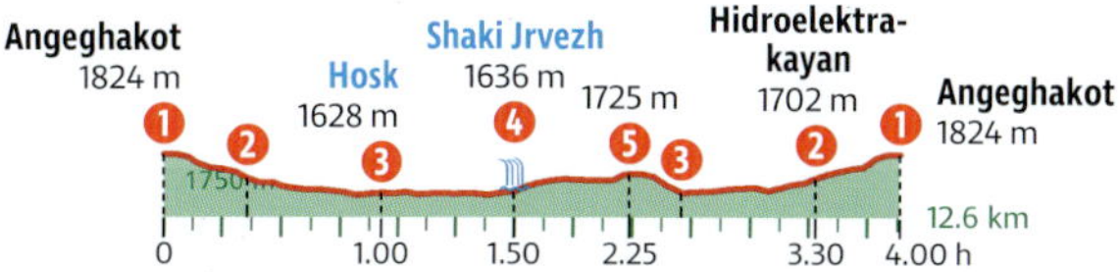

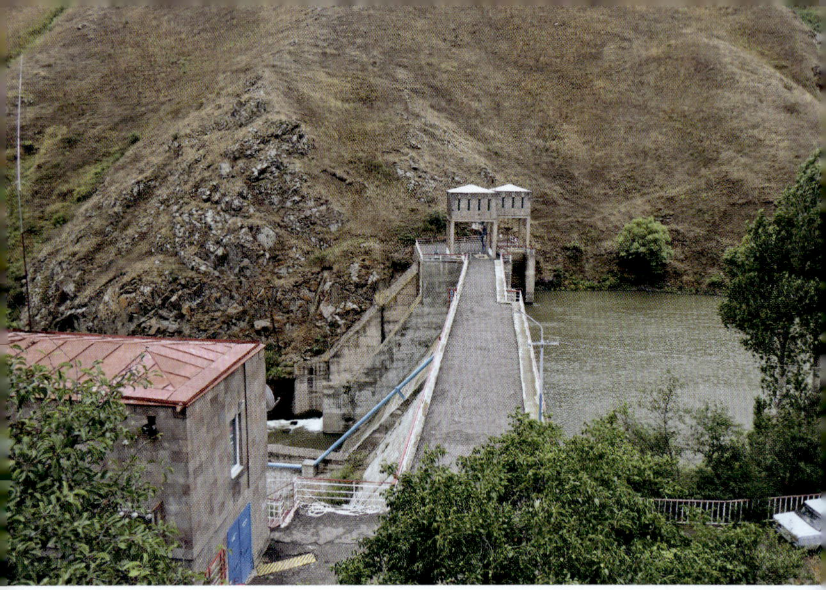

Hier wird der Worotan gestaut, um eine Wasserkraftanlage zu betreiben.

über Felsen. Die Route verläuft immer auf der linken, das heißt, der nördlichen Seite des Flusses. Kurz vor dem Shaki-Tal wird der Weg breiter, eine Absperrung muss überstiegen werden. Nachdem der Shaki auf einer Brücke überquert ist, erkennt man links ein Picknick-Gelände. Wenige Schritte weiter zweigt links ein deutlicher Weg ab, der nach wenigen Minuten bis an den Fuß des breiten **Shaki-Wasserfalls** ❹ führt. Auf der rechten Seite verläuft eine Spur bis an dessen oberen Rand. Die letzten Meter sind steil, Vorsicht bei Nässe!

Oben angekommen, folgt man noch etwa 300 m dem Shaki, der an geeigneter Stelle überquert werden muss. Wer dies trockenen Fußes machen möchte, steigt über einen Zaun, nutzt dahinter eine kleine Brücke und verlässt über einen weiteren Zaun das Gelände wieder.

Auf der anderen Seite verläuft ein breiter Weg, auf den man nach rechts abbiegt. Parallel zu diesem Weg ist etwas oberhalb ein weiterer zu sehen. Wo die beiden Wege aufeinandertreffen, zweigt man scharf links, Richtung Südwesten, auf den höheren Weg ab. Dieser ist zunächst breit und ermöglicht einen interessanten Blick auf den Shaki-Wasserfall. Es geht nun auf gleichbleibender Höhe durch den Nordhang der Worotan-Schlucht. Nach einigen Minuten wird der Weg deutlich schmaler. Schließlich stößt er auf eine Piste, die in mehreren Kurven den Hang hinaufzieht. Dort hält man sich rechts, der Piste aufwärts folgend.

Bei P. 1725 ist auf der linken Seite eine Abflachung mit einem kleinen überdachten **Gemäuer** ⑤, das Hirten als Wetterschutz dient. Von dort folgt man einem Weg, der sich relativ eben durch den Hang zieht. Nach einigen Minuten endet dieser Weg leider.
Der sich anschließende, auf der OSM-Karte eingezeichnete Pfad ist kaum mehr zu erkennen. Die Hangneigung nimmt zu; mit etwas Gespür für das Gelände lässt sich aber eine Route finden, die in einer absteigenden Querung bis zum Boden der Schlucht führt, wo das kleine Seitental abzweigt. Bei der vom Hinweg bekannten **Bachquerung** ③ trifft man wieder auf vertrautes Terrain, über das es wieder zurück zum Ausgangspunkt in **Angeghakot** ① geht.

Der Shaki-Wasserfall ist einer der schönsten Armeniens.

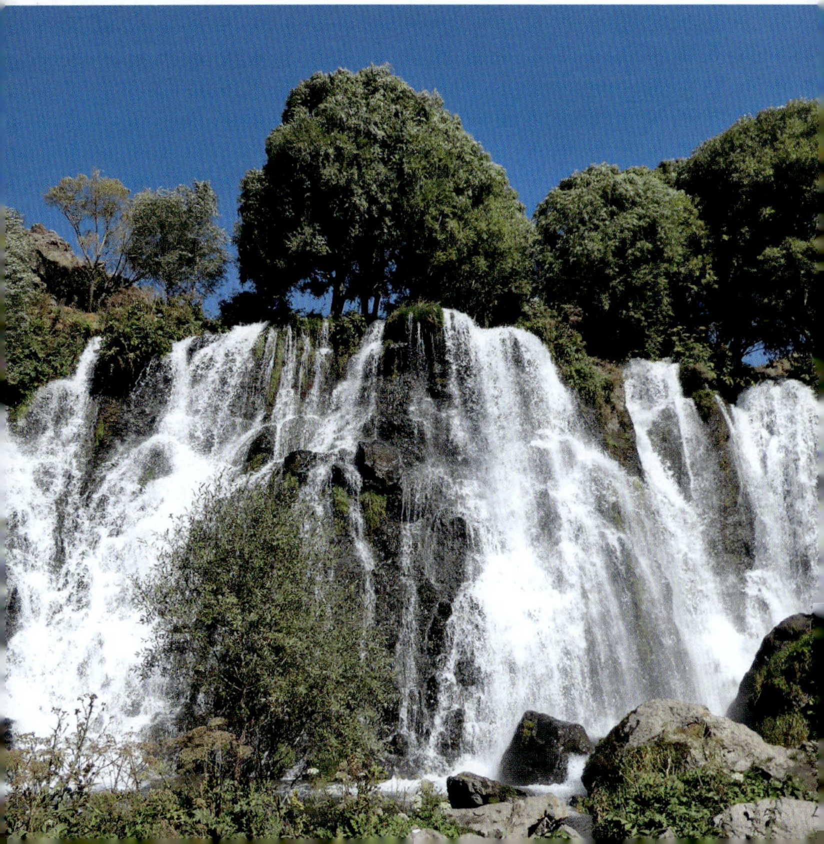

↗ 50 m | ↘ 50 m | 1.7 km

41 Zorats Karer

0.45 h

Rundgang durch das »armenische Stonehenge«

Auf einem Plateau nahe der Worotan-Schlucht stehen mehr als 200 Steinblöcke in unterschiedlichen Formationen aufgereiht. Diese Megalithe geben noch immer Rätsel auf, obwohl sich armenische und internationale Fachleute für Archäologie schon ausgiebig mit der Anlage beschäftigt haben. Fest steht: In der Bronzezeit, vor knapp 4000 Jahren, haben hier Menschen ein Gräberfeld angelegt. Offenbar hat man den Ort mehr als 1000 Jahre lang für Bestattungen genutzt. Im Zentrum dominiert das Zentrale Steinkammergrab die Anlage, kreisförmig umgeben von rund 40 Megalithen. Die meisten Gräber sind schon seit Langem geplündert, aber noch immer stößt man bei Ausgrabungen auf prähistorische Funde. Wer über das weitläufige Gelände wandert, wird auf weitere Relikte der Geschichte stoßen, denn auch von einer vorchristlichen Siedlung sind noch einige Fundamente und Mauerreste erhalten. Es kursieren mehrere Thesen zur ursprünglichen Bedeutung von Zorats Karer. Ob dies tatsächlich nur ein Friedhof oder auch eine frühzeitliche Kultstätte war? Oder ein prähistorisches Observatorium? Dass hier einmal Riesen gelebt haben sollen, gehört aber wohl eher in den unermesslichen Fundus armenischer Legenden.

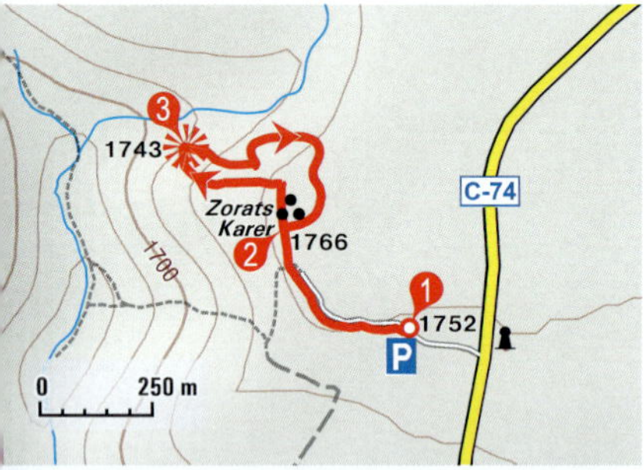

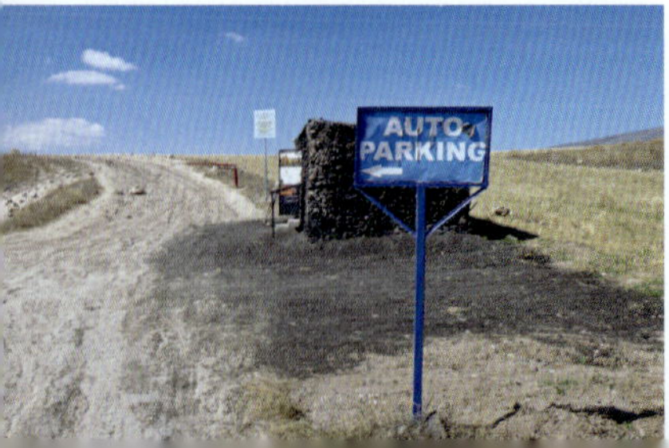

Ausgangspunkt: Parkplatz, 1752 m, am Eingang der Anlage. Anfahrt mit dem Pkw über die M-2 von Goris Richtung Jerewan. Bei der ersten, östlichen Abzweigung Richtung Sisian fahren. Nach 1000 m beschildert rechts abbiegen und nach 200 m auf dem Parkplatz das Auto abstellen. Fahrtzeit ab Goris 35 Min.; ab Jerewan 3.30 Std.
Anforderungen: Leicht, eher ein Spaziergang als eine Wanderung.
Einkehr/Übernachtung: In unmittelbarer Nähe keine; in Sisian und an der M-2 gibt es mehrere Hotels.
Tipp: Die Petroglyphen (Felsbilder) auf dem nicht weit entfernten Berg Ughtasar sind eine weitere hochinteressante archäologische Stätte. Allerdings ist der Zugang sehr schwierig: Selbst mit einem guten Geländewagen ist es sehr mühsam, das auf 3300 m Höhe liegende vulkanische Gelände zu erreichen. Eine Fahrt kann in einem der Hotels in Sisan gebucht werden.

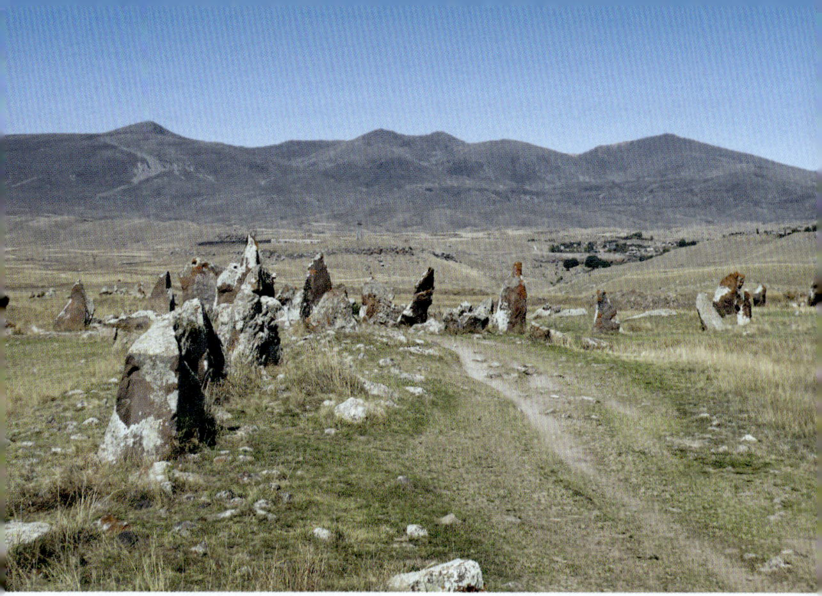

Eine Reihe von Megalithen im Zugangsbereich der Anlage. Im Hintergrund ragen die Berge bis auf mehr als 3500 m Höhe auf.

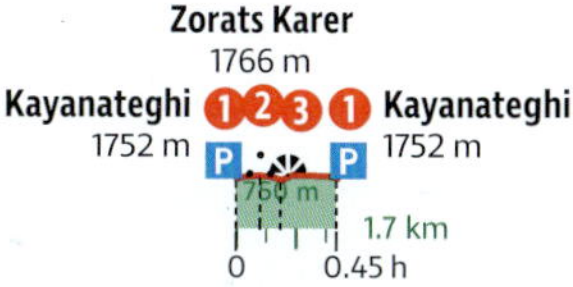

Vom **Parkplatz** ❶ *(kayanateghi)* geht man an einem Stand mit Souvenirs und an einer Schranke vorbei. Folgt man dem ansteigenden Weg dahinter, dann gelangt man nach wenigen Schritten in die weitläufige Anlage von **Zorats Karer**. Zunächst fällt eine lange Reihe aus Megalithen auf. Kurz darauf erreicht man das **Zentrale Steinkammergrab** ❷, wo zahlreiche mittelgroße Felsbrocken aufgetürmt sind. Um dieses Grab stehen kreisförmig in einigen Metern Abstand rund 40 Megalithe.

Durch das mit Gras bewachsene Gelände führen mehrere Trampelpfade. Einer davon leitet kurz Richtung Norden und dann in leichtem Gefälle Richtung Westen, an Mauerresten der antiken Siedlung vorbei. Dahinter begrenzt ein Seitenarm der Worotan-Schlucht die Anlage. An der Geländekante hat man einen schönen **Schluchtblick** ❸. Geht man nach dem Abstecher wieder einige Schitte zurück, dann lassen sich in einem kleinen Links- und anschließenden Rechtsbogen über Pfade weitere Details erkunden. Über das **Zentrale Steinkammergrab** ❷ geht es schließlich wieder zurück zum **Parkplatz** ❶.

↗ 430 m | ↘ 430 m | 5.9 km

42 Petroskhach, 2026 m

2.15 h

Aussichtsberg über dem Kloster Tatev

Das Kloster Tatev ist eine der bedeutendsten kulturellen Stätten Armeniens. Wer dem Ausflug eine sportliche Note verleihen möchte, wandert durch die Worotan-Schlucht (Tour 43) zum Kloster oder steigt auf den Petroskhach, der sich nördlich von Tatev erhebt. Dabei begeistern nicht nur die Blicke zum Kloster und in die Schlucht, sondern auch das Landschaftspanorama im Hinterland. Hinter einer fruchtbaren Ebene erhebt sich eine lange Hochgebirgskette, die im knapp 3400 m hohen Aramazd kumuliert.

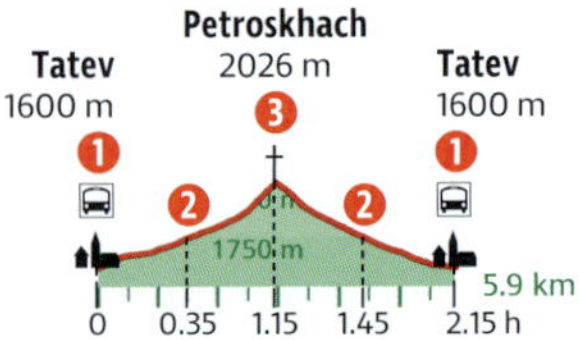

Ausgangspunkt: Tatev, 1600 m, Ortsmitte. Anfahrt mit dem Pkw ab Jerewan über die M-2 (Nord-Süd-Achse) Richtung Meghri. Kurz vor Goris zweigt beschildert eine Straße nach rechts ab. Vor der Worotan-Schlucht befindet sich die östliche Station der Seilbahn »Wings of Tatev«. Entweder mit dieser in gut 10 Min. in luftiger Höhe bis vor das Kloster schweben oder mit dem Pkw über eine kurvenreiche Straße in die Schlucht fahren, über die Naturbrücke »Devil's Bridge« und wieder bergauf bis zur Klosteranlage. Der Ort schließt sich daran an. Fahrtzeit ab Jerewan 4–5 Std.; ab Goris 45 Min. Auch mit Bussen ab Jerewan oder Goris ist die Anreise möglich.

Anforderungen: Leichte Bergwanderung.

Einkehr/Übernachtung: An der Zufahrtsstraße zur Seilbahnstation gibt es mehrere Hotels.

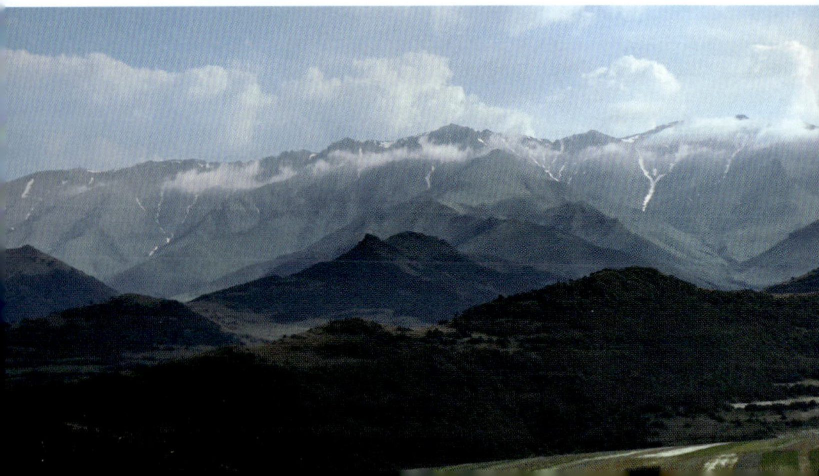

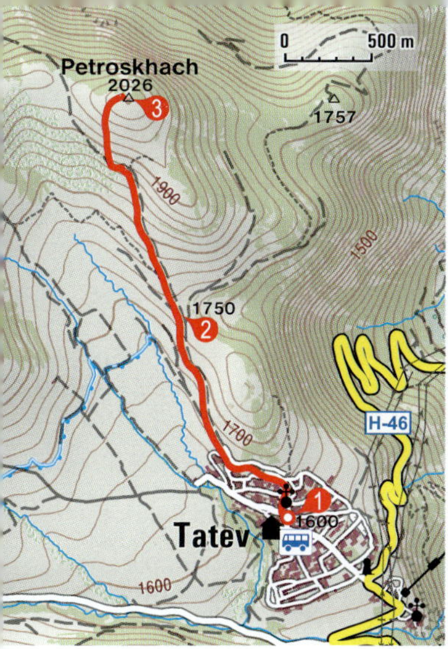

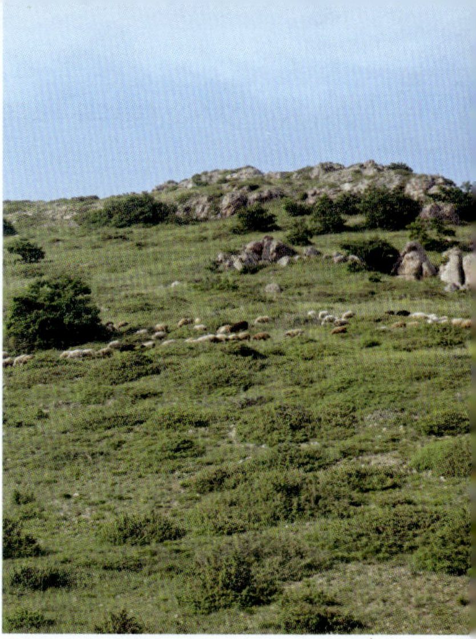

Unter dem flachen Gipfel des Petroskhach weidet eine Schafherde.

Von der Ortsmitte in **Tatev** ❶ führt eine schmale Straße relativ steil bis an den oberen Rand des Dorfes. Dort zweigt man links ab, geht erst entlang einer Straße und dann über einen schmalen Pfad, um auf einen breiten Weg zu gelangen. Dieser verläuft – unterhalb eines Hügels auf der rechten Seite – leicht ansteigend in einer fast geraden Linie Richtung Norden.
Auf der linken Seite erstreckt sich eine weite Ebene mit zahlreichen Äckern, dahinter erhebt sich die lange Bergkette mit dem Aramazd. Schräg rechts wird bald der mit schroffen Felsen besetzte Kamm des Petroskhach sichtbar. Der Gipfel liegt noch weit dahinter und kommt erst später ins Blickfeld.
Nach gut 30 Min. erreicht man eine markante Verzweigung. Dort steht eine Bank sowie ein **Wegweiser** ❷ mit dem Hinweis »Petroskhach Trail«. Der bisher genutzte Weg wendet sich nach links, leicht bergab. An dieser Stelle wechselt man unter Beibehaltung der bisherigen Grundrichtung auf einen Pfad. Viehherden nutzen diese Route, deswegen verlaufen zum Teil mehrere parallele Spuren in Richtung des höchsten Punktes.
Kurz hinter einer Viehtränke setzt ein rampenartiger Bergrücken an, der bis knapp unterhalb des Gipfels führt. Über diesen Rücken lässt sich bequem der letzte Aufschwung bewältigen. Die letzten Schritte zum Gipfel des **Petroskhach** ❸ führen über gut gestuften Fels.
Der Abstieg erfolgt auf der bekannten Route.

Über dem Tal erhebt sich die knapp 3400 m hohe Bergkette mit dem Aramazd.

43 Von Halidzor nach Tatev

5.45 h

Durch die Worotan-Schlucht zum Kloster Tatev

Unter dem etwas pathetisch klingenden Namen »Legends of Syunik« führt eine markierte Wanderroute in 14 Etappen von Nord nach Süd durch Armeniens südlichste Provinz. Eine der schönsten Tagestouren beginnt in Halidzor auf der Ostseite der Worotan-Schlucht. Über Old Halidzor geht es hinab in die Schlucht, durch diese zieht sich ein manchmal etwas undeutlicher Pfad bis zur Klosteranlage Tatev Anapat, auch als »Great Hermitage« bekannt. Anschließend geht es steil bergauf bis zum bekannten Kloster Tatev und von dort mit der Seilbahn »Wings of Tatev« hoch über der Schlucht zurück.

Ausgangspunkt: Halidzor, 1375 m. Anfahrt mit dem Pkw ab Goris beschildert Richtung Tatev. Noch vor der Worotan-Schlucht befindet sich auf der rechten Straßenseite die Seilbahnstation »Wings of Tatev«. Von dort der Straße noch rund 1,5 km folgen. In der zweiten Kehre ist die Abzweigung nach Halidzor.
Anforderungen: Etwas Trittsicherheit für die steinigen Hänge und Orientierungsvermögen für die teils überwachsenen Pfade. Rot-weiße Markierungen helfen bei der Wegfindung. Trotzdem ist für diese Route GPS-Unterstützung (z.B. mittels Rother App) sehr zu empfehlen.
Einkehr/Übernachtung: Sowohl in Halidzor als auch am Kloster Tatev gibt es Unterkünfte und Einkehrmöglichkeiten.
Variante: Fährt man mit einem Auto von Tatev nach Halidzor zurück, spart man die letzten ca. 160 Höhenmeter bergab von der Seilbahnstation zum Ausgangspunkt.
Hinweise: 1. Vor der Tour sollte man unbedingt den aktuellen Fahrplan der »Wings of Tatev« unter tatever.am abrufen. Die Seilbahn ist normalerweise von 10 bis 18 Uhr in Betrieb, montags ist Ruhetag. Im Winter finden meistens von Dezember bis Februar die jährlichen Wartungsarbeiten statt.
2. Das Kloster Tatev ist täglich von 10 bis 18 Uhr geöffnet, Infos findet man auf der gleichen Internetseite (tatever.am).
3. Man muss damit rechnen, unterwegs Schlangen zu begegnen. Deswegen ist etwas Aufmerksamkeit beim Setzen der Schritte empfehlenswert.
Tipp: Am schönsten ist die Wanderung im April, wenn die Schlucht von grüner Vegetation überzogen ist. Grundsätzlich aber das ganze Jahr über möglich, solange es nicht zu heiß ist.

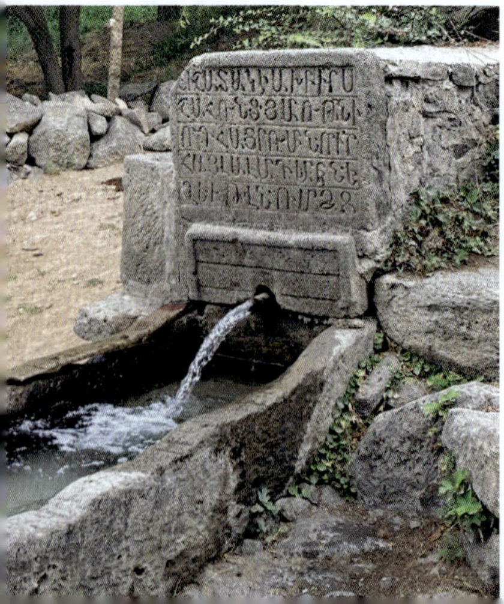

Brunnen in Old Halidzor.

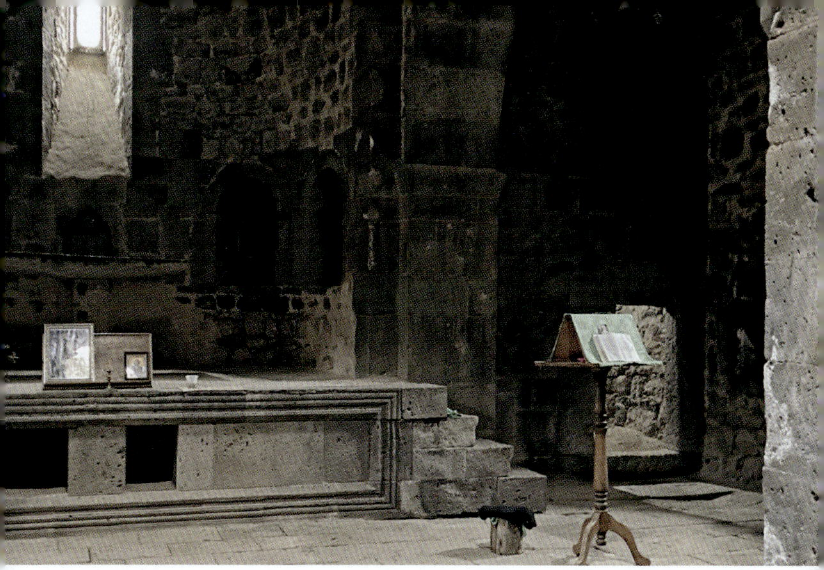

Gebetsraum in der Klosteranlage Anapat.

Von **Halidzor** ❶ aus geht es zunächst kurz zur Landstraße, über die man durch die Schlucht nach Tatev gelangen kann. Für rund 400 m folgt man der Straße bergab, dann zweigt scharf links ein breiter Weg ab. Dieser führt in zahlreichen Kehren in die Schlucht hinab. In der sechsten Kehre verlässt man den Weg und folgt dem schmaleren Weg Richtung Westen. Kurz darauf erreicht man **Old Halidzor**, einen früher sehr lebendigen Ort auf einer Abflachung des Hangs. Dort kann man die restaurierte Kirche des heiligen Minas besichtigen; in der Nähe strömt aus einer Quelle Trinkwasser.
In gleicher Grundrichtung geht es aus dem Ort hinaus. Ein kurzer Abschnitt führt über einen breiten Weg, anschließend geht es über einen Pfad weiter. Dieser zieht sich den steinigen Hang hinab bis zum Boden der Worotan-Schlucht. Kurz davor rechts halten, einen Bach queren und bei einem auf-

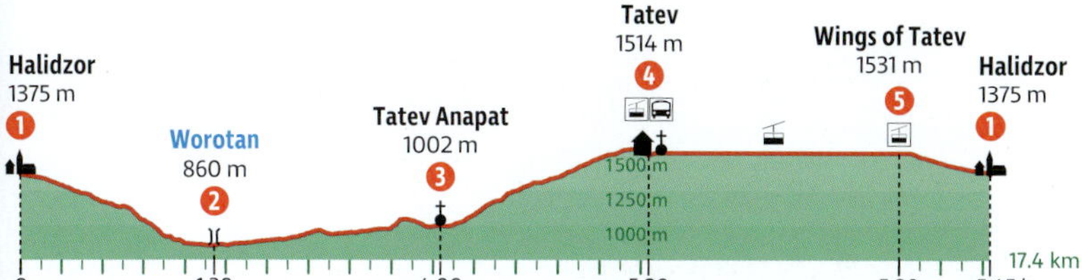

gegebenen Gebäude Richtung Nordosten am Ufer entlang weitergehen. Nach rund 700 m kann der **Worotan-Fluss** über eine **Fußgängerbrücke** ❷ überquert werden. Diese versteckt sich etwas hinter Büschen, eine weitere Brücke überspannt 250 m weiter den Fluss.
Auf der südlichen (in Fließrichtung rechten) Seite des Flusses geht es nach rechts – flussaufwärts – über einen zunächst breiten Weg weiter. Rund 9 km lang folgt man nun dem Ufer, vorbei an mehreren ebenen Flächen, die für Ackerbau oder als Weidefläche genutzt werden oder wurden. Kleine Bewässerungskanäle durchziehen das Gelände, einige kleine Steinbauten dienen zum Schutz bei schlechtem Wetter.

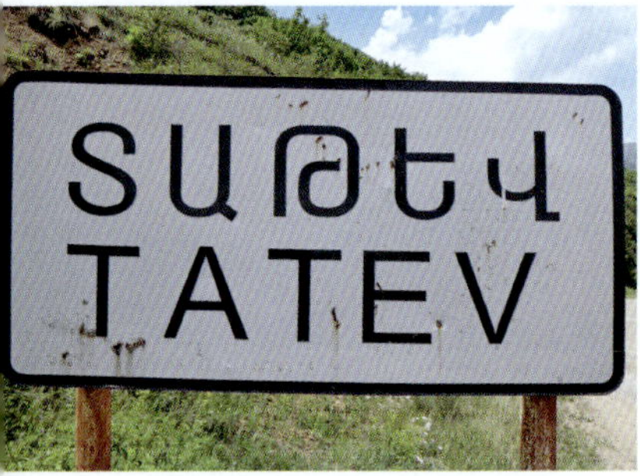

Das Tal bzw. die Schlucht verengt sich später, dort folgt man einem schmalen Pfad, der zum Teil etwas überwachsen ist. Der felsige Hang wird immer steiler und stellenweise zu einer fast senkrechten Felswand. Man bleibt immer nahe dem südlichen Ufer des Worotan-Flusses, bis der Pfad schräg aufwärts über den jetzt wieder etwas weniger steilen Hang führt. Nach einem kurzen Abstieg überquert man über eine Metallbrücke den Aghandzu-Bergbach.

Foto unten: Von vielen Buchtiteln bekannter Blick auf das Kloster Tatev.

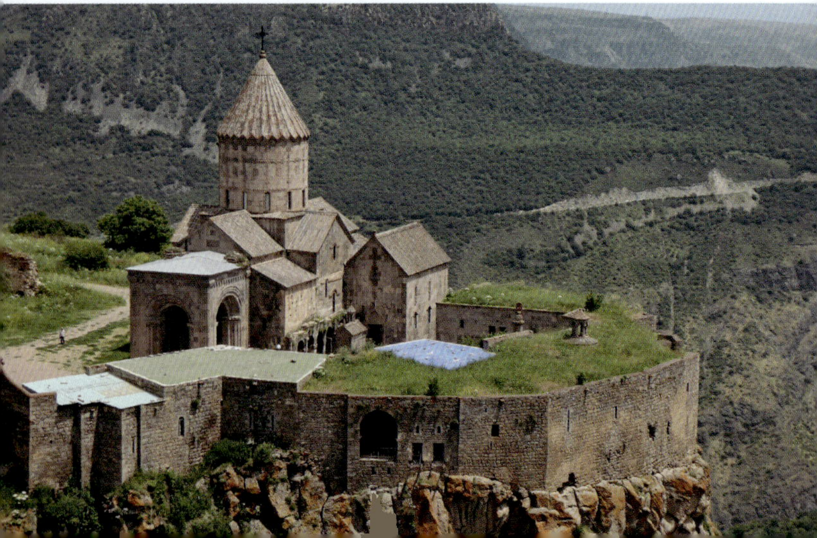

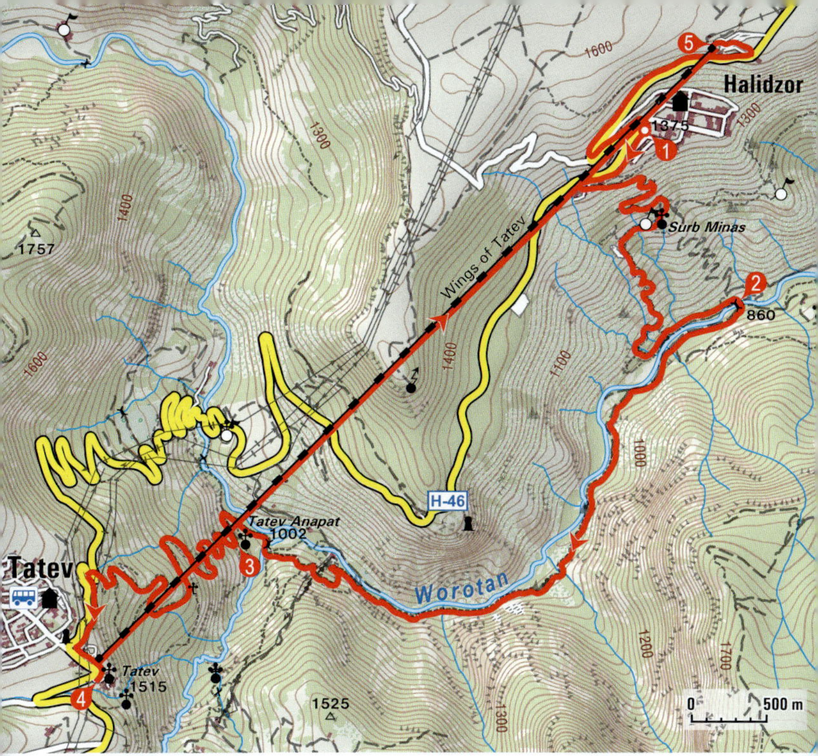

Nach 200 m führt ein Pfad links zu dem – fast – aufgegebenen Klosterkomplex aus dem 17. Jh., **Tatev Anapat** ❸ bzw. »Great Hermitage of Tatev«. Anschließend geht es über zahlreiche Kehren 500 Höhenmeter bergauf bis zum nächsten Etappenziel. Weit oberhalb des Bergwegs hängt als Orientierungshilfe das Seil der »Wings of Tatev« als Orientierungslinie. Der Pfad trifft unterhalb des Klosters auf die asphaltierte Straße. Über diese geht es die letzten 1000 m bis zum **Kloster Tatev** ❹, dem Wahrzeichen von Sjunik aus dem 9. Jahrhundert. Spätestens dort wird man wieder auf Menschen treffen. Neben dem Kloster befindet sich die Seilbahnstation der **»Wings of Tatev«**. Nach einer 10-minütigen Überfahrt erreicht man schließlich die **Station** ❺ auf der östlichen Seite der Worotan-Schlucht.
Um zum Ausgangspunkt der Tour zu kommen, muss man am Rand der Straße noch ein gutes Stück bergab gehen, nach der zweiten Kehre ist schließlich **Halidzor** ❶ wieder erreicht. Alternativ kann man natürlich auch mit einem Auto vom Kloster Tatev direkt bis nach Halidzor fahren.

↗ 200 m | ↘ 200 m | 2.8 km

44 Latikhut, 1525 m

1.30 h

Entlang einst bewohnter Höhlen auf den Hausberg von Goris

Auf den ersten Blick wirkt die Kleinstadt Goris mit ihrem schachbrettartigen Grundriss nicht besonders aufregend. Sehr interessant wird es aber, sobald man sich am östlichen Stadtrand den felsigen Hängen zuwendet. In den bizarren Formationen aus Sandstein sind zahlreiche Öffnungen zu sehen. Dahinter verbergen sich Höhlen, die bis in die 60er-Jahre bewohnt waren. Ähnlich wie in Khndzoresk (Tour 45) wurden auf Anweisung aus Moskau die Bewohner der Urzeitbehausungen in gewöhnliche Häuser umgesiedelt. Einen umfassenden Ausblick auf den Talkessel mit der Stadt hat man vom Latikhut, dessen Gipfel sich in eine interessante kleine Rundtour integrieren lässt.

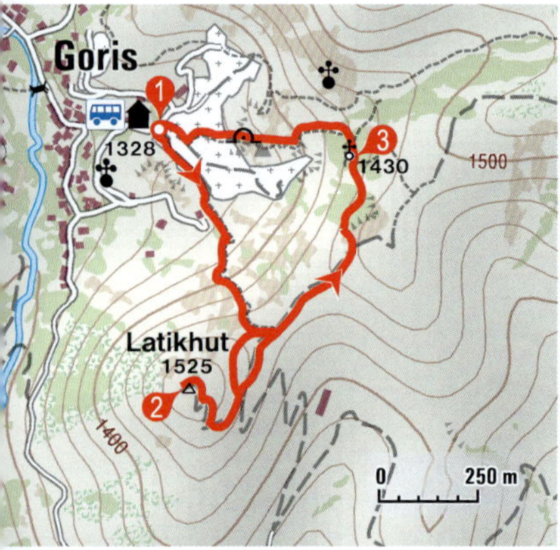

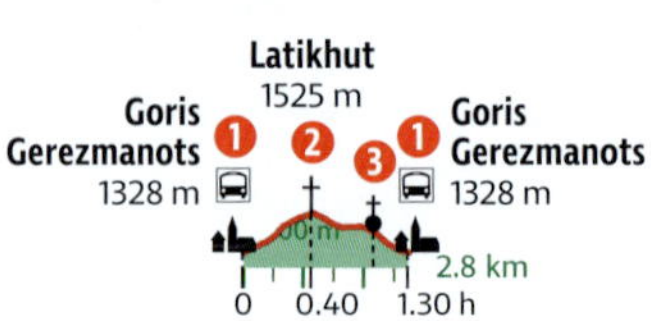

Ausgangspunkt: Friedhof Goris, 1328 m. Anfahrt mit Bus oder Pkw ab Jerewan, Fahrtzeit 4.15 Std. In der Stadt vom Zentrum (Archäologisches Museum) mit einem Pkw, Taxi oder zu Fuß Richtung Osten, über eine Brücke und dann rechts bis zum Friedhof gehen.
Anforderungen: Relativ leichte Tour.
Einkehr/Übernachtung: In Goris gibt es zahlreiche Unterkünfte und Einkehrmöglichkeiten.
Tipp: Weitere Felshöhlen gibt es über dem nordöstlichen Ende des Friedhofs zu sehen. Ein breiter Weg führt dorthin.

Am **Friedhof** *(gerezmanots)* von **Goris** ❶ gibt es am unteren Ende zwei Wege in das Innere der Anlage: Der rechte, ohne Farbmarkierung, ist der Einstieg zur Rundtour. Nach 50 m hält man sich rechts und folgt ansteigend dem Weg in Richtung des Hangs. Man bewegt sich bald auf die ersten kleinen Felstürme zu, der Weg beginnt sich zu verästeln. An einer kleinen Felsgruppe führt der Weg links vorbei. Gerät man versehentlich zu weit nach rechts, dann weist ein roter Pfeil wieder in die richtige Richtung. Mäßig ansteigend erreicht man nach etwa 25 Min. den Bergkamm. Dort wendet man sich nach rechts, erst auf einen schmalen Pfad, dann auf einen breiten Weg, der in einigen Kurven bis zum Gipfel des **Latikhut** ❷ mit weiter Aussicht führt.

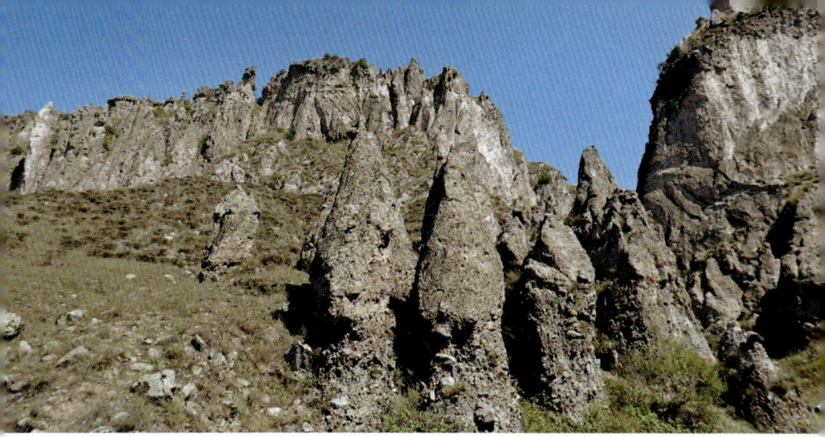

Felssäulen über Goris.

Anschließend steigt man wieder das kurze Stück bis auf den Kamm ab und folgt diesem in nordöstlicher Richtung. Bei einem Aufschwung zu einer weiteren Erhebung weicht die Route nach links aus. Die Wegfindung ist zunächst leicht, bald verzweigt sich der Pfad mehrfach; im Zweifel immer den leicht abwärts führenden Ast nehmen. Der Hang ist stellenweise mit dornigen Sträuchern (Hagebutte) besiedelt, einige kleinere Bäume krallen sich an den Hang. Relativ unvermittelt steht man nach gut 1 Std. vor einer offenen **Kapelle** ❸. Ab hier ist der weitere Weg mit rot-weißen Markierungen versehen. Immer leicht bergab windet sich die Route bis zum großen Friedhof, durch den ein breiter Weg bis zum **Ausgangspunkt** ❶ führt.

In der offenen Kapelle hängen zahlreiche Bilder von Heiligen.

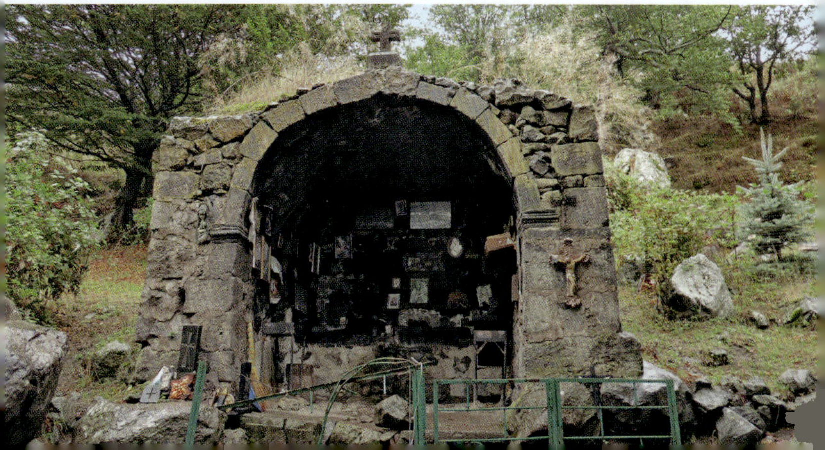

↗ 180 m | ↘ 180 m | 4.7 km

45 Höhlendorf Khndzoresk

1.45 h

Ein Höhlendorf und eine abenteuerliche Hängebrücke

Die Schlucht von Khndzoresk ist tatsächlich einer der bemerkenswertesten Orte Armeniens: Bis zu 15.000 Menschen lebten hier früher angeblich einmal, viele davon in Höhlen, die im Mittelalter in den weichen Sandstein geschlagen wurden. Die Siedlung war zwischenzeitlich die größte in Südostarmenien. Erst in den 60er-Jahren verließen, wie in den Höhlen von Goris (Tour 44), die letzten Bewohner auf Druck Moskaus die aus der Zeit gefallenen Behausungen und siedelten in den neu geschaffenen Ort am oberen Rand der Schlucht um. Aus einer Privatinitiative entstand 2012 eine 160 Meter lange Hängebrücke, die beide Seiten der Schlucht miteinander verbindet, und das gut 60 Meter über dem Grund. Anwohner haben mit ihren eigenen Händen die wackelige Konstruktion gebaut, ohne den Einsatz moderner Maschinen. Der Sicherheitsstandard entspricht keineswegs europäischen Normen, Vertrauen ersetzt hier das TÜV-Siegel. Die meisten Besucher Khndzoresks wählen den kurzen Zugang zum Höhlendorf über Treppen auf der westlichen Seite. Lohnender und ruhiger ist die hier beschriebene Route über die östliche Seite, unterhalb von Neu-Khndzoresk.

Bis Mitte des letzten Jahrhunderts waren viele der Höhlen noch bewohnt.

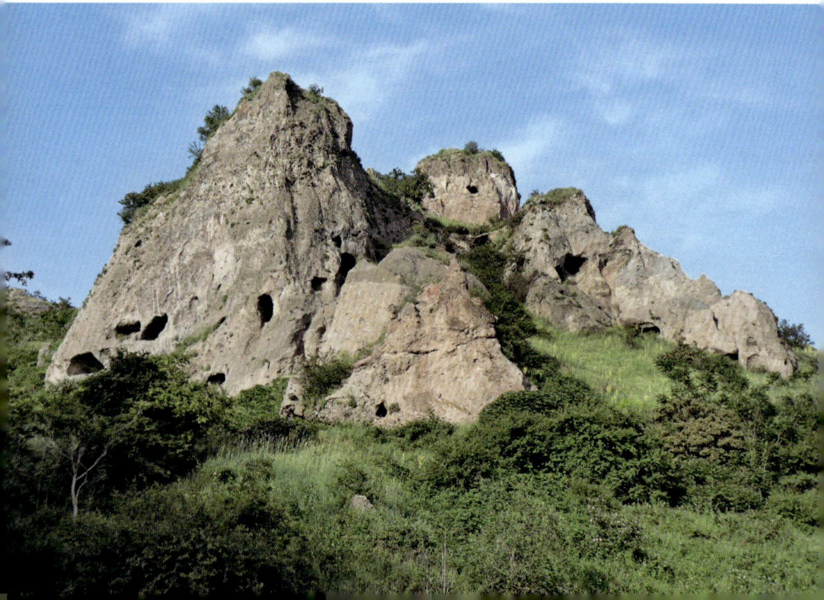

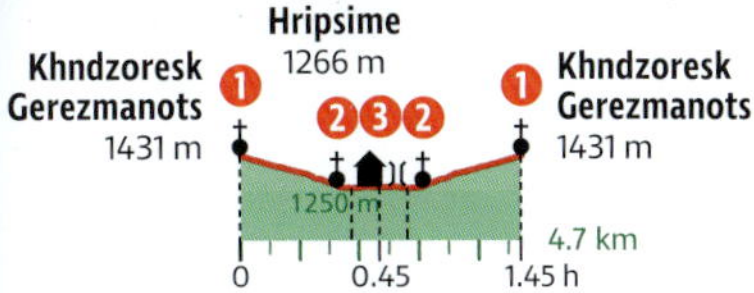

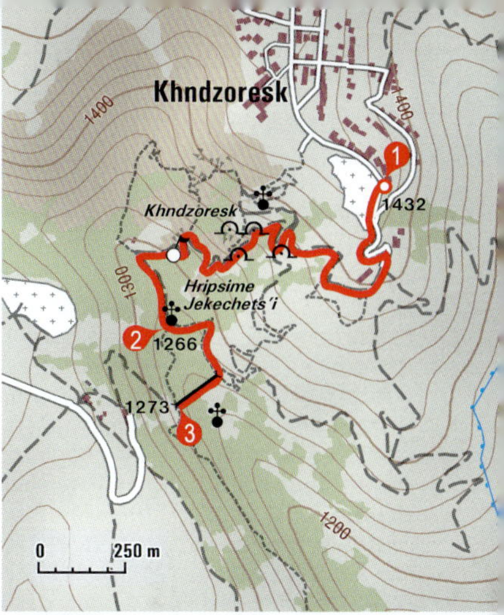

Ausgangspunkt: Friedhof von Khndzoresk, 1431 m. Anfahrt mit dem Pkw ab Goris über die M-12 Richtung Stepanakert. Nach etwa 9 km rechts Richtung Khndzoresk abbiegen. Kurz vor dem Ortsende rechts hinab und 1000 m weiter am Friedhof parken. Fahrtzeit ab Goris 20 Min. Öffentliche Verkehrsmittel bzw. Minibusse fahren nur zur westlichen Seite der Schlucht.
Anforderungen: Leichte Wanderung. Die Hängebrücke gerät leicht in Schwingungen.
Einkehr/Übernachtung: Auf der westlichen Seite der Hängebrücke werden Getränke angeboten.

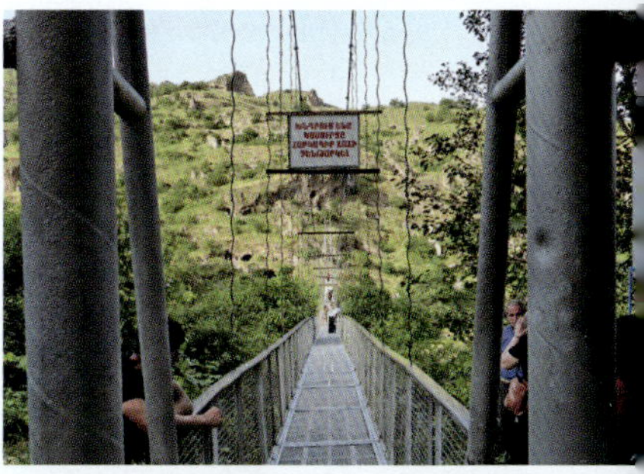
Ein Schild weist am Beginn der Hängebrücke auf die maximale Personenanzahl hin.

Vom **Friedhof** ❶ von **Neu-Khndzoresk** führt eine Schotterpiste bergab. Nach der zweiten Serpentine geht man leicht rechts bei einem Hof auf eine weitere Piste. Bereits nach wenigen Minuten sind am Wegesrand die ersten Hohlräume im Fels zu sehen, bald darauf erkennt man das ganze Ausmaß: Hunderte Höhlen sind großflächig über die Felsflanken verteilt in den Stein gearbeitet worden.
Nach etwa 15 Min. tritt erstmals die Hängebrücke ins Blickfeld. Die Orientierung ist jetzt eindeutig. Etwa ab P. 1290 verläuft der Weg relativ eben. Zwischen Bäumen und Sträuchern steht die **Hripsime-Kirche** ❷ aus dem 17. Jahrhundert, sie ist für Besucher geöffnet.
Über einen Pfad erreicht man in westlicher Richtung kurz darauf eine Quelle. Der Weg macht dort einen Rechtsknick und trifft 200 m weiter auf die **Hängebrücke**. Nicht alle Besucher trauen sich, das wackelige Konstrukt zu betreten. Auf der **Westseite** ❸ der Brücke gibt es ein kleines Museum sowie einen Getränkeverkauf.
Der Rückweg verläuft auf der bekannten Route.

TOP

46 Vahanavank

↗ 600 m | ↘ 600 m | 9.5 km

3.15 h

Klosteranlage in alpiner Kulisse

Während das Kloster Tatev ein Touristenmagnet ist – nicht zuletzt wegen der Seilbahn »Wings of Tatev« – wird die Klosteranlage Vahanavank vor allem von Einheimischen besucht. In der wunderbar restaurierten Hauptkirche Grigor Lusavorich – Gregor der Erleuchter – finden wieder Messen statt. Mit etwas Glück hört man dann einen armenischen Choral, der auch bei Konfessionslosen eine ganz besondere Stimmung auslöst. Das erste Etappenziel dieser abwechslungsreichen Rundtour ist die Festung Halidzor aus dem 17. Jahrhundert. Deren Lage und die Bauart führten dazu, dass diese Wehranlage als besonders schwer einnehmbar galt. Der Großteil der Wanderung führt durch dichten montanen Wald, einzelne Sträucher und auch Brombeerranken bedecken den fruchtbaren Boden. Immer wieder wird an kleinen Lichtungen der Blick frei: Weit unten das Voghji-Tal und oben, himmelhoch, die felsigen Ausläufer des Khustup-Massivs.

Die Festung Halidzor stammt aus dem 17. Jahrhundert und galt früher als beinahe uneinnehmbar.

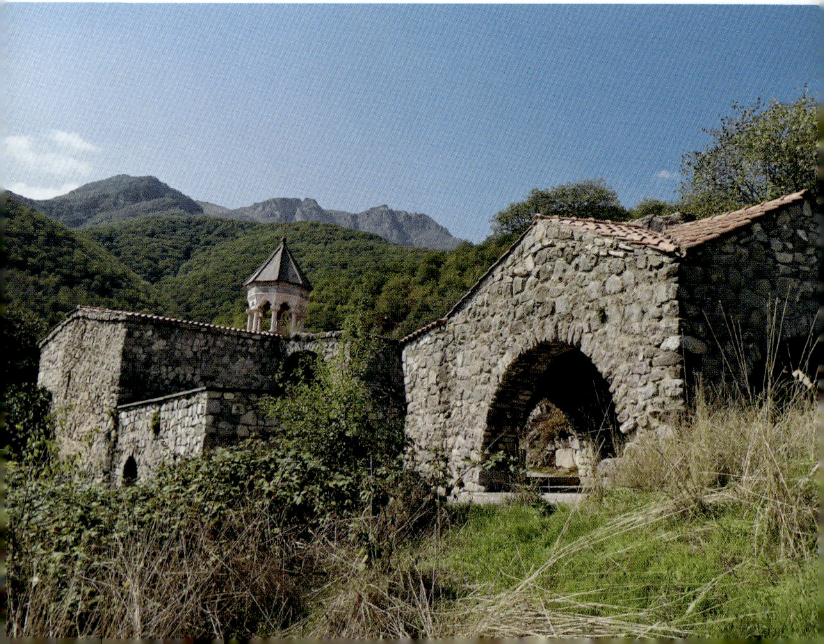

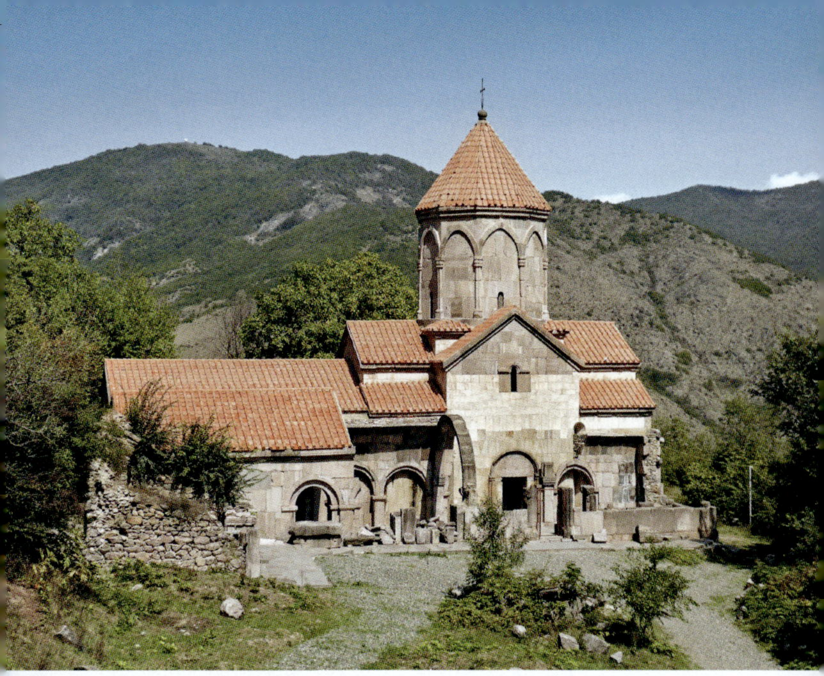

Die Ursprünge der Klosteranlage Vahanavank gehen auf das 10. Jahrhundert zurück.

Ausgangspunkt: Wegweiser, 880 m, am oberen Rand einer zu Kapan zählenden Siedlung mit wenig anmutigen Gebäuden aus der Sowjetzeit. Anfahrt mit dem Pkw von Norden Richtung Kapan. Ab der Brücke Richtung Stadtmitte (ein Denkmal mit einem Reiter steht über der Straße) sind es genau 4,5 km, dann zweigt links eine Straße ab. Dieser über eine Brücke folgen. Nach etwa 300 m und mehreren Kurven endet die Straße (nicht rechts vor den Wohnblock fahren). Dort steht der Wegweiser mit dem Ziel Vahanavank. Fahrtzeit ab Kapan rund 15 Min.; ab Jerewan 6.30 Std.
Anforderungen: Steiler Aufstieg über einen schmalen Bergpfad; der Weg zur Klosteranlage Vahanavank ist ab der Festung Halidzor beschildert und markiert.
Einkehr/Übernachtung: Keine.
Hinweis: Im Hochsommer kann es sehr heiß werden.

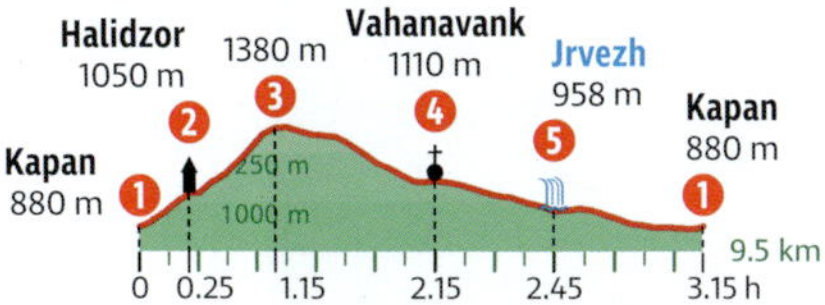

Hinter dem Startpunkt am **Wegweiser ❶** erleichtern einige Treppenstufen die ersten Meter des Aufstiegs. Am Ende der Treppe schließt sich ein schmaler Pfad an, bei Verzweigungen helfen rot-weiße Markierungen bei der Wegfindung. Nach 20 Min. stößt der Pfad auf einen breiten Weg, dort links abbiegen. Wenige Minuten später steht man vor dem Eingang der **Festung Halidzor ❷**.

Nach dem Erkunden der alten Wehranlage geht man wenige Meter wieder zurück, bis ein Schild rechts auf den weiteren Weg hinweist. Der wiederum schmale Bergpfad zieht in westlicher Grundrichtung den immer wieder steilen Hang hinauf. Auch hier helfen farbige Markierungen bei der Orientierung. Bei P. 1380 ist der höchste Punkt dieser Tour auf einer **Bergschulter ❸** erreicht. Zwischen dichtem Bewuchs aus montanen Laubbäumen wie der Bergeiche lichtet sich der Wald mehrfach.

Unter Beibehaltung der bisherigen Grundrichtung setzt sich der schmale Pfad fort. Nun wandert man in einer Hangquerung vorerst nur noch bergab. Nach etwa 15 Min. Abstieg geht der Pfad in einen breiten Waldweg über. Dieser wendet sich bald Richtung Norden und führt in angenehmem Gefälle durch das kleine Tal entlang eines rauschendes Bachs bergab. Im weiteren Verlauf muss der Bach über Steine überquert werden. Mit etwas Glück bleiben die Schuhe dabei trocken. Rund 500 m danach erreicht man eine weite Lichtung, bleibt aber immer noch auf dem breiten Weg. Dieser trifft kurz darauf auf eine asphaltierte

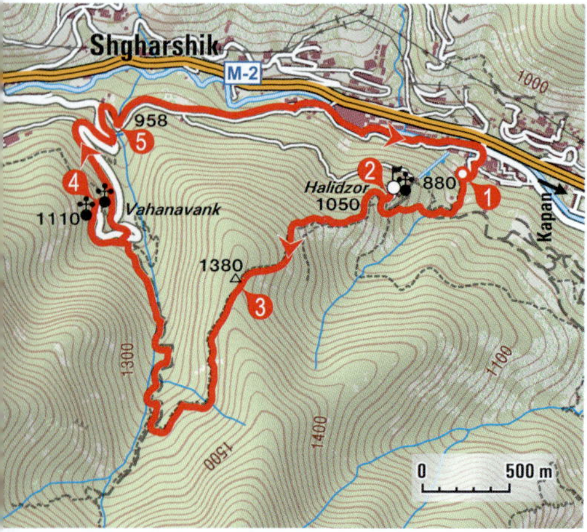

Neben dem kleinen Wasserfall gibt es eine Sitzgelegenheit.

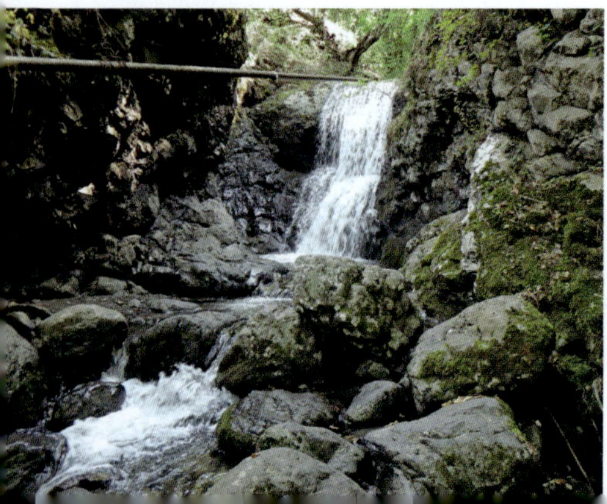

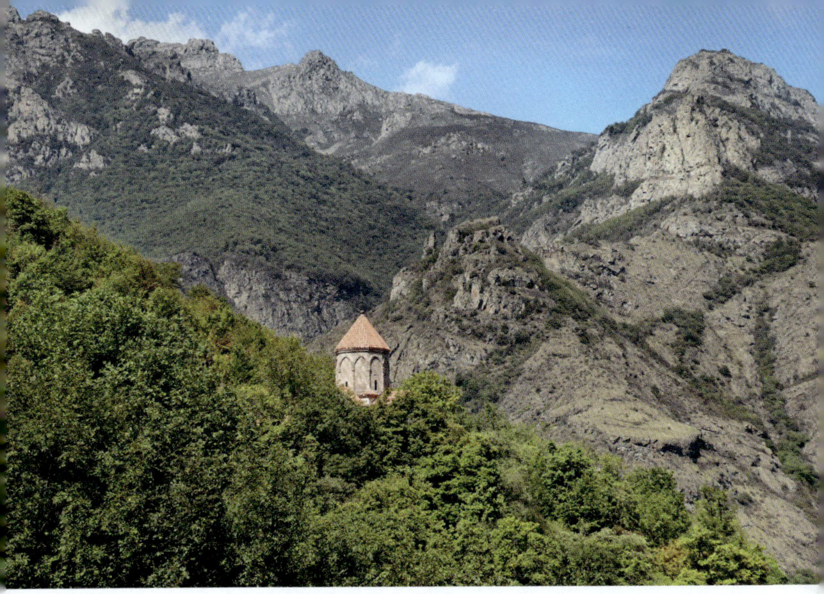

Die Spitze des Kirchturms von Vahanavank ist bereits von Weitem zu sehen.

Straße, der man nach links leicht ansteigend folgt. Nach wenigen Minuten steht man vor der **Klosteranlage Vahanavank** ❹. Den besten Blick darauf ermöglicht – gegenüber der Hauptkirche – das zweistöckige Mausoleum Surb Astvatsatsin. Über eine Treppe gelangt man zur oberen Etage.
Der Rückweg erfolgt zunächst über die asphaltierte Straße, auf der man gut 20 Min. bleibt. In einer Linkskurve steht ein Wegweiser (Richtung Vahanavank). Nicht schon dort rechts abbiegen, sondern erst gut 300 m weiter, wo die Straße in eine weitere Linkskurve übergeht. Der nun breite Weg führt kurz an einer Mauer vorbei, bald darauf knickt er nach links ab. Auf der rechten Seite – nur wenige Schritte abseits des Weges – rauscht der Bach über einen kleinen **Wasserfall** ❺ talwärts.
Nach dem kleinen Abstecher geht es weiter bergab auf dem breiten Weg. An einer Verzweigung einige Minuten später hält man sich links, obwohl der beschilderte Wanderweg dort rechts abzweigt. In fast gerader Linie nähert man sich dem Talboden.
Wenige Meter vor einer breiten Brücke verlässt man den Weg und wechselt auf einen schmalen Pfad. Dieser zieht im Hang oberhalb einiger Gebäude Richtung Osten. Nach etwa 15 Min. geht der Pfad in einen breiten Weg über, der bald auf die von der M-2 kommende Straße (Brücke) stößt. Dort nach rechts abzweigen; nach wenigen Minuten ist der **Ausgangspunkt** ❶ wieder erreicht.

↗ 600 m | ↘ 600 m | 6.5 km

47 Bekh Anapat

3.00 h

Durch einen Bergwald zum Kloster Bekh Anapat

Vor rund 1000 Jahren errichteten Gläubige eine Klosteranlage auf einem versteckten Platz, hoch oben im Südhang des langen Voghji-Tals. In den letzten Jahren ist das Bauwerk Stück für Stück wieder in einen guten Zustand versetzt worden. Mehr noch: Dank der unabhängigen kleinen Organisation ARK Armenia sind auch markierte und beschilderte Wanderwege entstanden. Einer führt von dem kleinen Ort Bekh durch den bewaldeten Hang bis vor das alte Kloster.

Ausgangspunkt: Bekh, 1003 m. Anfahrt mit dem Pkw in den Süden Armeniens bis Kapan. Dort am Südufer des Flusses (Voghji) Richtung Westen fahren. Noch vor dem Ende der Stadt links die Straße bergauf nehmen. In einer Linkskurve beschildert rechts nach Bekh abbiegen. Die ramponierte Straße führt in den kleinen Ort. Links an einer Mauer ist eine rot-weiße Markierung in Herzform aufgemalt. Dort parken. Fahrtzeit ab Kapan 15 Min.; ab Jerewan 6.15 Std.

Anforderungen: Markierter und beschilderter Pfad durch den in kurzen Passagen etwas abschüssigen Hang. Relativ einfache Tour.

Einkehr/Übernachtung: In Kapan; siehe auch Tour 48.

Hinweis: Im Hochsommer kann es sehr heiß werden.

Montane Wälder, unterbrochen von Felsen, ein typisches Landschaftsbild in Südsjunik.

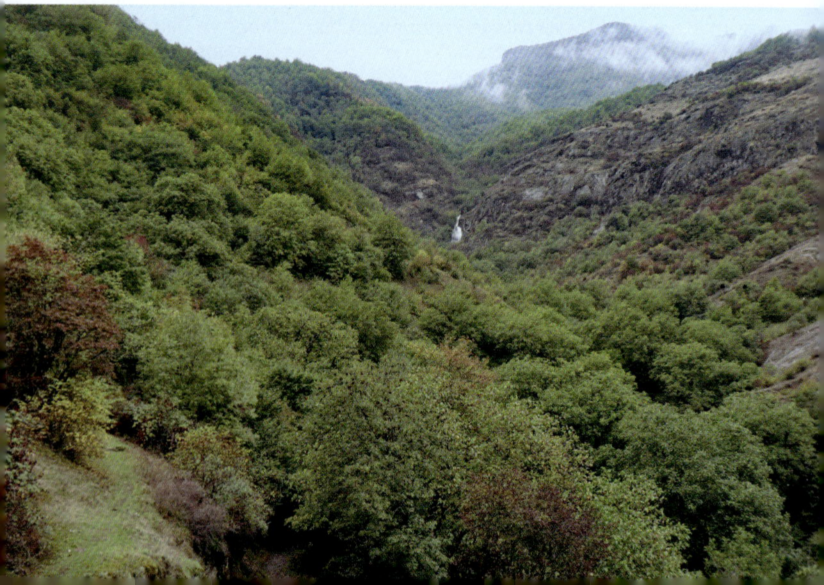

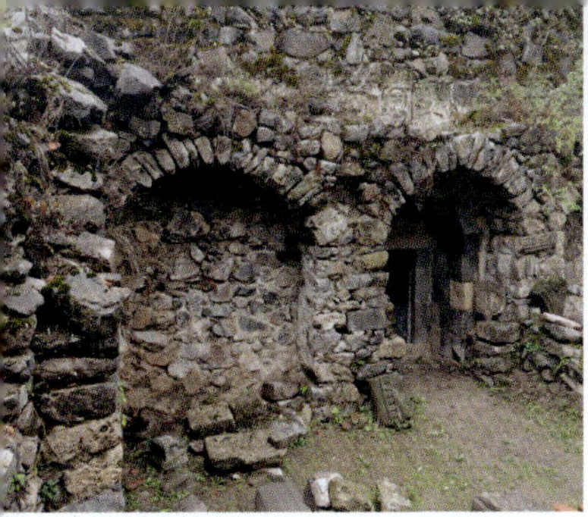

Vorderer Eingangsbereich der Klosteranlage Bekh Anapat.

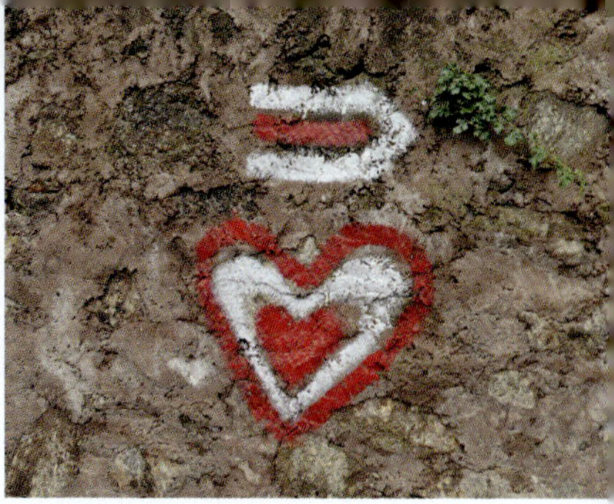

Willkommens-Herz in Rot-weiß am Startpunkt in Bekh.

Vom Startpunkt in **Bekh** ❶ folgt man dem Weg Richtung Südwesten auf der in Gehrichtung linken Seite eines kleinen Tals. Bei zwei kleinen Verzweigungen zu Beginn rechts halten. Mit etwas Höhenverlust gelangt man nach rund 5 Min. an einen Bachlauf, der überquert werden muss. Auf der anderen Seite führt eine Treppe zu einem Denkmal. Noch vor der Treppe hält man sich rechts und folgt dem gut angelegten Pfad, der in einem Bogen den steilen Hangabschnitt umgeht.

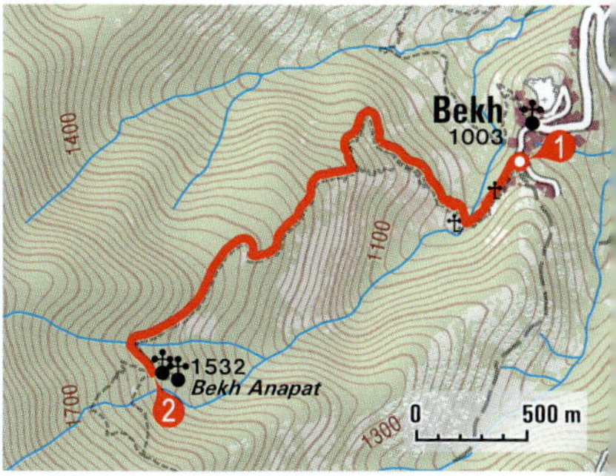

Immer wieder weisen Farbmarkierungen auf den richtigen Weg hin, an einigen Baumstämmen sind außerdem Schilder angebracht. Der Hang ist relativ dicht mit Sträuchern und Laubhölzern wie Bergeichen bewachsen. An kleinen Lichtungen wird der Blick frei auf die Provinzmetropole Kapan mit ihren heruntergekommenen Wohnblöcken aus der Sowjetzeit.

In südwestlicher Grundrichtung nähert sich die Route wieder dem Bach, der ein weiteres Mal überquert werden muss, diesmal am oberen Rand einer kleinen Felsstufe.

Nun sind es nur noch rund 200 m über den Pfad entlang eines leicht abschüssigen Hangs bis zur **Klosteranlage Bekh Anapat** ❷, die auf einem Hangabsatz eine Fläche von etwa 100 m x 50 m bedeckt.

Der Rückweg erfolgt über die bekannte Route.

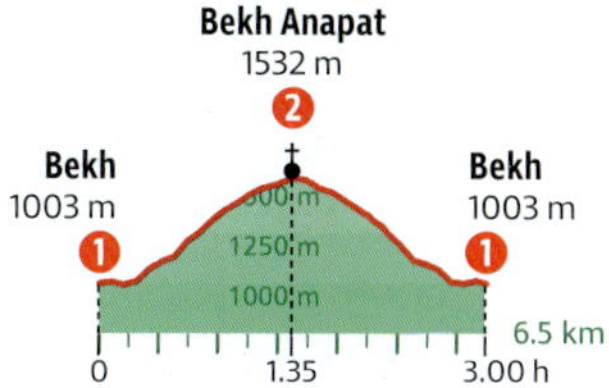

TOP

48 Khustup, 3200 m

↗ 2400 m | ↘ 2400 m | 32.6 km

2 Tage

Langer Aufstieg auf den schönsten Berg Südarmeniens

Verheißungsvoll ragt über Sjuniks Hauptstadt Kapan ein markanter Berg in die Höhe. Satte 2400 Höhenmeter trennen die Stadt vom höchsten Punkt des Khustup, dessen Schauseite an die Dolomiten erinnert. Schon seit Jahrhunderten pilgern Menschen auf dieses Gebirgsmassiv, eines der schönsten in Armenien. Um ohne große Anstrengung einen Blick auf die nordöstlichen Felsabstürze mit den beiden Gipfeln zu haben, fährt man mit dem Auto ein paar Minuten vom Zentrum durch das Vachagan-Tal dem Berg entgegen. Wer den Blick vom Gipfel ins Tal erleben möchte, muss einen langen, aber lohnenden Aufstieg schaffen. Ab dem »Base Camp« auf gut 2000 m Höhe führt ein markierter Bergpfad bis in den Sattel unter dem Gipfelaufbau. Am Ende müssen die Hände zupacken, um über griffigen Fels den Gipfel zu erreichen.

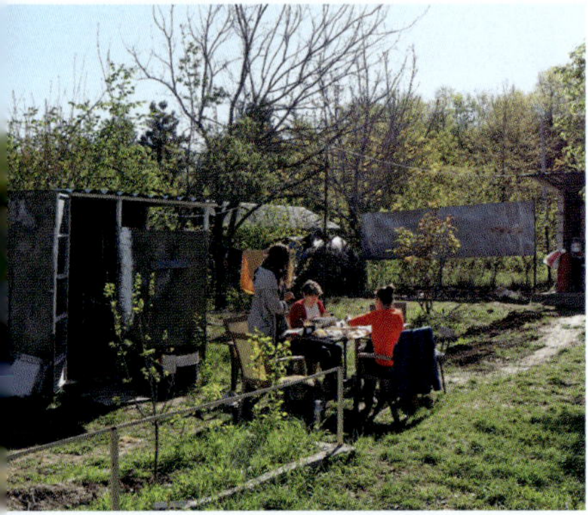

Nahe dem Kriegerdenkmal von Kapan hat der kleine Bergverein ARK einen einfachen Campingplatz eingerichtet.

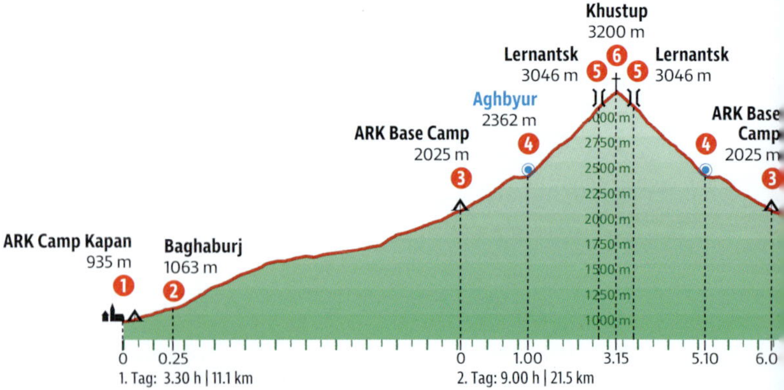

Ausgangspunkt: ARK Camp Kapan, 935 m. Anfahrt mit dem Pkw nach Kapan. Beim Denkmal mit dem Reiter über die Brücke fahren, danach an der Ampel links abbiegen. Nach 150 m die erste Straße rechts nehmen und dieser 400 m folgen. Auf Höhe der ersten Brücke auf der rechten Seite nach links abbiegen und der bald steilen Straße 500 m folgen, dann steil aufwärts nach rechts abbiegen. Nach wenigen Minuten zweigt scharf links eine Straße ab. Gegenüber der Abzweigung ist das ARK Camp. Fahrtzeit ab Kapan Zentrum 10 Min.; ab Jerewan 6.15 Std. Busverbindung nur bis Kapan, weiter per Taxi.
Anforderungen: Markierter Aufstieg über eine zum Teil zerfurchte Piste zum ARK Base Camp. Anschließend guter Bergpfad bis nahe an den Gipfel. Nur auf den letzten 50 Höhenmetern im felsigen Gelände einige Kletterstellen, bei denen die Hände zum Einsatz kommen.
Einkehr/Übernachtung: Am Ausgangspunkt ARK Camp Kapan. Zeltplatz mit einfachen sanitären Anlagen, Selbstversorgerküche und Schlafkabinen. Für Reisemobile nicht geeignet. Alternativ kann man auch im Khustup Guesthouse in Verin Vachagan übernachten und von dort starten (einfach Name der Unterkunft in die Suchmaske eintippen, dann erfährt man die Details). Unterwegs im ARK Base Camp: kleine Abflachung auf dem Bergrücken mit Wiese und Wasserquelle, keine Bewirtung; Info: arkarmenia.com. In Kapan mehrere Hotels.
Hinweise: 1. Die meisten verteilen den Aufstieg – wie hier beschrieben – auf zwei Tage. – 2. Für die Übernachtung im Base Camp muss alles Notwendige (Zelt, Schlafsack etc.) mitgenommen werden. Während des Aufstiegs kann dies getrost zurückgelassen werden, wenn man einen der Hirten darauf hinweist. – 3. Die Auffahrt zum Base Camp ist auch mit einem robusten Geländewagen möglich, oder mit einem Pferd.

1. Tag: ARK Camp Kapan – ARK Base Camp

Am **ARK Camp Kapan** ❶ weist ein Schild (»Tatiana Kuznetsova Trail«) in Richtung der bergauf führenden Straße. Dieser folgt man rund 30 Min. bis in den kleinen Ort **Baghaburj** ❷. Wer die Möglichkeit hat, diesen Abschnitt mit einem Auto abzukürzen, verpasst nicht viel.

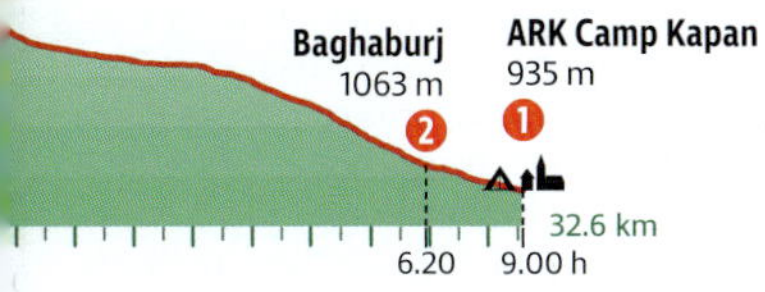

Am oberen (südwestlichen) Ende des Ortes beginnt eine Bergpiste, dort deuten rote Pfeile auf einem vierkantigen Strommast auf die Route zum Khustup hin. Von hier bis zum Base Camp sind es rund 10 km, die über die steinige und zerfurchte Piste zurückgelegt werden müssen. Die Wegfindung ist leicht, steile und flache Abschnitte wechseln einander ab. Die Route verläuft auf einem langen, bewaldeten Bergrücken zunächst in südlicher, später in westlicher Richtung.
Nach etwa 2 km hinter Baghaburj gibt es auf der linken Seite eine kleine Quelle. Gelegentlich sind

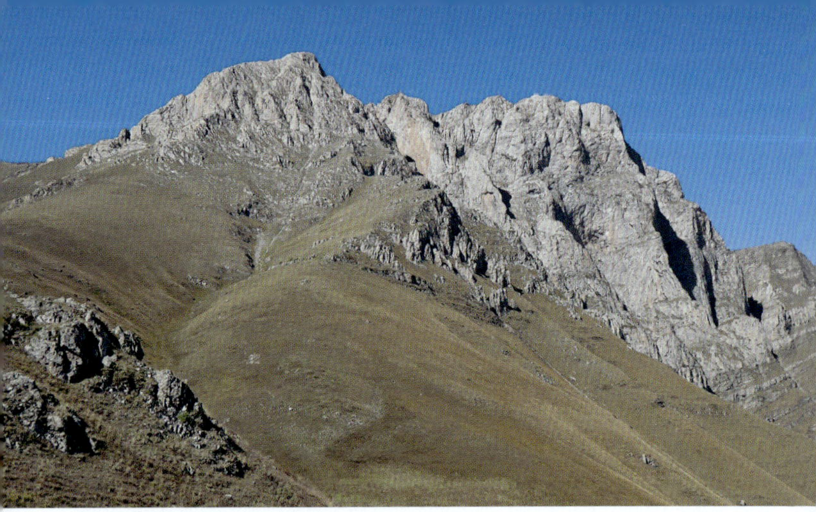

Immer im Blick: der felsige Gipfelaufbau des Khustup. Links davon erkennt man den Sattel, über den der Aufstieg erfolgt.

Farbmarkierungen und Schilder am Rand der Route angebracht, Verhauer sind nicht zu befürchten. Später steht nahe der Piste ein Haus, das nur im Sommer bewohnt wird. Schließlich erreicht man die kleine Hirtensiedlung **Nafcha** auf einer Abflachung des Hangs. Über zwei Serpentinen führt der breite Weg hinauf zum Plateau mit dem **ARK Base Camp** 3. Auf der Wiese ist genug Platz für mehrere Zelte; am Südrand gibt es eine Wasserquelle.

2. Tag: ARK Base Camp – Khustup – ARK Camp Kapan

Der felsige Doppelgipfel des Berges ist nun deutlich zu sehen, auch ein großer Teil der Route dorthin. Der schmale Pfad beginnt auf dem Plateau und zieht sich zunächst auf der linken, südlichen Seite des Bergrückens durch mit Sträuchern und Gras bewachsenes Gelände. Nach etwa 20 Min. wechselt die Route auf die nördliche Seite, um eine Erhebung zu umgehen. Dabei muss etwas Höhenverlust in Kauf genommen werden. Nach 1 Std. ab dem Base Camp erreicht man eine **Quelle** 4. Aus einem Rohr fließt hier Wasser in ein Metallfass.

Anschließend entfernt sich die Route von der direkten Linie entlang des Bergrückens und weicht – nun kräftiger ansteigend – nach links aus. Das nächste Etappenziel ist der längst sichtbare Sattel links unterhalb des Gipfels. Durch dichten Grasbewuchs führt der Pfad den Hang hinauf. Eine armenische Fahne auf dem Kamm wird sichtbar, die allerdings links liegen gelassen wird. Stattdessen mündet der Pfad etwas weiter nördlich in einen **Bergsattel** 5.

Von dort führt ein breiter Weg in Richtung der Gipfelfelsen. An einer markierten Stelle beginnt der finale Anstieg durch die zerklüfteten Felsen. Der erste Aufschwung erfolgt über eine kleine Kletterstufe, anschließend helfen Steinmännchen bei der Wegfindung. Eine weitere Stufe wird mit Hilfe der Hände überwunden, darauf folgen einige Schritte in leichtem Gehgelände. Der letzte Abschnitt ist dann wieder in leichter Kletterei zu bewältigen. Nach etwa 3.15 Std. ab dem Base Camp erreicht man schließlich den höchsten Punkt des **Khustup** ❻. Etwa 50 m weiter östlich steht ein Kreuz und eine Fahnenstange.

Der Ausblick bei guten Sichtbedingungen reicht bis ins Karabachgebirge im Osten, zu den felsigen Bergen Irans im Süden und zum Sangesur-Kamm im Westen, der Grenze zur Autonomen Provinz Nachitschewan. Natürlich sind auch zahlreiche armenische Gipfel Teil des Gipfelpanoramas. Im Nahbereich imponieren die wuchtigen Felswände, und die Tiefblicke nach Kapan machen deutlich, welchen Höhenunterschied die Tour hat.

Für den Abstieg empfiehlt sich die bekannte Route.

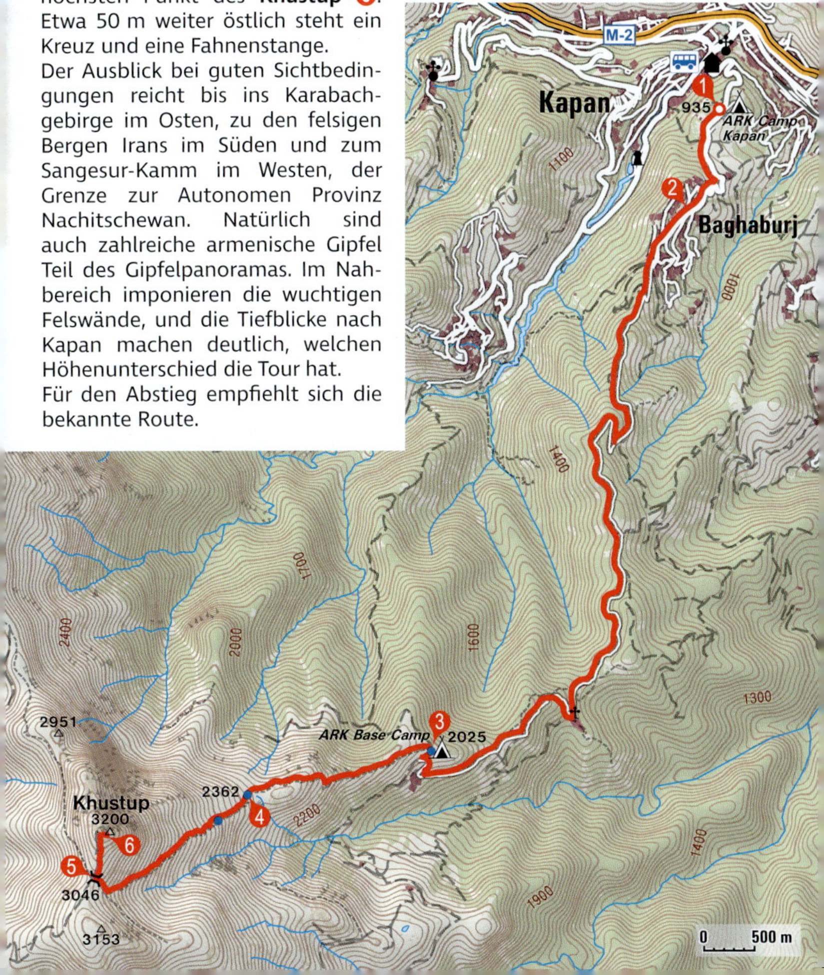

↗ 200 m | ↘ 200 m | 5.7 km

49 Shabatasar, 2692 m

1.45 h

Kurze Panoramawanderung über dem Meghri-Pass

Der letzte Straßenpass auf dem kurvenreichen Weg in den Süden von Jerewan nach Meghri an der iranischen Grenze ist der 2535 m hohe Meghri-Pass. Die Berge werden von dort an immer kleiner, bevor sie jenseits des Flusses Aras auf der persischen Seite wieder größere Dimensionen annehmen. Entlang des Kammes zieht sich vom Meghri-Pass Richtung Osten ein breiter Weg. Und der ermöglicht detailreiche Blicke in alle Richtungen: Im Westen zum Sangesur-Kamm, dem zweithöchsten Gebirge des Landes; Richtung Süden über den Arevik-Nationalpark und in nordöstlicher Richtung zum Khustup (Tour 48), dem wohl bekanntesten Berg in Sjunik. Der Shabatasar rundet die relativ kurze Wanderung mit einer Gipfelbesteigung ab.

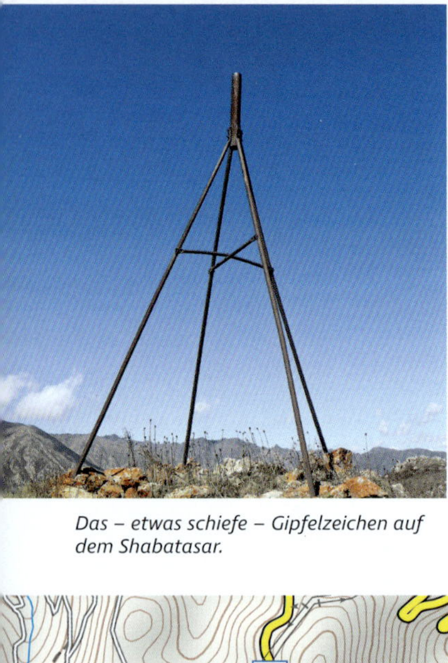

Das – etwas schiefe – Gipfelzeichen auf dem Shabatasar.

Ausgangspunkt: Meghri-Pass, 2535 m. Anfahrt mit dem Pkw ab Kapan rund 35 km über die M-2 Richtung Meghri. Fahrtzeit ab Kapan 45 Min.; ab Jerewan 7.00 Std.

Anforderungen: Überwiegend leichte Wanderung auf breitem Weg; nur die letzten 50 Höhenmeter zum Gipfel sind weglos und erfordern etwas mehr Aufmerksamkeit.

Einkehr/Übernachtung: Keine.

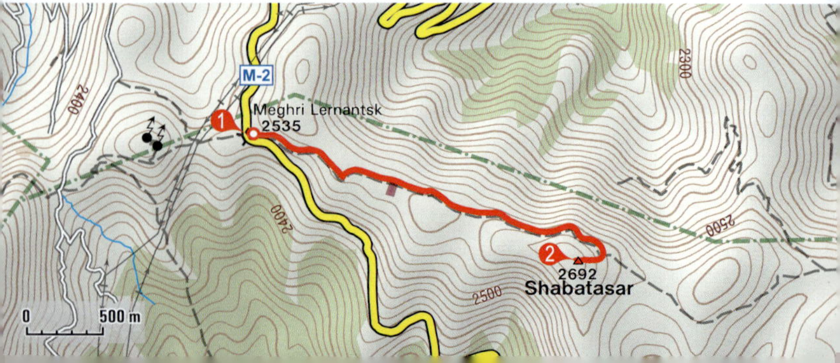

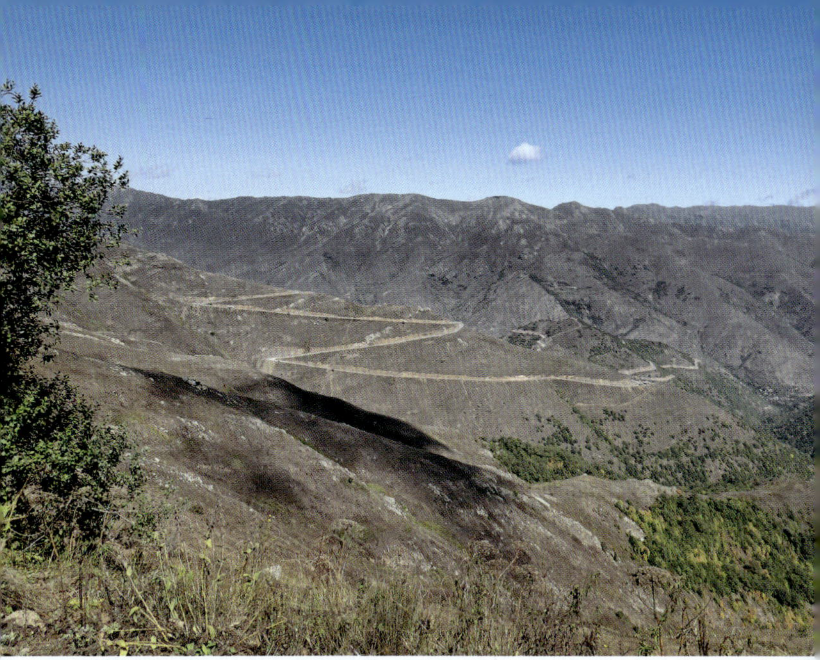

Die Nordrampe von Kajaran zum Meghri-Pass.

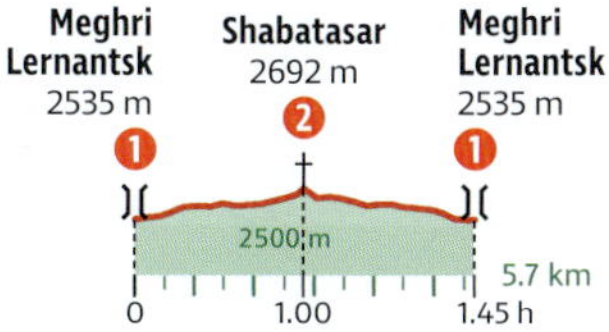

Wenige Schritte südlich des **Meghri-Passes** ❶ zweigt in östlicher Richtung eine breite Piste ab, die sich in leichter Steigung dem Kamm nähert. Dort geht es fast eben auf oder neben den Fahrspuren weiter. Nach etwa 30 Min. senkt sich der Weg leicht in einen breiten Boden, neben einem Steinbruch. Das Gipfelziel, der Shabatasar, tritt nun ins Blickfeld. Der höchste Punkt lässt sich am einfachsten erreichen, wenn man dem bisherigen Weg weiter folgt und den Gipfelhang zunächst rechts liegen lässt. In einem kleinen Rechtsbogen geht es schließlich leicht bergab. Bevor der Weg in eine Linkskurve übergeht, steigt man weglos über den hier nur mäßig steilen Hang bergauf. Auf dem höchsten Punkt steht ein vierfüßiges Metallgestell, das als Orientierungspunkt dient. Nach knapp 1 Std. ist schließlich der Gipfel des **Shabatasar** ❷ mit einer umfassenden Aussicht erreicht.
Der Rückweg erfolgt über die bekannte Route.

↗ 670 m | ↘ 670 m | 9.8 km

50 Payazat, 2821 m

3.30 h

Am Rande des Arevik-Nationalparks

Das südliche Ende Armeniens ist eine der einsamsten Gegenden des Landes. Die Natur ist hier über weite Flächen noch unberührt. Beste Voraussetzungen also für ein Schutzgebiet, um bedrohte Arten zu erhalten. Aus dieser Motivation entstand 2009 der Arevik-Nationalpark, mit einer Ausdehnung von rund 344 Quadratkilometern. Von den oft erwähnten Leoparden gibt es dort allerdings nur noch wenige Exemplare. Auch Braunbären, Armenische Mufflons und Wildziegen (Beutetiere der Leoparden) sind nach wie vor eine Seltenheit. Mit etwas Glück sieht man in der Luft einen Steinadler oder Bartgeier. Die Berghänge sind von montanen Laubwäldern und Gebirgssteppen überzogen, die Gipfel sind meist felsig. Die Tour verläuft am Nordrand des Nationalparks über einen aussichtsreichen Weg bis an den Fuß des Gipfelhangs und schließlich weglos auf den Payazat. Vom Gipfel kann man mehrere Nachbarländer sehen: Im Osten Aserbaidschan und Bergkarabach, im Süden den Iran und im Westen die autonome Republik Nachitschewan mit dem Sangesur-Kamm als naturräumliche Grenze.

Ausgangspunkt: Gomarants-Pass, 2214 m. Anfahrt mit dem Pkw ab Kapan über die M-17 Richtung Meghri (nicht versehentlich über die weiter westlich verlaufende M-2 fahren!). Nach etwa 40 km erreicht die Straße ihren höchsten Punkt. Dort parken. Fahrtzeit ab Kapan knapp 1 Std.; ab Jerewan 7.15 Std.
Anforderungen: Leichter Zustieg auf breiten Wegen bis zu P. 2600; dann über einen weglosen Grashang bis auf den Gipfel (»blau/rot«). Leichte Wegfindung.
Einkehr/Übernachtung: Keine.
Varianten: Wer auf dem Rückweg noch in Stimmung ist, kann problemlos einen weiteren Gipfel mitnehmen: Im Sattel ❷ einfach in gerader Linie zum Gipfel des Sheporasar, 2420 m, aufsteigen und nach der Überschreitung wiederum in gerader Linie bis zur Normalroute absteigen (»blau«).

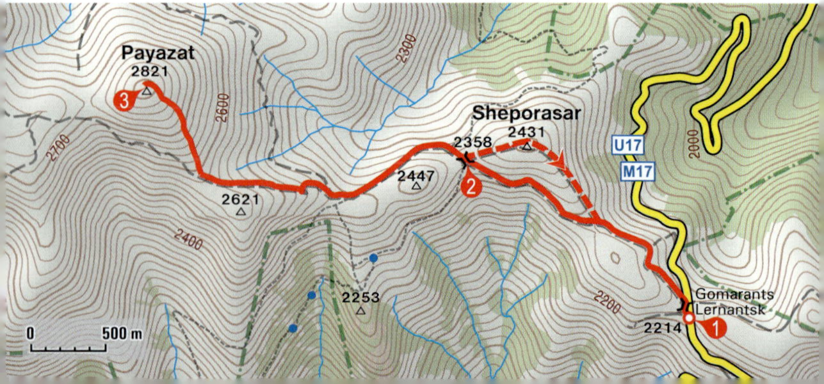

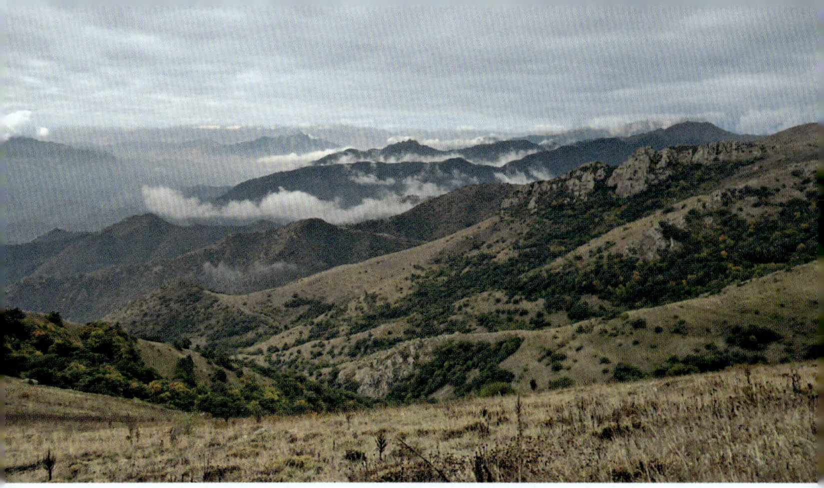

Blick über den Arevik-Nationalpark. Im Hintergrund ragen bereits iranische Berge auf.

Am höchsten Punkt der M-17, am **Gomarants-Pass** ❶, steht auf der westlichen Seite der Straße ein kleines Gebäude. An dessen linker Seite führt ein Weg vorbei, dahinter hält man sich rechts in Richtung des Bergkamms. Nach knapp 100 m biegt man scharf rechts ab und folgt dem Verlauf des breiten Weges, der sich mit einigen kleinen Gegenanstiegen in nordwestlicher Grundrichtung vom Gomarants-Pass entfernt. Eine erste Erhebung wird rechts umgangen, die zweite links (Sheporasar; Variante). Anschließend ist der Payazat in seiner vollen Pracht zu sehen. Die Route wechselt nach dem **Pass** ❷ in die nördliche Flanke, lässt eine weitere Erhebung links liegen und nähert sich der Südostseite des Berges.
Nach etwa 1.20 Std. steht man am Fuß des breiten Gipfelhangs. Über diesen geht es weglos in mäßiger Steigung bergauf. Das Gras bietet guten Halt, verstreut liegen in den hohen Lagen einige Felsbrocken. Auf offensichtlicher Route ist nach 1.50 Std. schließlich der Gipfel des **Payazat** ❸ erreicht. Ein kleiner Steinhaufen markiert den höchsten Punkt.
Rückweg analog zur Aufstiegsroute.

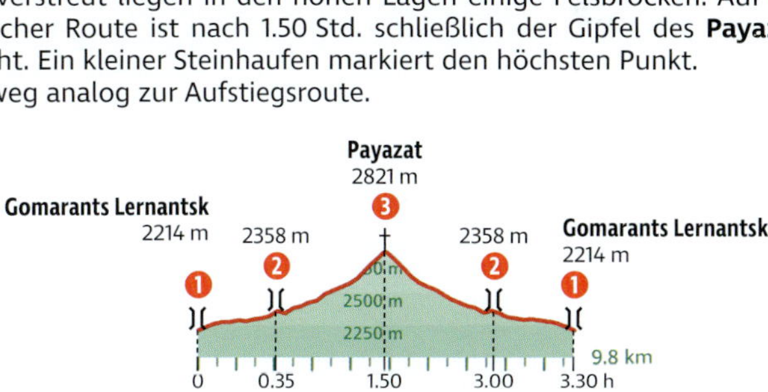

STICHWORTVERZEICHNIS

A
Aghavno 102
Akner 60
Alphabet 27
Amberd 80
Anforderungen 10
Angeghakot 156
Anreise 20
Ara 8, 46, 94
Aragats 38
Aragats-Südgipfel 84
Aragats-Vulkanmassiv 38, 45, 76, 78, 92
Aragats-Westgipfel 8, 86
Arakeloc-Kirche 76
Ararat 40
Ararat-Ebene 46
Arevik-Nationalpark 49, 184
Arjanots 112
ARK Base Camp (Khustup) 179
ARK Camp Kapan 179
Armaghan 8, 124
Arpa-Schlucht 146
Arpisee 68
Artabuynk 133
Artashavan 91
Atshkasar 38
Ausrüstung 19
Azat-Schlucht 116
Azhdahak 38

B
Baghaburj 179
Bären 18
Basaltsäulen (Azat-Schlucht) 8, 116
Bazum-Gebirge 38
Bekh 176
Bergkarabach (Nagorny Karabach) 42

C
Chalab 38
Chichkhan 74
Chimoi-See 154

D
Debed-Schlucht 8, 45, 60, 64
Dilijan 55
Dilijan-Nationalpark 45, 52, 55
Dschawacheti-Gebirge 38, 74

E
Einkehr 13
Einreise 20

F
Fauna 36
Felsbogen von Kapuyt 150
Felsgravuren (bei Kapuyt) 150
Festung Amberd 46, 90
Festung Halidzor 172
Festung Kayan 61
Festung Smbataberd 133
Festungsruine Proshaberd 137
Festung Tap 119
Festung Urts 119
Flora 35

G
Gamış Dağı 39
Gandzaqar 126
Garnarich 71
Garni 8, 116
Gefahren 16
Gegarot 92
Gegarot-Wasserfälle 92
Geghama-Gebirge 38
Gehzeiten 10
Geld 25
Geografie 32
Geologie 32
Geschichte 30
Gesundheit 24
Gjumri 44
Göl Zarad 80
Gomarants-Pass 184
Gomk 151
Goris 49, 168
Great Maymekh 55
Großer Gegarot-Wasserfall 93
Großer Sevqar 129
Gutanasar 104

H
Halidzor 164
Hatis 46, 106
Heiligkreuz-Grabkirche Surb Nshan (Kloster Tsaghatskar) 133
Höhenanpassung 17
Höhenunterschied 10
Höhlendorf Khndzoresk 170
Höhlenkirche der heiligen Barbara 94
Hors 130
Hors-See 130
Hrazdan-Tal 108
Hripsime-Kirche 171
Hunde 19

I
Internet 23

J
Jahreszeit 15
Jerewan 46, 106
Jermuk 48, 146
Jermuk-Wasserfall 146

K
Kaghnut 58
Kapan 49, 173, 178
Kaputkokh 68
Kapuyt 151
Karabach-Gebirge 39
Karabach-Hochland 39
Kari Lich (Steinsee) 8, 80, 84, 87
Karmrashen 144
Kasakh-Schlucht 98
Ketschut-Stausee 146
Khatskabak 52
Khentasar 72

Khndzoresk 168, 170
Khosrov-Naturreservat 119
Khosrov-Tal 119
Khustup 9, 49, 178
Kirche Armaghani Srbutyun 124
Kirche Surb Arakelots 115
Kirche Surb Karapet (Kloster Tsaghatskar) 133
Kirche Surb Karapet (Sewansee) 115
Kirche Surb Stepanos (Kloster Tanahat) 141
Kirche Vahramashen 91
Kleiner Gegarot-Wasserfall 93
Klimawandel 15
Kloster Bekh Anapat 176
Kloster des heiligen Astavatsin 154
Kloster Geghard 117
Kloster Goschawank 45
Kloster Hagartsin 45
Kloster Haghpat 60
Kloster Horomayr 64
Kloster Hovhanavank 46, 98
Kloster Kobayr 8, 64
Kloster Makaravank 76
Kloster Mayravank 46, 108
Kloster Odzun 64
Kloster Saghmosavank 46, 98
Kloster Sanahin 60
Kloster Sevanavank 114
Kloster Spitakavor 9, 136
Kloster Surb Sion 144
Kloster Tanahat 141
Kloster Tatev 49, 162, 164
Kloster Tatev Anapat 164
Kloster Tsaghatskar 133
Kloster Vahanavank 9, 172
Kobayr 64
Kuys Varvara (Höhlenkirche der heiligen Barbara) 94

L

Lake Arpi National Park Headquarter 68
Lalvar 38
Lanjanist 122
Latikhut 168
Lchasar 52
Legends of Syunik 164
Lernanist 110
Lori 44

M

Madina 124
Makaravank-Kirche 76
Mantash-Reservoir 78
Martiros 154
Meghri-Pass 182
Menaksar 110
Murovdağ-Massiv 39

N

Nalov-Aghbyur-Quelle 77
Nationalpark Arpisee 44, 68
Notruf 22

O

Observatorium (beim Kari Lich) 82
Odzun 64
Ohanavan 100
Old Halidzor 164
Orbelian-Karawanserei 128
Orientierung 13

P

Pambak-Gebirge 38, 58
Parakatar 148
Partam 9, 130
Parz Lich 52
Payazat 184
Pemzashen 76
Petroglyphen (am Ughtasar) 160
Petroglyphen (im Sevqar-Massiv) 126
Petroskhach 162

Q

Qirxqiz 39
Qızılboğaz 39

S

Sangesur-Kamm 39
Schirak 44
Schlangen 18
Semyonovka 55
Sevan Old Highway 104
Sevqar 128
Sevqar-Massiv 126
Sewan 112, 114
Sewan-Gebirge 38
Sewansee 46, 112
Shabatasar 182
Shagik 71
Shaki-Wasserfall 9, 156
Sheporasar 184
Sicherheit 23
Sisian 49
Sjunik 49
Small Maymekh 57
Somcheti-Gebirge 38
Spitak 44
Sprache 26
Stausee Kasakh 102

T

Tasanord 122
Tatev 162, 164
Tawusch 44
Telefon 23
Tempel von Garni 46, 116
Tesch 38
Theqsar 140
Thermalquelle von Jermuk 146
Transcaucasian Trail 11
Transportmittel 21
Trchkan-Wasserfall 74
Tsak Kar 76
Tzarasar 38

U

Ughedzor 148
Ughtasar 49, 160
Umwelt 15
Unterkunft 13
Unwetter 17
Urtsadzor 119
Urtsasar 84

V
Vardenyats-Pass 128
Vayk 48
Vayots Sar 48, 143
Verin-See 155
Verin Vachagan 179
Vernashen 137, 141
Verständigung 26
Visitor Center of Hors Conservation Area 130

W
Wajots Dsor 48
Wardenis 39
Wardenis-Gebirge 39, 47, 128
Wings of Tatev (Seilbahn) 162, 164
Wolfstor (Wolf gate) 70
Worotan-Pass 148
Worotan-Schlucht 9, 49, 156, 160, 162, 164

Y
Yeghegnadzor 48

Z
Zaritap-Tal 150
Zeitzone 23
Zohatsar 78
Zorakert 71
Zorats Karer 49, 160

Umschlagbild: Die Klosterkirche Tsaghatskar in der südarmenischen Region Wajoz Dsor (Tour 32).

Bild im Innentitel: Ein schmaler Pfad führt in die Schlucht unter der Festung Amberd (Tour 14).

Bild auf den Seiten 50/51: Aus Tuffstein präparierte Buchstabenskulpturen bei Artashavan am Südhang des Aragats. Auf den Gipfeln von Armeniens höchstem Berg liegt fast das ganze Jahr über Schnee.

Alle Fotos stammen vom Autor, bis auf folgende: Seite 12 oben rechts (Doris Ponocny), Seite 37 oben und Seite 68 (Ardag Farzadyan, Nationalpark Arpi), Seite 150 und 153 (HIKEArmenia NGO), Seite 164 und 165 (Christoph Heitz).

Kartografie:
50 Wanderkärtchen im Maßstab 1:25.000 / 1:50.000 / 1:75.000
2 Übersichtskärtchen im Maßstab 1:2.000.000 und 1:3.000.000
Geodaten © OpenStreetMap und Mitwirkende
Kartografisches Design: Freytag & Berndt, www.freytagberndt.cz

Werk-Nr.: 4568

Die Ausarbeitung aller in diesem Führer beschriebenen Wanderungen erfolgte nach bestem Wissen und Gewissen des Autors. Die Benutzung dieses Führers geschieht auf eigenes Risiko. Soweit gesetzlich zulässig, wird eine Haftung für etwaige Unfälle und Schäden jeder Art aus keinem Rechtsgrund übernommen.

1. Auflage 2024

ISBN 978-3-7633-4568-7

Wir freuen uns über jeden Korrekturhinweis zu diesem Wanderführer!
Bitte per E-Mail an: leserzuschrift@rother.de

ROTHER BERGVERLAG · Keltenring 17 · D-82041 Oberhaching
Tel. +49 89 608669-0 · www.rother.de